GESCHICHTE FÜR ALLE
3. KLASSE

Elisabeth Monyk, Eva Schreiner, Elisabeth Mann

Olympe Verlag GmbH
www.olympe.at

Dieses Buch ist laut Bescheid des Bundesministeriums für Unterricht, Kunst und Kultur vom 13. Jänner 2009 (GZ 5.000/0001-V/9/2008) gemäß § 14 Abs. 2 und 5 des Schulunterrichtsgesetzes, BGBl. Nr. 472/86 und gemäß den geltenden Lehrplänen als für den Unterrichtsgebrauch in Hauptschulen und an allgemein bildenden höheren Schulen für die 3. Klasse im Unterrichtsgegenstand Geschichte und Sozialkunde/Politische Bildung geeignet erklärt.

Schwierige und neue Wörter sind im Text orange hervorgehoben und werden in der Spalte daneben erklärt.

Wichtige Begriffe sind im Text **dick hervorgehoben**, du siehst also mit einem Blick, was in jedem Kapitel besonders wichtig ist.

Aufgaben und Arbeitsaufträge, die du während des Unterrichts – alleine oder mit der ganzen Klasse – lösen kannst, sind in der seitlichen Spalte angegeben.

Am Ende jedes Kapitels sind die wichtigsten Punkte in einem kurzen SMS-Text zusammengefasst. Du kannst also noch einmal wiederholen, was in dem Kapitel vorgekommen ist.

Nun geht's los – Aufgaben für schlaue Köpfe!
Unter diesem Motto findest du an vielen Stellen in diesem Buch Arbeitsblätter, die du ausfüllen kannst. Du wiederholst damit das, was du zuvor gelernt hast. Die Aufgaben sind mit Sternchen gekennzeichnet. Je mehr Sternchen du findest, desto schwieriger ist die Aufgabe. Du kannst diese Arbeitsblätter auch heraustrennen und in deiner Portfolio-Mappe sammeln.

Nach den vier Hauptkapiteln des Buches haben wir für dich spannende Geschichten über den Zeitabschnitt, den du zuvor kennen gelernt hast, zusammengestellt. In Form einer Zeitung erzählen wir dir über interessante Ereignisse. Wenn dich diese Zeit besonders interessiert, dann kannst du darüber mehr in den Büchern erfahren, die wir dir dort vorschlagen.

Umschlagbilder: Mitte: E. Schreiner, Schloss Schönbrunn (Wien)
Von oben nach unten: E. Monyk, Ausstellung Leonardo da Vinci (Schottenstift, Wien)
E. Schreiner, Wien Museum
E. Monyk, Technisches Museum Wien
E. Monyk, Heeresgeschichtliches Museum Wien

Schulbuchnummer: 145.008

7. Auflage (2016)

Lektorat: Mag. Krista Satzke, Wien

Umschlaggestaltung, Satz, Layout: Raoul Krischanitz, Wien, transmitterdesign.com
Grafik: Raoul Krischanitz, transmitterdesign.com
Druck, Bindung: Druckerei Berger, Horn

ISBN: 978-3-9502632-3-7

INHALTSVERZEICHNIS

INDUSTRIELLE REVOLUTION

DIE DONAUMONARCHIE

DER ERSTE WELTKRIEG

ANHANG

1. ERFINDUNGEN LEITEN DIE NEUZEIT EIN

Geozentrisches Weltbild – Heliozentrisches Weltbild – Erfindungen

Die Menschen beginnen, die Welt zu erforschen

Am Ende des Mittelalters – im 15. Jahrhundert – beschäftigten sich die **Gelehrten** vermehrt mit **Beobachtungen** und **Experimenten**. Diese wurden wichtiger als das Studium alter Bücher. Durch ihre Beobachtungen lernten die Gelehrten die Geheimnisse der Natur besser kennen. Oft standen aber ihre Erkenntnisse im Gegensatz zur kirchlichen Lehre.

Im Mittelalter glaubten die meisten Menschen, dass die Erde der Mittelpunkt des Weltalls sei und die Sonne sich um die Erde drehe. Dies nennt man das **Geozentrische Weltbild**.

Schon in der Antike hatten Mathematiker berechnet, dass die Sonne im Mittelpunkt steht. In der Neuzeit vertrat der deutsche **Astronom** Nikolaus Kopernikus als Erster die Meinung, dass die Erde sich um die Sonne drehe. Dies nennt man das **Heliozentrische** Weltbild.

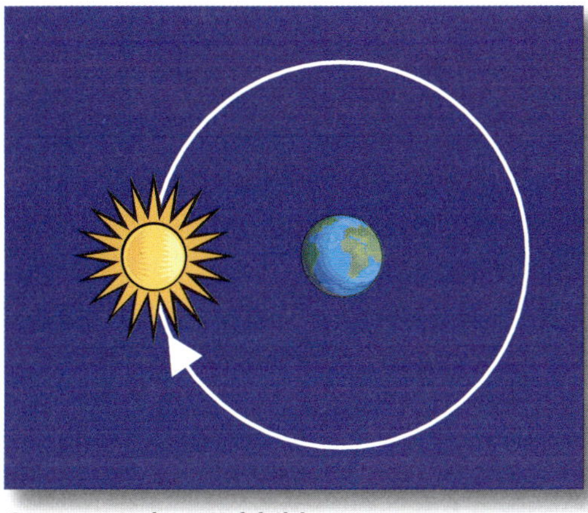
Geozentrisches Weltbild

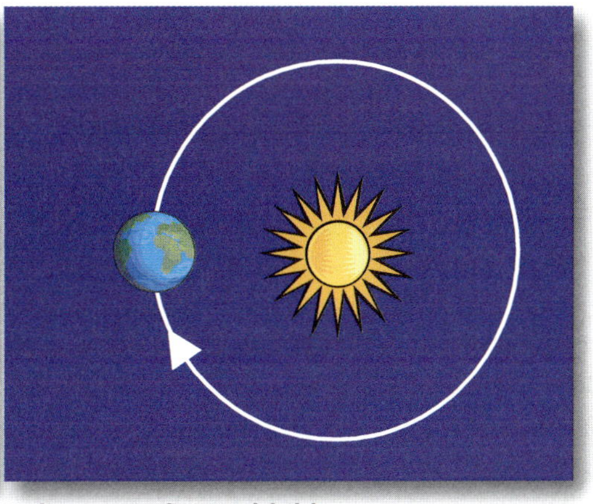
Heliozentrisches Weltbild

Die katholische Kirche lehnte aber das Heliozentrische Weltbild ab, denn nach der Bibel ist der Mensch die Krönung der **Schöpfung**. Deshalb sollte auch die Erde der Mittelpunkt des Weltalls sein.

Ebenso glaubte man im Mittelalter, dass die Erde eine **Scheibe** sei.

Am Rand dieser Scheibe sollte sich das **Jenseits** befinden. Wer neugierig wäre und über den Rand hinausginge, würde in die dunkle, feurige **Hölle** fallen.

Erde als Scheibe

Gelehrter: ein Mensch, der sehr viel weiß

geo: Erde heißt auf Griechisch „geo".

Weltbild: Vorstellung über die Erde

Was könnte „zentrisch" bedeuten? Denke dabei an Zentrum!

Astronom: beschäftigt sich mit der Stern- und Himmelskunde

helio: Sonne heißt auf Griechisch „helios".

Nikolaus Kopernikus

Schöpfungsgeschichte: erstes Kapitel der Bibel; wie die Erde und die Menschen erschaffen wurden

Jenseits: Leben nach dem Tode

Hölle: schrecklicher Ort im Jenseits, an dem der Teufel herrscht. Dorthin kommen nach christlichem Glauben die Sünder.

Galileo Galilei musste in einem **Inquisitionsverfahren** seine Lehre, dass die Erde sich um die Sonne bewegt, widerrufen. Einer später erfundenen Sage nach soll er danach gesagt haben:

Eppur si muove!
Und sie bewegt sich doch!

Inquisition: kirchliches Gericht über Menschen, die der katholischen Lehre widersprachen

Suche im Atlas die Städte Mainz und Nürnberg!

Weshalb nennt man den Buchdruck auch „Schwarze Kunst"?
Überlege, was die Menschen lernen mussten, um Nutzen aus dieser „Schwarzen Kunst" zu ziehen!

Welche Folgen hatte deiner Meinung nach die Erfindung des Schießpulvers für den Ritterstand?

Welche Erfindungen der letzten 100 Jahre sind dir bekannt?

In der Neuzeit löste das **Heliozentrische** das **Geozentrische Weltbild** ab. Bedeutende **Erfindungen** waren der Buchdruck, das Schießpulver und der Kompass.

Der deutsche Mathematiker **Johannes Kepler** und der italienische Astronom **Galileo Galilei** erweiterten später das **„kopernikanische Weltbild"**. Sie wurden vor kirchliche Gerichte gestellt. Falls sie ihre Lehren nicht zurücknahmen, wurden sie sogar verurteilt.

Galileo mit Fernrohr

Neben der Astronomie entwickelten sich auch andere Einzelwissenschaften wie Medizin und Physik. Die Menschen gelangten zu neuen Erkenntnissen und wussten bald mehr über die Geheimnisse der Natur.

Erfindungen verändern das Leben der Menschen

Zu Beginn der Neuzeit wurden in Europa viele Erfindungen gemacht:

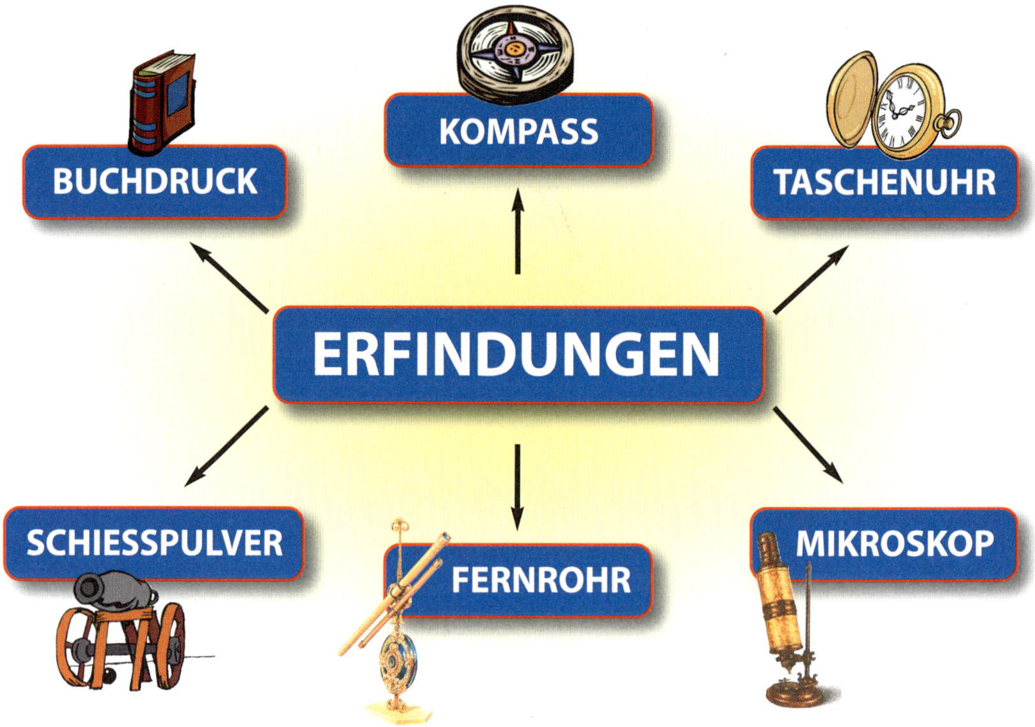

Schießpulver und Kompass wurden zwar in Europa „erfunden", waren aber den Chinesen schon lange bekannt.

Hast du das gewusst?

- Um 1450 erfand **Johannes Gutenberg** in Mainz den Buchdruck mit beweglichen Lettern. Vorher wurden alle Bücher mit der Hand geschrieben. Dies konnte mehrere Jahre dauern.
- Der Buchdruck wurde auch „Schwarze Kunst" genannt.
- Ein Drucker druckte etwa 3 350 Blätter pro Tag.
- Die Bücher waren in Leder gebunden und sehr, sehr teuer. Eine hohe Auflage bedeutete damals höchstens 2 000 Stück.
- **Peter Henlein** erfand in Nürnberg die erste Taschenuhr. Sie wird „Nürnberger Eierlein" genannt. Dieser Name leitet sich von „Aeurlein", also Ührlein ab.
- Bis zur Erfindung des Kompasses orientierten sich die Seefahrer nur an den Sternen.
- Mit einer Hakenbüchse konnte man nur alle 5 Minuten einen Schuss abfeuern.

Nun geht's los – Aufgaben für schlaue Köpfe!

1) **Rechenrätsel:** Wenn in einer Druckerei 14 Stunden pro Tag gearbeitet wird und ein Drucker 3 360 Blätter pro Tag druckt, wie viel schafft Mathias in einer Stunde, wie viel in einer Minute? **Rechne genau und schreibe deine Ergebnisse auf die Blätter! ★★★★★**

Mathias schafft in 1 Stunde:

______________________ *Seiten*

Mathias schafft in 1 Minute:

______________________ *Seiten*

2) Auf dem Meer sieht man nichts als Wasser und Himmel. Zur Orientierung verwendeten die Seefahrer in der Neuzeit einen Kompass. **Damit du den Kompass benutzen kannst, solltest du erst die Windrose beschriften! ★★** Tipp: Erinnere dich an die 1. Klasse Geografie!

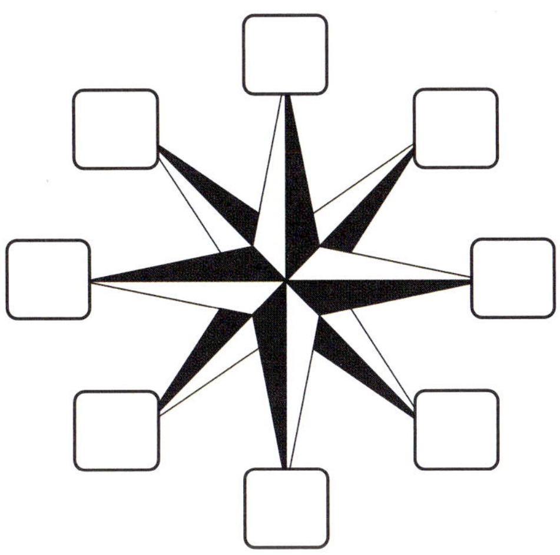

3) In diesem Setzkasten aus der Werkstätte von Johannes Gutenberg haben sich 7 wichtige Begriffe versteckt! **Du findest sie, wenn du senkrecht und waagrecht suchst, sicher schnell! ★★★**

X	U	S	M	K	E	P	L	E	R
H	E	L	I	O	G	Y	S	A	J
W	K	O	M	P	A	S	S	T	A
R	T	Z	S	E	L	H	B	D	S
E	X	P	E	R	I	M	E	N	T
A	R	V	D	N	L	K	M	B	R
S	W	R	V	I	E	K	S	M	O
U	I	E	F	K	I	A	U	N	N
B	D	X	K	U	R	S	C	E	O
Y	Z	R	K	S	F	B	M	A	M

LÖSUNGSWÖRTER: ______________________

____

____

____

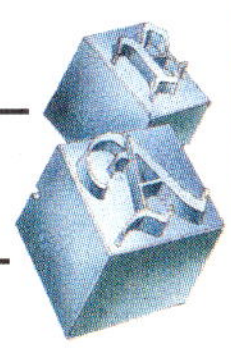

Nun geht's los – Aufgaben für schlaue Köpfe!

4) **Zeichne dieses Bild von der Erde als Scheibe fertig und male es an! ★★**

5) **Auf diesen Spielkarten sollst du erraten, um welche Erfindung es sich handelt. Anschließend fällt es dir sicher leicht, die Bilder zu beschriften: ★★★**

Ein neuartiges schwarzes Pulver erreichte uns vor kurzem aus China. Man verwendete es zunächst zum Verschießen von Feuerpfeilen und später für die ersten Kanonen.

Was ist das?

____

Ein Wunderwerk der Technik, das jeder Seefahrer haben sollte. Die frei bewegliche Nadel aus magnetisiertem Eisen dieser Erfindung zeigt immer nach Norden.

Was ist das?

____

Galileo Galilei richtete als Erster 1609 diese Erfindung auf Planeten und Sterne und konnte damit beweisen, dass das Geozentrische Weltbild ein Irrtum ist.

Was ist das?

____

Mit dieser Erfindung erreichen Sie eine bis zu 250-fache Vergrößerung und können nun endlich die Geheimnisse der Natur erforschen.

Was ist das?

____

______________________ ______________________ ______________________ ______________________

6) **Wähle einen Planeten aus unserem Sonnensystem aus und erstelle einen Steckbrief (Internet, Bücher)! ★★★**

2. NEUE WELTEN WERDEN ENTDECKT

Seeweg nach Indien – „Entdeckung" Amerikas – Weltumseglung

Auf der Suche nach einem Seeweg nach Indien

In Europa waren Waren aus Indien und China wie z. B. chinesische **Seide** und Gewürze sehr begehrt und teuer. Arabische Händler verkauften diese Waren an europäische Kaufleute. Diese transportierten Seide und Gewürze auf dem Landweg nach Europa. Nach der Eroberung Konstantinopels (1453) durch die **Osmanen** war dieser **Handelsweg** aber **versperrt.** Da die Adeligen und reichen Bürger auf ihren Luxus nicht verzichten wollten, suchte man neue Wege nach Indien.

Seide: kostbarer Stoff aus China/Indien

Osmanen: Volk aus Asien

Die **Portugiesen** versuchten als Erste, Afrika zu umsegeln:

- **1487** erreichte **Bartolomeu Diaz** trotz großer Gefahren das „Kap der Guten Hoffnung" (Südspitze Afrikas).
- **1498** umsegelte **Vasco da Gama** Afrika und erreichte mit Hilfe eines arabischen **Lotsen** den Westen Indiens.

Lotse: jemand, der Schiffe durch gefährliche Gewässer führt

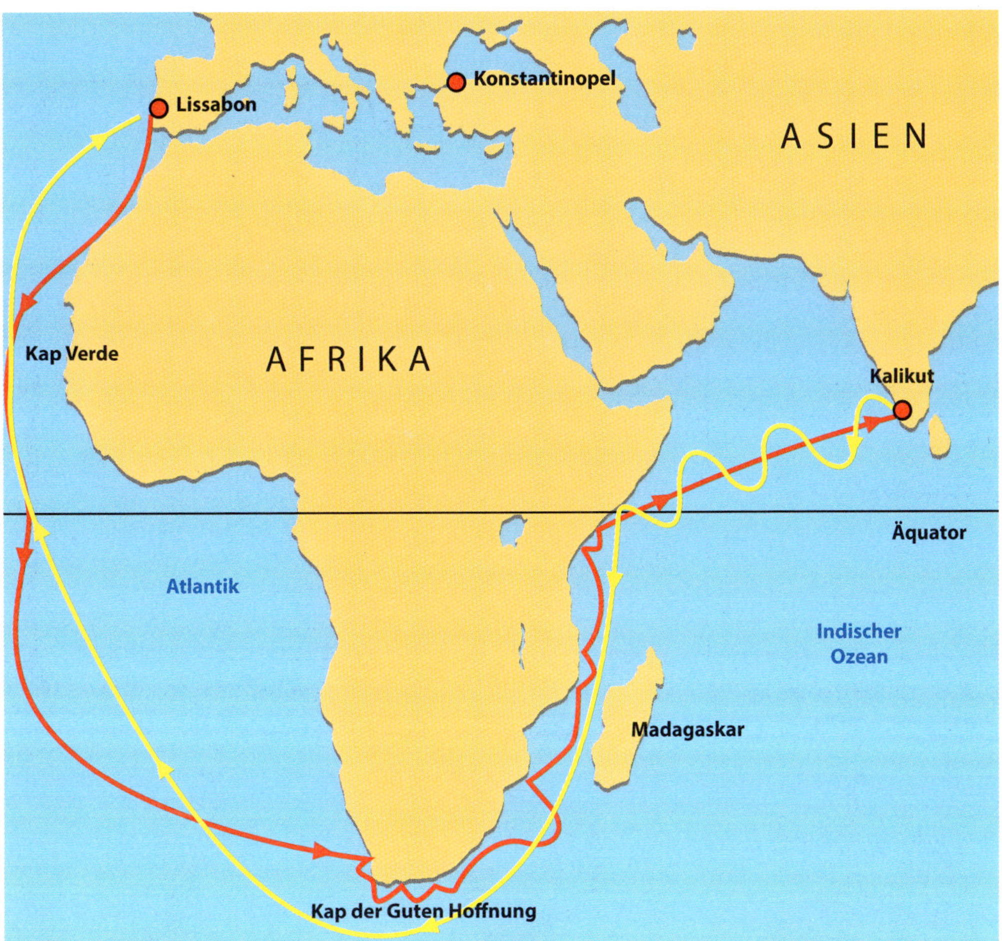

Reise von Vasco da Gama

Hinreise

Rückreise

Bartolomeu Diaz

Vasco da Gama

Die „Entdeckung“ Amerikas

Christoph Kolumbus

Santa Maria, Nina und Pinta

1492 machte sich der aus Genua (Italien) stammende **Christoph Kolumbus** im Auftrag des spanischen Königshauses auf die Reise nach Westen. Er war davon überzeugt, dass die Erde eine Kugel sei und man daher Indien auch über den Atlantik erreichen könnte. Kolumbus segelte mit drei Schiffen zunächst zu den Kanarischen Inseln. Sein Schiff hieß **Santa Maria**. Die Namen der beiden anderen Schiffe waren **Nina** und **Pinta**.

Er wollte auf diesem Wege nach Indien und China segeln. Drei Monate nach seinem Aufbruch erreichte er eine Inselgruppe. Diese nannte er **„Westindische Inseln“**, da er glaubte, in Indien gelandet zu sein. Kolumbus bezeichnete die dort lebenden Einwohner als **„Indios“** (Indianer). Auf drei weiteren Reisen über den Atlantik entdeckte er zwar weitere Inselgruppen, doch fand er nicht die kostbaren Gewürze Asiens. Erst nach seinem Tod stellte sich heraus, dass er nicht Indien erreicht hatte, sondern einen neuen Kontinent entdeckt hatte. Dieser neu entdeckte Kontinent wurde nach den Reiseberichten des Florentiners **Amerigo Vespucci**, der knapp nach Kolumbus Südamerika bereiste, **Amerika** genannt.

Die erste Weltumseglung

1519 bis 1522 gelang dem Portugiesen **Ferdinand Magellan** die erste Weltumseglung. Er umfuhr die gefährliche Südspitze Amerikas und überquerte den Pazifischen Ozean. Auf den Philippinen wurde er bei einem Streit von Eingeborenen erschlagen. Nur einigen Männern seiner Mannschaft gelang es, die Heimat zu erreichen. Durch diese Weltumseglung wurde eindeutig bewiesen, dass die Erde eine Kugel ist.

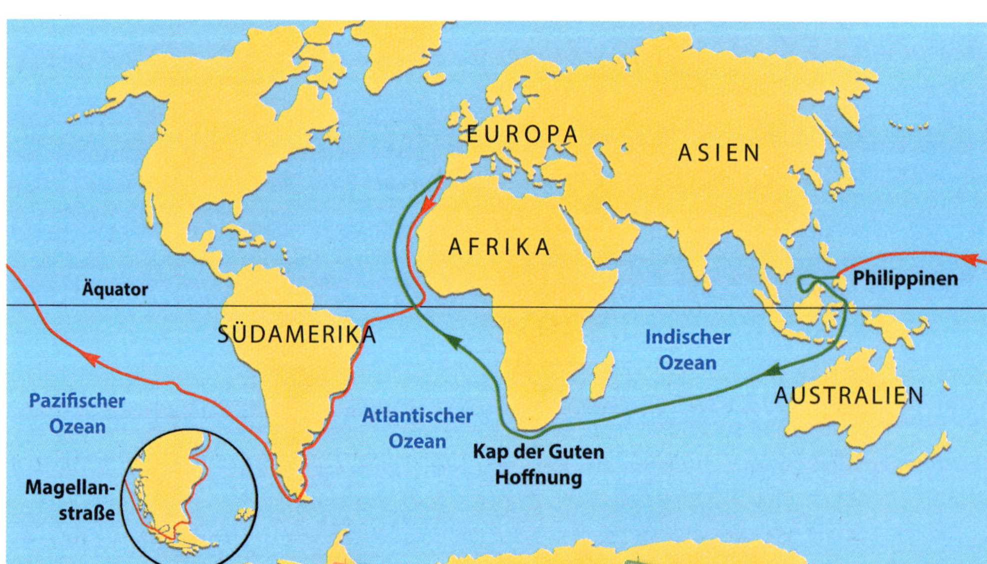

Weltumseglung Magellans

Reise des Magellan

Weiterfahrt nach Magellans Tod

Was versprach sich Kolumbus von einer Fahrt von Spanien nach Westen?

Wo liegen die Kanarischen Inseln? Zu welchem Staat gehören sie heute? Suche im Atlas!

Finde heraus, welches Volk bereits vor Kolumbus Amerika kannte! (Internet, Bücher)

Ferdinand Magellan

Wie heißt die Südspitze Amerikas heute? (Atlas)

Suche die Philippinen im Atlas! Zu welchem Kontinent gehören sie? (Atlas)

Wo liegt die Seestraße, die nach Magellan benannt ist? (Atlas)

Auf der Suche nach einem neuen **Handelsweg nach Indien** wurden neue Länder entdeckt. Wichtige **Entdecker** waren Vasco da Gama, Christoph Kolumbus und Ferdinand Magellan.

Nun geht's los – Aufgaben für schlaue Köpfe!

1) **Wer ist das?** Wenn du diese Steckbriefe genau liest, weißt du sofort, um wen es sich dabei handelt. **Finde die passenden Namen heraus und schreibe sie zu dem entsprechenden Bericht! ★★★**

Bartolomeu Diaz

Ferdinand Magellan

Christoph Kolumbus

Vasco da Gama

Von 1519 bis 1522 umsegelt dieser Entdecker die Welt. Nach einem Jahr erreicht er Südamerika. Die Rückkehr nach Europa erlebt er nicht mehr. Auf den Philippinen wird er bei einem Kampf getötet. Durch seine Weltumseglung ist endgültig bewiesen, dass die Erde eine Kugel ist.

Wer ist das? ______________________________

Er gilt als Entdecker Amerikas und will einen neuen Seeweg nach Indien finden. 1492 segelt er westwärts und erreicht nach 3 Monaten Land. Bis zu seinem Tod glaubt er, Indien erreicht zu haben.

Wer ist das? ______________________________

Dieser Seefahrer sticht 1487 in See, um einen Seeweg nach Indien zu finden. Auf seiner Reise umsegelt er das Südkap Afrikas. Er nennt es „Kap der tosenden Stürme". Später heißt es „Kap der Guten Hoffung".

Wer ist das? ______________________________

1498 erreicht er nach langen Strapazen endlich Indien, nachdem er das afrikanische Südkap erfolgreich umsegelt hat. Er bekommt Hilfe von einem arabischen Lotsen.

Wer ist das? ______________________________

Nun geht's los – Aufgaben für schlaue Köpfe!

2) **SOS-Flaschenpost!** Hier sind einige Buchstaben vom Salzwasser gelöscht!
Schreibe die vollständigen Wörter auf die leeren Zeilen daneben! ★

Die Rückfahrt vom „Kap der tosenden Stür e" wird zur Qual. Es gibt nur mehr wenige Vo äte an Bord. Wir haben fast nichts mehr zu essen und das wenige ist ein Rattenfraß! Alles ist von den Ra en schon angenagt, aus dem Trockenfisch kriechen die fetten weißen Maden. Das Hartbrot löst sich in St b auf und das eingesalzene Sch einefleisch ist mit einer grünen, stinkenden Schmiere bedeckt. Wer s t werden will, kann sich nur mehr ein paar Ratten fangen. Leider sind sie aber sch ll und daher schwer zu fangen. Mit viel Glück gelingt es ab und zu doch. Denn abgezogen, ausgenommen und gebraten sind sie sehr sch ckhaft.

Setze hier ein:

Stürme ...

____

____

____

____

____

____

____

3) **Welcher Seefahrer erzählt hier seine Geschichte? ★★** _______________

4) Eine berüchtigte Seefahrerkrankheit war Skorbut. **Versuche, mehr über diese Krankheit im Internet oder in Büchern herauszufinden! ★★★**

5) **Marco Polos Reise nach China** – Mehr als 200 Jahre vor Kolumbus reiste der 17-jährige Marco Polo mit seinem Vater und seinem Onkel nach China. Die anstrengende Reise der venezianischen Kaufleute dauerte 4 Jahre. 20 Jahre blieben sie am Hof des Großkhans und entdeckte viel Neues. **Lies dir Marco Polos Bericht durch und unterstreiche die Waren! Dann suche 14 Waren im Suchrätsel und markiere sie ! ★★**

In China trinken die Menschen Tee aus zerbrechlichem Geschirr, das sie Porzellan nennen. Gehandelt werden Edelsteine wie Smaragde, Saphire, Rubine und Perlen. Aus dem Schmuckstein Jade fertigen sie kunstvolle Figuren. Aber auch Lackdosen und Teppiche werden gehandelt und überall lockt der Duft der Gewürze. Getauscht werden auch Reis gegen Pfeffer sowie Zimt und Nelken gegen Goldfische oder gegen die Heilwurzel Ginseng.

Z	P	K	G	I	N	S	E	N	G
G	O	L	D	F	I	S	C	H	E
H	R	E	I	S	Z	I	M	T	D
G	Z	S	M	A	R	A	G	D	E
T	E	P	P	I	C	H	E	F	R
M	L	T	E	E	J	A	D	E	U
A	L	P	F	E	F	F	E	R	B
L	A	C	K	D	O	S	E	N	I
X	N	E	L	K	E	N	B	M	N
Y	F	A	G	E	W	Ü	R	Z	E

3. FOLGEN DER ENTDECKUNGEN

Eroberungen – Kolonisation – Ausbeutung – Frühkapitalismus

Eroberung und Kolonisation

Nach der Entdeckung Amerikas und anderer Länder begann die Eroberung der Neuen Welt – den **„Entdeckern"** folgten die **„Eroberer"**. Zu den berühmtesten Eroberern zählten **Hernando Cortez** und **Francisco Pizarro**. Die eroberten Gebiete im heutigen Mexiko und Peru brachten Spanien großen Reichtum und große Macht. Die Eroberer unterwarfen die einheimische Bevölkerung. Bestehende Hochkulturen wie die Reiche der **Inkas**, **Mayas** und **Azteken** wurden zerstört.

Hernando Cortez

Suche im Atlas Mexiko! Wo liegt dieses Land?

Das mächtige Reich der **Azteken** lag im Gebiet des heutigen Mexiko. Die Kultur der Azteken war hoch entwickelt. So kannten sie bereits eine Bilderschrift und lebten in großen Städten mit kunstvollen Palästen, steinernen Wohnhäusern und prachtvollen Tempeln.

Bau eines Stufentempels

Menschenopfer

Kopfschmuck eines Priesters

Priesterkönig: Er war König und oberster Priester gleichzeitig.

Die Azteken verehrten viele Götter. Sehr gefürchtet war der **Sonnengott**, dem jedes Jahr tausende von Menschen geopfert werden mussten. Diese Menschenopfer waren für die „Ernährung" des Gottes gedacht. Die Azteken fürchteten nämlich das Ausbleiben des Sonnenaufgangs und damit ihren Untergang.

Besuche, wenn du in Wien bist, das Völkerkundemuseum! Dort kannst du diesen Kopfschmuck sehen.

Die Azteken warteten auf die Rückkehr eines Gottes, der aus dem Osten kommen sollte. Dieser Glaube half dem Eroberer **Hernando Cortez** bei seiner Ankunft 1519. Die Spanier wurden als „weiße" Götter behandelt und reich beschenkt. So schickte **Montezuma**, der **Priesterkönig** der Azteken, wertvolle Geschenke aus Gold nach Spanien. Doch Cortez eroberte mit nur 400 Soldaten und 14 Kanonen das Aztekenreich und zerstörte es.

Barren: nicht verarbeitetes Metall

Quelle: **bearbeitet nach „Rückkehr der Götter"**
Alles Gold rafften die Spanier zu einem Haufen. An die anderen Kostbarkeiten legten sie Feuer und alles verbrannte. Das Gold schmolzen sie ein zu **Barren** und von den wertvollen grünen Edelsteinen nahmen sie nur die besten ... Das ganze Schatzhaus durchwühlten die Spanier, sie drängten und fragten und griffen nach allem, was ihnen gefiel.

Überlege, wie heute in Kriegsgebieten mit dem Eigentum anderer umgegangen wird!

Welcher Edelstein ist grün?

Schreiber

Einige Jahre nach der Eroberung des Aztekenreiches traf Cortez in Mexiko auf das Volk der **Maya**. Viele Städte der Maya waren aber bereits verlassen, als die Spanier ankamen. Die Maya waren ein friedliches Volk mit einer hohen Kultur. So hatten sie schon seit Jahrhunderten einen sehr genauen Kalender, beherrschten die Kunst des Schmiedens, der Töpferei, des Webens und Flechtens. Die **Maya-Hieroglyphen**, die ihre Tempel schmückten, sind bis heute nur zum Teil entziffert.

Anden: längste Gebirgskette der Erde

Suche im Atlas Chile und Ecuador!

Wie heißt das Land zwischen Chile und Ecuador heute?

Das große Reich der **Inkas** in den **Anden** erstreckte sich in der Zeit seiner größten Ausdehnung von Chile bis Ecuador. Die Bevölkerung lebte von der Landwirtschaft, vor allem vom Anbau von Kartoffeln. Die Inkas mussten für ihren Herrscher arbeiten, bekamen aber dafür Lebensmittel zur Verfügung gestellt.

Inkamädchen mit Mais

Dezimalsystem: auf der Grundzahl 10 aufbauendes Zahlensystem

Obwohl die Inkas das Rad und Werkzeuge aus Metall nicht kannten, errichteten sie großartige Bauwerke. Wasserleitungen in mehr als 4 000 m Seehöhe und ein 15 000 km langes Straßennetz durchzogen ihr Reich. Schnelle Läufer brachten wichtige Nachrichten in kurzer Zeit an jeden Ort. Die Inkas kannten keine Schrift. Sie verwendeten **Knotenschnüre**, mit denen Zahlen in einem **Dezimalsystem** abgebildet wurden.

Verschiedenfarbige Schnüre mit einfachen, doppelten oder dreifachen Knoten waren an einer Hauptschnur aufgereiht. An der Anzahl und Position der Knoten konnte man ablesen, wie viele Nahrungsmittel und Tiere vorhanden waren.

Knotenschnüre

Ein Streit um den Thron zwischen den beiden Inkaprinzen Atahualpa und Huáscar machte dieses Reich 1532 zu einer leichten Beute für den spanischen Eroberer **Francisco Pizarro**. Mit nur 160 Mann gelang es ihm, das Land in kurzer Zeit zu erobern. „Gold! Gold!", dies war der Kampfruf der Spanier auf ihrer Suche nach dem sagenhaften „Eldorado", dem Goldland. Pizarro nahm den König der Inkas (Atahualpa) gefangen, als dieser sich weigerte, das Christentum anzunehmen.

Kampf mit den spanischen Eroberern

Quelle: nach „Glanz und Untergang des Inkareiches"

Da stürzt Pizarro mitten durch das Volk auf die Sänfte des Königs zu ... , packt den Inka am Arm und ruft: „Santiago", den alten Schlachtruf der Spanier. Am Tag nach seiner Gefangennahme bietet Atahualpa den Spaniern Gold und Silber als Preis für seine Freilassung an. Er will das Zimmer, in dem er sich befindet, so hoch seine Hand reicht mit Gold füllen und einen großen Speicher mit Silber (Zimmer: 24 **Fuß** lang und 17 Fuß breit; Speicher: 10,10 m breit und 6,20 m lang). Pizarro nimmt das Gold und lässt den König ermorden.

Fuß: altes Längenmaß; 0,3408 m

Mit Erlaubnis des Papstes teilten Spanien und Portugal die Neue Welt unter sich auf und gründeten neue Kolonien. Kurze Zeit später wurde Nordamerika zum Einflussgebiet der Engländer, der Franzosen und der Niederländer erklärt.

Woher kennst du den Begriff Kolonien? Was bedeutet er?

Die Ausbeutung der eroberten Gebiete

Quelle: Bericht eines unbekannten Spaniers
Es ist nicht Silber, was man nach Spanien bringt, sondern Schweiß und Blut der Indianer!

Was könnte dieser Ausspruch bedeuten?

Was weißt du über die Situation der Indianer heute? (Lexikon, Internet)

Die einheimische Bevölkerung wurde zu Sklavenarbeiten in Bergwerken und auf **Plantagen** gezwungen. Diese harte Arbeit, aber auch Krankheiten wie Grippe und Masern, welche die Europäer mitgebracht hatten, forderten viele Todesopfer. Da die Einheimischen zu schwach für die schweren Arbeiten waren, wurden Schwarze als **Sklaven** aus Afrika nach Amerika gebracht. Man sah diese Sklaven als Ware an und bezeichnete sie als „Schwarzes Elfenbein". Viele starben schon auf der Überfahrt auf den Sklavenschiffen.

Plantage: landwirtschaftlicher Großbetrieb

Sklavenhändler

Aus den Kolonien kamen **neue Pflanzen** nach Europa wie Mais, Kartoffeln, Tomaten, Tabak, Rohrzucker und auch ein neues **Nutztier**, der Truthahn. In Amerika gab es außer dem **Lama** keine gezähmten Tiere. So wurden im Laufe der Jahrhunderte Schafe, Rinder und viele Pferde von den Siedlern aus der Alten Welt in die neue Heimat gebracht.

Lama:

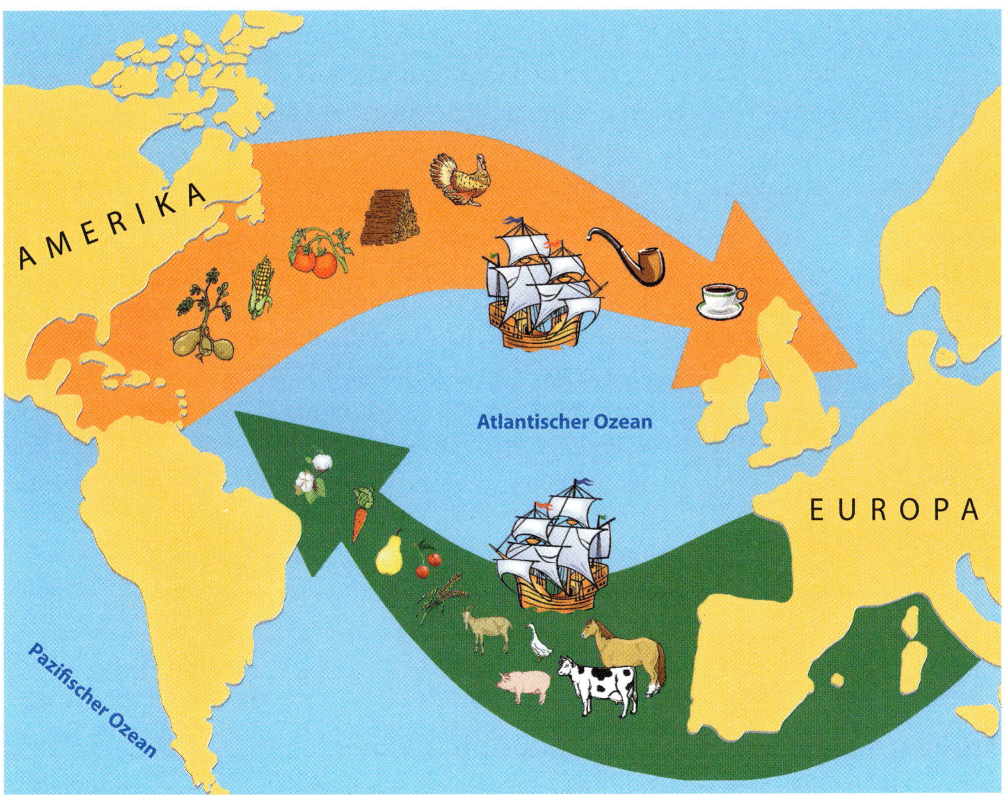

Warentransport zwischen der Neuen und der Alten Welt

Welche Waren wurden von Amerika nach Europa gebracht?

Welche Waren wurden von Europa nach Amerika gebracht?

Für die Indianer waren Gold und Silber von geringer Bedeutung. Der Reichtum an **Edelmetallen** in den eroberten Gebieten lockte aber viele Spanier in die Neue Welt. Mit Schiffen wurden Gold und Silber nach Spanien gebracht. Viele dieser reich beladenen Schiffe erreichten aber Spanien nicht, da sie von Piraten überfallen wurden. Diese Edelmetalle aus den neu entdeckten Ländern ließen Spanien bald zu einem der reichsten und mächtigsten Staaten in Europa aufsteigen.

Edelmetalle: Gold, Silber und Platin

Der Frühkapitalismus

Erkundige dich, wie hoch die Inflation derzeit in Österreich ist!

Der Handel und die Ausbeutung der Kolonien brachten für Europa auch große Nachteile. So führte die Vermehrung des Geldes durch das viele Gold und Silber aus den Kolonien zu einer Abwertung des Geldes. Dies nennt man **Inflation**.

Die Grundherrn erhöhten daraufhin die Abgaben der Bauern. Ebenso stiegen die Steuern – die Abgaben der Bürger und Bauern – an den Landesherrn.

Dieser Spruch stammt von dem Prediger Abraham a Santa Clara. Wer ist mit „man" gemeint?

Quelle: **nach Abraham a Santa Clara**
Man frisst und sauft sich voll und toll, dem Bauern schert man ab die Woll.

Naturalwirtschaft: Tausch von Ware gegen Ware

An Stelle der **Naturalwirtschaft** trat die **Geldwirtschaft**.

Der Fiorino aus Florenz diente als Modell für zahlreiche europäische Münzen.

Jedes Land und jede Stadt hatten das Recht auf **Münzprägung**. Deshalb mussten die Münzen sehr oft umgewechselt werden. Dieses Geschäft übernahmen Geldwechsler, die für den Tausch der Münzen eine **Provision** erhielten und dadurch sehr reich wurden.

Fiorino – Goldmünze aus Florenz

Welche Blume erkennst du auf dem Fiorino?
Sieh nach, was auf der österreichischen 1€ Münze abgebildet ist!

Münzprägung: Herstellung von Geldstücken
Provision: Bezahlung für die Vermittlung eines Kaufes oder Verkaufes

Geldwechsler

Suche im Atlas die Stadt Augsburg! In welchem Land liegt sie?

Zinsen: Betrag für das ausgeliehene Geld

Durch den Handel mit Edelmetallen wie Gold, Silber und Kupfer wurden einige Handelsfamilien in Europa sehr einflussreich. Die bekannteste Familie war die der **Fugger** in Augsburg. Sie wurden so unermesslich reich, dass sie sogar den Päpsten und Kaisern Geld gegen **Zinsen** leihen konnten.

Bis zum Ende des Mittelalters verbot die Kirche den Christen das Verleihen von Geld gegen Zinsen. Diese Aufgabe übernahmen daher die Juden. In der Neuzeit war der Geldverleih dann auch den Christen erlaubt.

Spanier und **Portugiesen** teilten die Neue Welt unter sich auf. Die **Indianer** wurden unterworfen. **Sklaven** arbeiteten auf den Plantagen. Aus den Kolonien kamen **Edelmetalle**. Die **Geldwirtschaft** setzte sich durch.

Nun geht's los – Aufgaben für schlaue Köpfe!

1) **Richtig oder falsch?** Ringle den richtigen Buchstaben ein, dann bekommst du das Lösungswort!★★

	richtig	falsch
Die Azteken opfern ihren Göttern auch Menschen.	A	B
Die Hauptstadt der Azteken heißt heute New Orleans.	U	Z
Die Inkas kennen das Rad nicht.	T	C
Die Maya sind ein sehr kriegerisches Volk.	H	E
„Gold! Gold!" – ist der Kampfruf der Spanier.	K	D
Die Inkas kennen keine Schrift.	E	R
Die Maya-Hieroglyphen sind bis heute nicht vollständig entziffert.	N	E

LÖSUNGSWORT: . . . .

2) Du hast vom Landesherrn das Recht bekommen, selbst Münzen zu prägen. Vorher musst du aber einen Entwurf zeichnen!★

3) Markiere jeden dritten Buchstaben! Du erhältst dann ein Lösungswort. ★

A M (F) E S U P W G H T G C B E X U R

LÖSUNGSWORT: . . . . . .

Nun geht's los – Aufgaben für schlaue Köpfe!

4) Piraten nähern sich deinem Schiff. Du erkennst sie sofort an ihrer Piratenflagge. **Zeichne das Symbol auf die leere Fläche! Dann kannst du den Piraten anmalen! ★**

5) Im zweiten Korb ist einiges anders. **Markiere die 6 Waren aus der Neuen Welt! ★★**

6) **Who is who?** Wer ist damit gemeint? **Ordne die Nummern zu! ★★★★**

- Er eroberte das Reich der Inkas. ◯
- Sie verwendeten Hieroglyphen. ◯
- Er war der Priesterkönig der Azteken. ◯
- Er eroberte das Reich der Azteken. ◯
- Sie verehrten einen Sonnengott. ◯
- Sie errichteten Wasserleitungen in mehr als 4 000 m Seehöhe. ◯
- Sie waren eine der reichsten Handelsfamilien. ◯

1. Pizarro
2. Maya
3. Montezuma
4. Inkas
5. Azteken
6. Fugger
7. Cortez

4. HUMANISMUS UND RENAISSANCE

Humanismus – Renaissance – Leonardo da Vinci – Michelangelo

Der Humanismus

In der Zeit des **Humanismus** stand der **Mensch im Mittelpunkt** des Denkens. Die Gelehrten bewunderten die antike Kultur und beschäftigten sich sehr intensiv mit den Autoren des Altertums. Sie lasen deren Texte in der Originalsprache.

Humanismus: von lateinisch „humanitas"; bedeutet Menschlichkeit

Quelle: „Gargantua und Pantagruel" von Rabelais
Der Vater belehrt seinen Sohn: „Ich wünsche und verlange, dass du die Sprachen vollkommen erlernst: erstens das Griechische, wie Quinctilian fordert, zweitens Latein und dann Hebräisch wegen der Heiligen Schriften, und desgleichen Chaldäisch und Arabisch."

Stell dir vor, du würdest zur Zeit des Humanismus leben! Welche Sprachen würdest du dann lernen?

Suche die Städte Genua, Pisa und Venedig im Atlas!

Erasmus von Rotterdam

Der Humanismus nahm seinen Ausgang von **Italien**. Der Reichtum der Handelsherren von Genua, Pisa, Venedig und anderen italienischen Städten förderte das Entstehen einer neuen Lebensart. Die Freude am Leben, an der Schönheit der Kunst und das Interesse am Wissen zeichnete die **Humanisten** aus.

Nach der **Eroberung Konstantinopels** durch die Osmanen im Jahre 1453 flüchteten viele Gelehrte nach Italien. Sie brachten neben ihrem eigenen Wissen auch viele wertvolle antike griechische Schriften mit. Berühmte Humanisten waren Erasmus von Rotterdam, Ulrich von Hutten und Petrarca.

Mode in der Renaissance

Die Renaissance

Die Renaissance war ein Zeitabschnitt, in dem Wissenschaft und Kunst sehr gefördert wurden. Es galt als Ideal, den Griechen und Römern **nachzueifern**. Die Antike wurde als Vorbild gesehen. Man nennt die Renaissance auch die **Wiedergeburt der Antike**. Durch den neu entstandenen Buchdruck verbreiteten sich die Gedanken des Humanismus und der Renaissance sehr schnell.

Die Kunst der Renaissance löste die Gotik ab. In der **Malerei** kam es zu Darstellungen aus dem Alltagsleben. Das Porträt gewann an Bedeutung. Die Menschen und die Natur wurden **wirklichkeitsnah** abgebildet.

Der Feldhase von Albrecht Dürer

nacheifern: nachstreben

wirklichkeitsnah: so wie etwas wirklich aussieht

Der berühmte Maler Albrecht Dürer zeichnete diesen Feldhasen 1502. Der Feldhase ist in der Albertina (Wien) und wird nur ganz selten öffentlich gezeigt, weil diese alte Zeichnung sehr lichtempfindlich ist.

Zeichenlehrling fertigt ein Porträt an.

Mädchen beim Musizieren

Perspektive: Raumtiefe

Im **Baustil** und in der **Bildhauerei** wurden die Formen der Antike übernommen. In der Renaissance entdeckte man auch die **Perspektive**. Mit ihrer Hilfe kann eine Raumtiefe vorgetäuscht werden.

Künstler der Renaissance

Genie: ein besonders kluger Mensch

Sixtinische Kapelle: Kirche im Vatikan

Einer der vielseitigsten Künstler war **Leonardo da Vinci**. Er war Maler, Bildhauer, Baumeister, Bronzegießer, Erfinder und Kriegsingenieur – ein richtiges Universal**genie**. Leonardo da Vinci entwickelte viele Dinge, die erst viel später neu erfunden wurden wie das Flugzeug, den Fallschirm und den Panzer.

Leonardo da Vinci war auch ein genialer Zeichner und führte genaue Beobachtungen der Natur und des menschlichen Körpers durch. So untersuchte er Muskeln, Organe und Skelette an Leichen und setzte seine Erkenntnisse bei der Entwicklung von Hebeln, Gelenken und Maschinenteilen ein.

Statue des David von Michelangelo

Selbstporträt Leonardo da Vinci

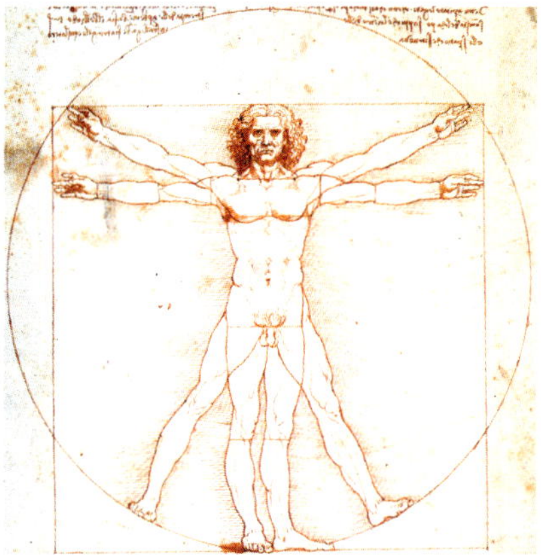

Ideale Proportionen des menschlichen Körpers – Federzeichnung von Leonardo da Vinci

> Im **Humanismus** stand der Mensch im Mittelpunkt. **Renaissance** bedeutet Wiedergeburt der Antike. **Berühmte Künstler** waren Albrecht Dürer, Leonardo da Vinci und Michelangelo.

Damit niemand seine Unterlagen lesen konnte, schrieb Leonardo da Vinci in einer Geheimschrift, die auch **Spiegelschrift** genannt wird. Bei seinem Tod hinterließ er 13 000 Seiten an Zeichnungen und Notizen. Davon blieben 7 000 bis heute erhalten.

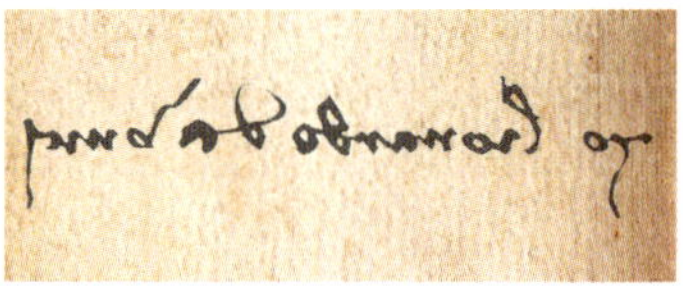

Spiegelschrift

Michelangelo Buonarotti war neben Leonardo da Vinci einer der berühmtesten Bildhauer, Maler und Baumeister seiner Zeit. Er baute im Auftrag des Papstes die Peterskirche in Rom fertig. In der **Sixtinischen Kapelle** kann man sein berühmtes Deckengemälde, das die Schöpfungsgeschichte zeigt, bewundern. Seine vier Meter hohe Statue des Jünglings David steht in Florenz.

Weitere **berühmte Maler** der Renaissance waren Tizian, Boticelli, Raphael, Brueghel der Ältere und Hans Holbein.

Nun geht's los – Aufgaben für schlaue Köpfe!

1) Mit dieser Signatur versah der berühmte Maler Albrecht Dürer seine Bilder, wenn er damit zufrieden war. **Versuche nun selbst, eine eigene Signatur mit den Anfangsbuchstaben deines Namens wie Dürer zu entwerfen! ★**

2) **Geheim! Geheim!** – **Schreibe deinen Namen oder eine Nachricht in Spiegelschrift! ★★★**

3) Hier siehst du viele Erfindungen von Leonardo da Vinci. **Versuche, die Texte mit Linien den Bildern zuzuordnen! Beginne mit dem orangen Buchstaben! ★★** ACHTUNG: Es ist auch eine Falle eingebaut! Eine Erfindung stammt nicht von Leonardo.

Welche? ______________________________

	R
	N
	I
	S
	N

A	Dieses Fahrrad ist aus Holz und hat Pedale. Die Verbindungsstange fehlt noch.
E	Eine Dampfmaschine liefert genügend Energie für eine ganze Fabrik.
C	Dieses erste Modell eines Autos hat ein Differential mit Zahnrädern. Die Räder drehen sich unterschiedlich.
A	Bei diesem Modell eines Hubschraubers zieht sich die Luftschraube selbst in die Höhe.
S	Diese Maschine enthält bereits viele grundlegende Bauteile der späteren Flugzeuge.

LÖSUNGSWORT: . . . . E

Nun geht's los – Aufgaben für schlaue Köpfe!

4) Der berühmte Meisterfälscher Jacques hat im Auftrag des Millionärs Monsieur Lemant eine Fälschung der Mona Lisa von Leonardo da Vinci angefertigt. Dabei sind ihm aber 5 Fehler passiert. So konnte ihn Scotland Yard überführen. **Kommst du ihm auch auf die Spur? ★★**

5) Dieses Wandgemälde (Fresko) von Leonardo zeigt das letzte Abendmahl Jesu. Schaffst du es, anhand der nachfolgenden Geschichte Petrus, den ersten Papst, zu finden? **Markiere ihn im Bild! ★★★★★**

In der Mitte sitzt Jesus. **Johannes**, der Bruder des Jakobus, ist der Sechste von links. **Jakobus** der Ältere sitzt von Jesus aus betrachtet direkt an seiner linken Seite. **Andreas**, der Bruder von Simon Petrus, trägt ein gelbes Gewand und ist der Dritte von links. **Philippus** im roten Gewand ist der Vierte von rechts. Er ist gerade aufgesprungen. Mit einem blauen Gewand sitzt **Bartholomäus** ganz außen links. **Matthäus** ist der Dritte von rechts. **Jakobus** der Jüngere trägt ein rotes Gewand und ist der Zweite von links. **Thaddäus**, der Bruder von Jakobus, ist der Zweite von rechts. **Simon** der Zelot trägt ein weißes Gewand und sitzt ganz rechts. **Thomas** zeigt gegen den Himmel und ist der Sechste von rechts. **Judas** Ischariot ist der Vierte von links.

Wo sitzt Petrus? ____

5. DER AUFSTIEG DER HABSBURGER

Heirats- und Erbpolitik – Teilung des Reiches

Die Heirats- und Erbpolitik der Habsburger

Zu Beginn der Neuzeit versuchten die Habsburger durch eine geschickte **Heirats-** und **Erbpolitik**, ihr Einflussgebiet zu vergrößern.

Heiratspolitik: durch Heiraten seine Macht vergrößern

Erbpolitik: Erbverträge abschließen, die eine Vergrößerung des Landes bringen

Hausmacht: Gebiete, die einer adeligen Familie gehören und weiter vererbt werden

Bella gerant alii, tu felix Austria, nube!

Andere mögen Kriege führen, du glückliches Österreich, heirate!

Die Habsburger waren in ihrer **Hausmacht**politik sehr erfolgreich. Dies sieht man am Beispiel von Kaiser **Maximilian I.**. Er heiratete eine der reichsten und schönsten Erbtöchter Europas – **Maria von Burgund**. Dies war der Beginn des Aufstieges der Habsburger.

Maximilian I.: Er wird auch der „letzte Ritter" genannt, da er Turniere veranstaltete und selbst daran teilnahm.

Wo liegt Burgund? Suche dieses Gebiet im Atlas – verwende dazu das Register!

Maria von Burgund

Maximilian liebte seine Frau sehr. Das war sehr ungewöhnlich zu dieser Zeit. Er nannte sie liebevoll sein „schöns froms tugenhafftigs weib".

Übersetze: Was sagte Maximilian über seine Frau?

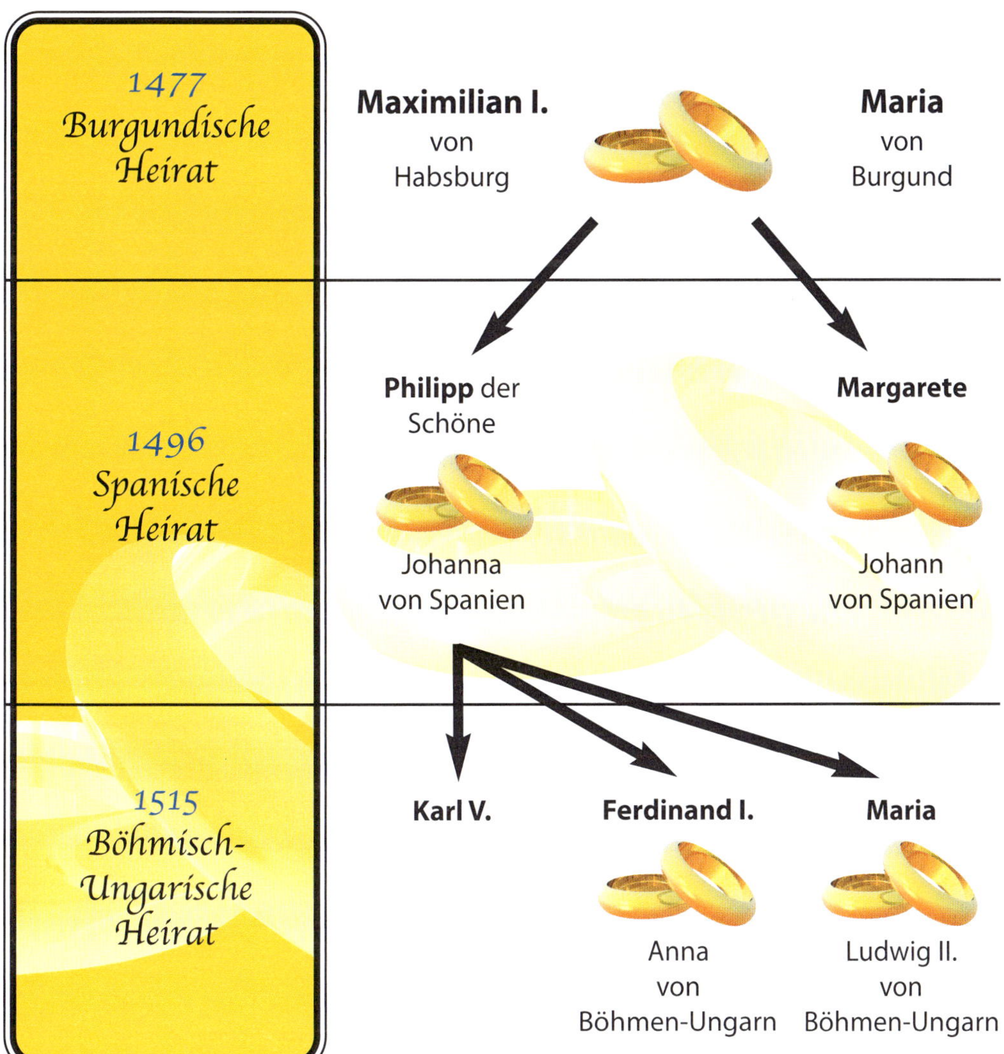

Durch die **Burgundische Heirat** kamen Burgund, Belgien und die reichen Niederlande an die Habsburger. Die **Spanische Heirat** brachte den Habsburgern Spanien, Sizilien, Unteritalien und die Kolonien in Südamerika. In der Schlacht von Mohács gegen die Osmanen starb der ungarische König Ludwig II. Nach seinem Tod erbten die Habsburger auch Böhmen und Teile von Ungarn aufgrund der **Böhmisch-Ungarischen Heirat**.

Gemahlin/Gemahl:
Ehefrau/Ehemann

Welche Heirat wird hier beschrieben?

Was war der Zweck dieser Heirat?

Quelle: **aus den „Wiener Heiratsverträgen"**
Wir, Maximilian, von Gottes Gnaden erwählter römischer Kaiser, und Wladislaw, von Gottes Gnaden König von Böhmen und König von Ungarn, tun kund: ..., dass wir am heutigen Tag zum Wohle unserer Kinder und Untertanen übereinkommen: Das bestehende Verlöbnis wird durch die Trauungsworte abgeschlossen, gefeiert und befestigt: „Ich, Ludwig, nehme Dich, Maria, zu meiner rechtmäßigen **Gemahlin**." „Ich, Maria, nehme Dich, Ludwig, zu meinem rechtmäßigen Gemahl."

Maria war zum Zeitpunkt dieser Heirat 10 Jahre alt, ihr Gemahl sogar nur 9 Jahre!

Ab welchem Alter darf man heute in Österreich heiraten?

Teilung des Besitzes

Nach dem Tod Maximilians I. wurde sein Enkel Karl von den Kurfürsten zum Kaiser des Heiligen Römischen Reiches Deutscher Nation gewählt. Als Sohn von Johanna von Spanien und Philipp dem „Schönen" regierte **Karl V.** ein Weltreich, da er als König von Spanien auch über die Kolonien in Amerika herrschte. Von ihm ist folgender berühmter Ausspruch überliefert:

In meinem Reich geht die Sonne nicht unter!

Kaiser Karl V.

Da das habsburgische Reich so groß war, teilte er es mit seinem Bruder Ferdinand. So entstanden eine **spanische** und eine **österreichische Linie** der Habsburger.

Spanische Linie der Habsburger – Karl V.	Österreichische Linie der Habsburger – Ferdinand I.
Niederlande	**Österreichische Länder**
Königreich Spanien	**Länder der böhmisch/ungarischen Krone**
Gebiete in Italien	
Kolonien in Amerika	

Die Heirats- und Erbpolitik **Maximilians I.** führte zu einer Vergrößerung der habsburgischen Macht. Unter **Karl V.** kam es zu einer Teilung in die **Spanische** und in die **Österreichische Linie** der Habsburger.

Nach Kaiser Karl V. wurde sein Bruder **Ferdinand I.** von den Kurfürsten zum Heiligen Römischen Kaiser deutscher Nation gewählt. In den nächsten Jahrhunderten blieb die Kaiserwürde bei der österreichischen Linie der Habsburger.

Nun geht's los – Aufgaben für schlaue Köpfe!

1) Auf diesem Suchbild „Maximilians Familie" haben sich 10 Gegenstände versteckt, die nicht ins Bild passen. **Markiere die Fehler! ★★**

2) **Mit Hilfe dieses Textes kannst du sicher herausfinden, wer mit wem verheiratet war! ★★★**

Heiratspolitik

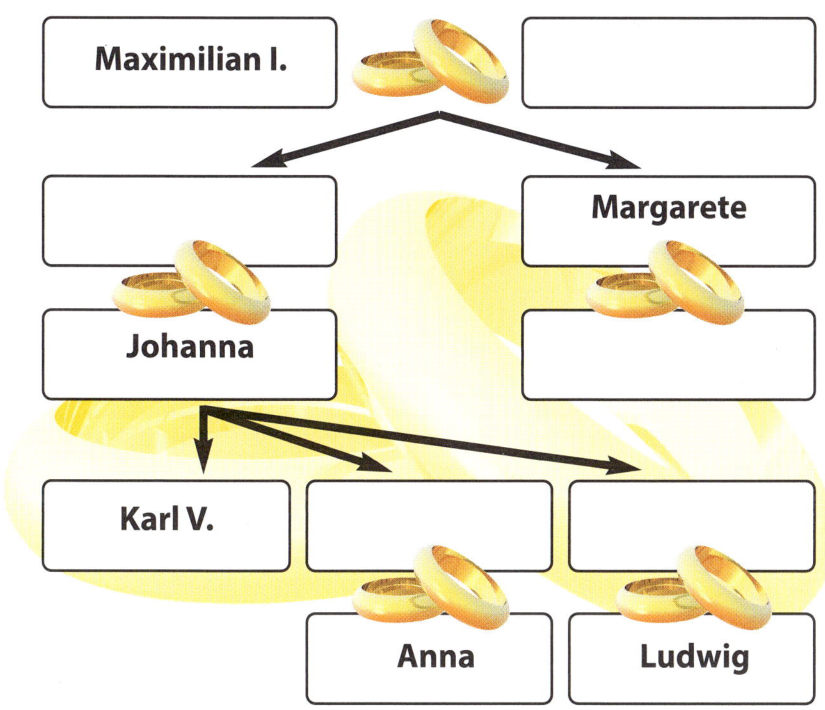

Mit 20 Jahren heiratet Maximilian die wunderschöne Maria von Burgund. Sie sind überaus glücklich, doch Maria stirbt bei einem Reitunfall. Ihre beiden Kinder – Philipp und Margarete – werden mit den spanischen Thronerben Johann und Johanna vermählt. Maximilians Enkelkinder spielen die Hauptrolle in seiner Heiratspolitik. 1515 findet in der Wiener Stephanskirche die berühmte Doppelhochzeit statt. Der 56-jährige Maximilian heiratet stellvertretend für einen seiner Enkel Anna von Ungarn. Annas Bruder Ludwig wird mit Ferdinands Schwester Maria vermählt.

3) **Entwirf nun selbst deinen Stammbaum auf einem Zeichenblatt! Beginne bei deinen Großeltern! ★★**

Nun geht's los – Aufgaben für schlaue Köpfe!

4) Auf dieser Landkarte siehst du alle Gebiete, die die Habsburger durch geschickte Heirats- und Erbpolitik erwarben. **Male zuerst das Meer in Blau an und dann die übrige Karte entsprechend der Vorgabe! ★★**

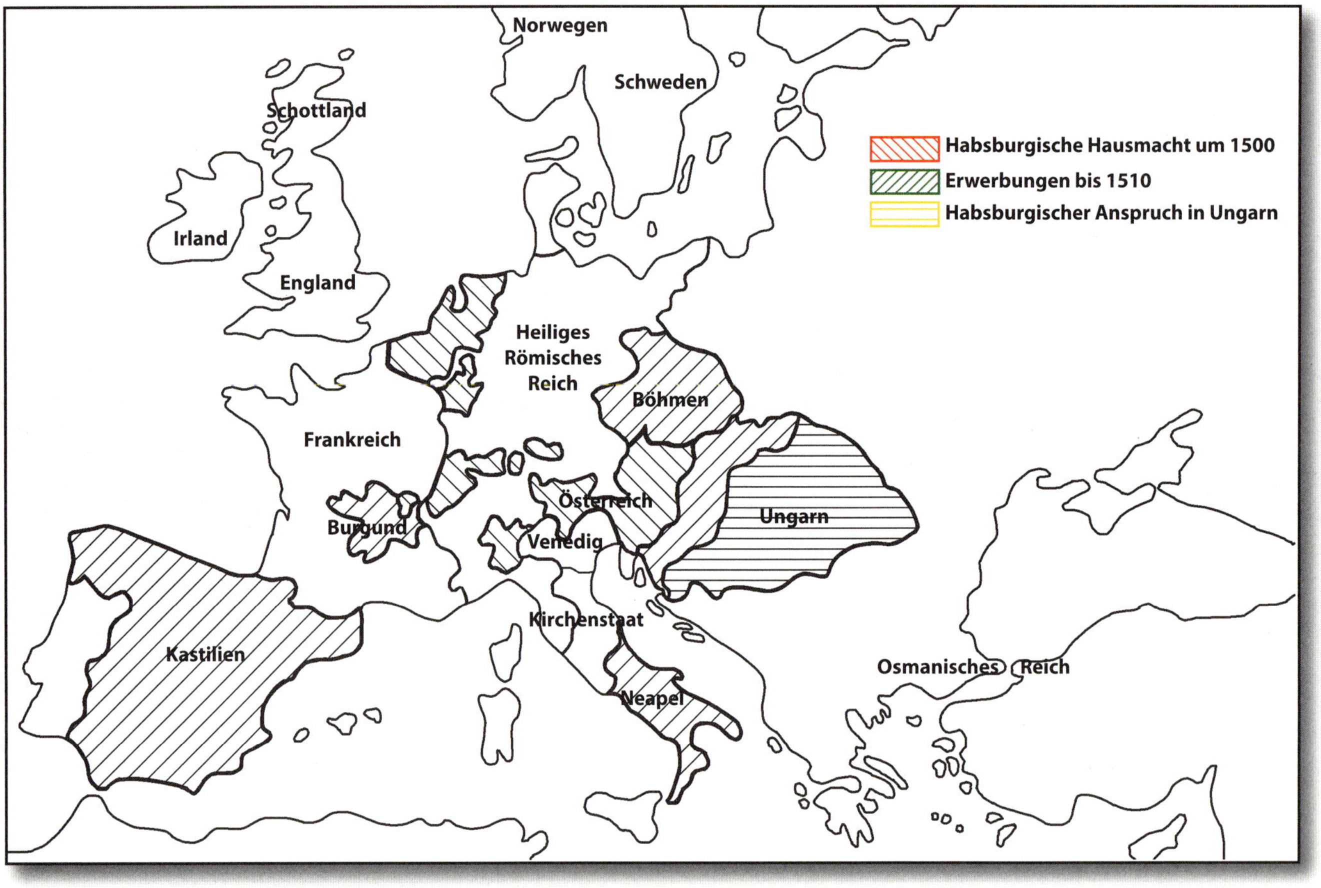

5) Durch die Heirat der Habsburger mit den spanischen Thronerben kam eine berühmte Pferderasse nach Österreich. **Wenn du diese Zahlen den Buchstaben im Alphabet zuordnest, findest du den Namen heraus: ★**

12 9 16 9 26 26 1 14 5 18

LÖSUNG: . . . .

6) Sehr oft tragen Herrscher Beinamen wie Philipp der „Schöne" und seine Frau Johanna die „Wahnsinnige". **Versuche, ein ähnliches Beispiel in der Geschichte zu finden! Du kannst ein Bild einkleben oder die Geschichte dieser Person aufschreiben!★★** Tipp: In der 2. Klasse hast du schon von einigen Herrschern gehört, die einen Beinamen getragen haben.

Philipp der „Schöne"	Johanna die „Wahnsinnige"	______________________
	Als sie das erste Mal Philipp trifft, will sie ihn am selben Tag heiraten. Sie liebt ihn leidenschaftlich und ist sehr eifersüchtig. Als Philipp stirbt, zieht sie monatelang mit dem einbalsamierten Philipp im Sarg durch das Land.	

Neuzeit NEWS

Johannes Gutenberg in Konkurs!

Der berühmte Erfinder des Buchdrucks kann das geliehene Geld, das er benötigt, um die beweglichen Lettern zu entwickeln, nicht zurückzahlen. Schon seit sieben Jahren arbeitete er im Geheimen und druckte die erste lateinische Ausgabe der Bibel. Nun verliert er alles! Die Druckerpresse und die beweglichen Lettern sind weg.

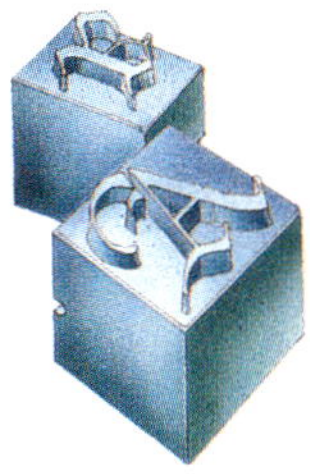

Erfindung aus China verdrängt die Ritter!

Der dramatische Anstieg der Zahl der arbeitslosen Ritter im letzten Jahr wird von Experten auf die Einführung der Schusswaffen zurückgeführt. Ein ganzer Stand ist in seiner Existenz bedroht.

Erde nicht länger Mittelpunkt des Weltalls!

„Die Sonne ist Seele und Licht der Welt, in der Mitte des Universums sitzt sie auf königlichem Thron und lenkt die Familie der Sterne, die sie umkreisen", erklärt der Mathematiker und Astronom Nikolaus Kopernikus im Interview. Zu diesem Schluss kommt er aufgrund seiner ausführlichen Himmelsbeobachtungen. Nehmen Sie Stellung! Schreiben Sie einen Leserbrief und sagen Sie uns Ihre Meinung zu dieser Aussage von Kopernikus!

Galileo Galilei unter Hausarrest!

Mit Hilfe dieses selbstgebauten Fernrohres widerlegte Galileo Galilei 1609 das Geozentrische Weltbild. Der darauf folgende Konflikt mit der katholischen Kirche führt nun (1633) zu einem Urteil. Galileo muss seine Lehre widerrufen und den Rest seines Lebens unter Hausarrest verbringen.

Cortez ausgeraubt!

1522: Der berühmte Eroberer Cortez wurde Opfer eines Überfalls auf hoher See. Der Franzose Jean de Fleury überfiel und plünderte drei seiner Schiffe. Die Beute ist von unfassbarem Wert: 58 000 Goldbarren und unzählige Edelsteine aus dem Schatz des letzten Aztekenherrschers.

Seeungeheuer gesichtet, Matrosen in Panik!

Immer wieder tauchen Berichte auf über ein schreckliches, grünes Meer, in dem Seeschlangen und Drachen leben. Diese Ungeheuer kommen im Nebel, bringen Schiffe zum Kentern und verspeisen sogar Seeleute.

Buchtipps

Roland Müller: Die abenteuerliche Reise des Marco Polo (cbj Verlag).

Rosemarie Eichinger: Die schwarze Kunst (Buchklub der Jugend).

Annette Neubauer: Tatort Forschung. Anschlag auf die Buchwerkstatt. Ein Ratekrimi um Johannes Gutenberg (Loewe Verlag).

Amelie Benn: Leonardo da Vinci und der Bilderdieb (Compact Verlag).

Peter James: Keilschrift, Kompass, Kaugummi. Eine Enzyklopädie der frühen Erfindungen (dtv-Verlag).

Leserbrief

Sehr geehrter Herr Redakteur!
Als Gelehrter muss ich Ihrem Bericht über die Seeungeheuer aufs Schärfste widersprechen. Seit Jahrzehnten studiere ich Meerestiere und kann deshalb mit Bestimmtheit sagen, dass es sich bei den von Ihnen beschriebenen Ungeheuern um friedliche Buckelwale handelt, die 15 m lang werden können.
Eine so geachtete Zeitung wie die Ihre sollte nicht auf das „Spinnen von Seemannsgarn" hereinfallen!

Ein zorniger Leser

Neuzeit NEWS

Kolumbus wird Vizekönig

15. März 1493: Zwei Wochen nach seiner triumphalen Landung in Spanien wird Kolumbus vom Königspaar als Held empfangen. Er überreicht ihnen Gegenstände aus Gold, unbekannte Pflanzen und Papageien aus der Neuen Welt. Außerdem bringt er fremdländische Menschen mit, die er Indianer nennt. Zum Dank für seine Verdienste ernennt das spanische Königspaar Ferdinand von Aragon und Isabella von Kastilien den Entdecker zum Admiral des Ozeans und Vizekönig aller entdeckten Gebiete.

Mais – das Hauptnahrungsmittel der Neuen Welt

In Amerika ist eine Pflanze, die Mais genannt wird, das wichtigste Nahrungsmittel. Weil sie für die Menschen so bedeutend ist, wird sie verehrt und den heidnischen Göttern als Gabe dargebracht. Die Indios machen daraus Fladen, die sie Tortillas nennen.

Reisen Sie um die Welt!

Chartern Sie das geeignete Schiff und heuern Sie eine gute Mannschaft an! Machen Sie es wie Magellan: Holen Sie dafür Gefangene aus dem Kerker und versprechen Sie ihnen für den Fall der Rückkehr die Freiheit! Und besorgen Sie sich genügend Waffen, schließlich können Sie nicht wissen, auf wen Sie unterwegs treffen!

Magellan NICHT vom Rand der Erde gestürzt!

1522: Nachdem er die Erde umrundet hat, kehren Magellans Schiffe zurück. Damit dürfte bewiesen sein, dass die Erde keine Scheibe ist, da er in diesem Fall über den Rand gestürzt wäre. Trotzdem halten viele Menschen an dieser alten Irrlehre fest. Die Redaktion dieser Zeitung schließt sich der Ansicht des griechischen Philosophen Pythagoras an, der schon 400 v. Chr. behauptet hat, dass die Erde eine Kugel ist.

Rezept des Tages

Tortillas

Zutaten:

2 Tassen Maismehl, 1 TL Salz, 2 EL Margarine, 175 ml kaltes Wasser

Mehl und Salz vermischen, dann Margarine dazugeben und das Wasser einrühren; den steifen Teig in 12 Bälle teilen, zu flachen runden Kreisen ausrollen; in heißem Öl kurz anbraten. Die Tortillas mit Chilischoten, Bohnen, Tomaten und Salat füllen und einrollen.

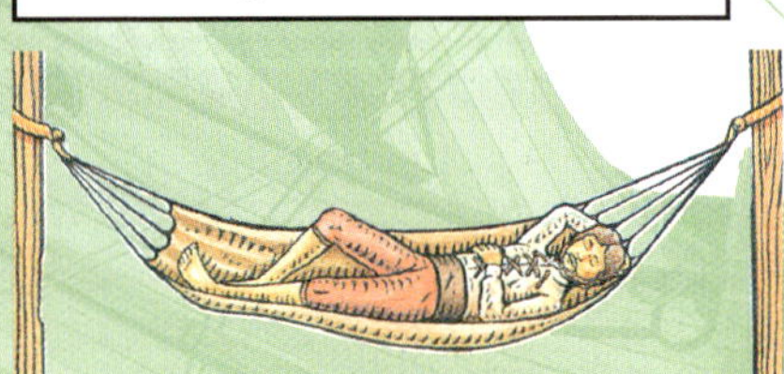

Kolumbus revolutioniert das Schlafen auf See

Matrosen! Ihr müsst nicht mehr auf Deck schlafen, denn Kolumbus brachte die Hängematte aus der Neuen Welt mit!

Sichert euch eure eigene – Ausverkauf bei Carlos Seefahrermarkt

Was gibt es Neues?

- Die Azteken stellen aus Kakaobohnen ein Schokoladengetränk her; dieses gilt als absoluter Luxus.
- Bei den Azteken ist der Schulbesuch Pflicht.
- Die Inkas führen Bluttransfusionen und Aderlässe durch.
- Die Städte in der Neuen Welt sind sehr sauber und gepflegt.

Reise in die Vergangenheit:

1450:	Gutenberg erfand den Buchdruck.
1487:	Bartholomeu Diaz erreichte das Kap der Guten Hoffnung.
1492:	Christoph Kolumbus entdeckte Amerika.
1498:	Vasco da Gama umsegelte Afrika und erreichte Indien.
1519-1522:	Weltumseglung Ferdinand Magellans
1519:	Hernando Cortez eroberte das Reich der Azteken.
1532:	Francisco Pizarro eroberte das Reich der Inkas.

6. GLAUBENSKONFLIKTE UND MACHTPOLITIK

Missstände – Reformation – Gegenreformation – Hexenwahn

Missstände in der Kirche führen zur Reformation

Im Spätmittelalter kam es zu **Missständen** innerhalb der Kirche. Die Betreuung der Gläubigen war mangelhaft. Sehr oft wurden **Seelsorger** eingesetzt, die kaum lesen und schreiben konnten. Außerdem führten die Kirchenfürsten ein prunkvolles und verschwenderisches Leben. Sogar die **Päpste** hielten sich nicht an kirchliche Gebote und lebten wie weltliche Fürsten.

Diese Missstände führten dazu, dass einige Priester **Reformen** innerhalb der katholischen Kirche forderten. So kritisierte bereits im 14. Jh. der englische **Theologe John Wyclif** den Papst. Für Wyclif galt nur die Bibel als Grundlage des Glaubens. Alle späteren Ergänzungen wie die Beichte, die Heiligenverehrung und vieles mehr lehnte er ab.

Der böhmische Priester **Jan Hus** verbreitete die Lehre Wyclifs in Prag. Er predigte in der Landessprache statt in Latein. Auch prangerte er die Unterschiede zwischen Arm und Reich an. Bei einer Kirchenversammlung, dem **Konzil von Konstanz** (1415), wurde Hus zum **Ketzer** erklärt und auf dem Scheiterhaufen verbrannt.

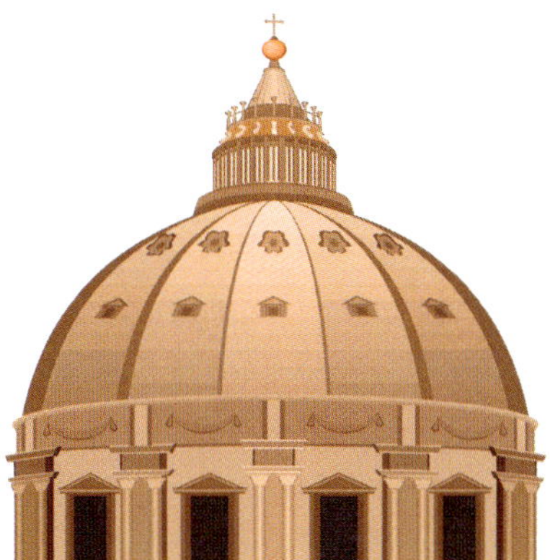

Papst Julius II. wollte in Rom die größte aller Kirchen bauen – den Petersdom. Da er dazu viel Geld brauchte, führte er den **Ablasshandel** ein: Gegen entsprechende Geldspenden konnten die Gläubigen sich von ihren Sünden befreien lassen. Reisende Prediger verkauften solche Ablassbriefe.

> **Sobald das Geld im Kasten klingt, die Seele aus dem Fegefeuer springt!**
> *(Johann Tetzel, Ablassprediger)*

Der bedeutendste Reformer jener Zeit aber war **Martin Luther**. Er wurde 1483 zu Eisleben, einer kleinen Stadt in Thüringen (Deutschland), geboren. Auf Wunsch seines Vaters besuchte Luther eine höhere Schule und studierte anschließend **Rechtswissenschaft**.

Gegen den Willen des Vaters gab er sein Studium auf und wurde **Mönch**. Im Kloster entwickelte er neue Glaubensrichtlinien. Als Lehrer an der Universität zu Wittenberg wandte er sich gegen den Ablasshandel.

Martin Luther

Seelsorger: ein Geistlicher

Reform: Verbesserung, Neugestaltung

Theologe: Lehrer der Wissenschaft von Gott

Konzil: katholische Kirchenversammlung

Ketzer: jemand, der von der Lehre der katholischen Kirche abweicht

Wie wird heute mit Kritik an der Kirche umgegangen?

Ablass: Nachlass von Sündenstrafen

Ablasshandel

Rechtswissenschaft: Studium des Rechts

Mönch: Angehöriger eines geistlichen Ordens

Verfasse einen Steckbrief über Martin Luther!

These: Lehrsatz

Martin Luther

sieben Sakramente: Taufe, Firmung, Kommunion, Beichte, Krankensalbung, Priesterweihe und Ehe

widerrufen: zurücknehmen

Kirchenbann: Ausschluss aus der Gemeinschaft der Gläubigen

Reichsacht: Keiner darf den Verurteilten unterstützen, seine Lehre darf nicht verbreitet werden.

d. h.: das heißt

protestieren: dagegen sein

Evangelium: Geschichte des Leben Jesu, wie es im Neuen Testament der Bibel überliefert wurde

Wer war der Großvater von Karl V.?

abdanken: auf ein Amt verzichten

Wer durfte seine Religion frei wählen?

Was bedeutete ein Religionswechsel des Landesfürsten für seine Untertanen?

Martin Luther fasste seine Kritik in **95 Thesen** zusammen und veröffentlichte diese am 31. Oktober 1517.

Aus Luthers Thesen:

- Es gibt nur eine Grundlage des Glaubens – die Bibel.
- Jeder Christ, der aufrichtig bereut, hat vollkommenen Erlass von Strafe und Schuld – auch ohne Ablassbrief.
- Von den **sieben Sakramenten** sind nur die Taufe und das Abendmahl anzuerkennen.

Papst Leo X. forderte Luther auf, seine Thesen zu **widerrufen**, sonst drohe ihm der **Kirchenbann**. Auch Kaiser Karl V. ließ die Schriften Luthers verbieten und verhängte über ihn die **Reichsacht**. Damit war Luther **„vogelfrei“**, **d. h.** jeder konnte ihn straffrei töten! Luthers Landesherr, der sächsische Kurfürst, beschützte ihn und ließ ihn auf die Wartburg bringen. Dort übersetzte er die Bibel aus dem Lateinischen ins Deutsche. Die Anhänger Luthers **protestierten** gegen die Maßnahmen des Kaisers. Seitdem werden die Anhänger des lutherischen Bekenntnisses auch **Protestanten** genannt. Sie selbst nannten sich ab nun „evangelisch“, weil sie sich allein auf das **Evangelium** beriefen.

Luthers neue Lehren lösten eine religiöse Bewegung aus – die **Reformation** (innere Umgestaltung). Dies führte zu einer Kirchenspaltung, da sich die Anhänger Luthers von der katholischen Kirche abwandten.

Der Kaiser schließt Frieden mit den Protestanten

Im Jahre 1530 legten die Protestanten auf dem **Reichstag zu Augsburg** ihr religiöses Bekenntnis in schriftlicher Form vor: **Augsburger Bekenntnis**.

Kaiser Karl V. lehnte das Augsburger Bekenntnis ab. Die protestantischen Fürsten verbündeten sich und führten Krieg gegen den Kaiser. Dieser wurde schließlich besiegt und **dankte ab**. Sein Bruder **Ferdinand I.** wurde neuer Kaiser des Heiligen Römischen Reiches und schloss mit den Protestanten einen **Religionsfrieden**.

Augsburger Religionsfriede – 1555
Wichtige Bestimmungen:

- Das lutherisch-augsburgische Bekenntnis (evangelisch A. B.) ist gleichberechtigt mit dem römisch-katholischen.
- Die Konfession (das religiöse Bekenntnis) für das ganze Land und seine Untertanen bestimmt der Landesfürst. Untertanen mit einem anderen religiösen Bekenntnis müssen entweder den Glauben wechseln oder ihren Besitz verkaufen und auswandern.
- In Österreich halten die habsburgischen Landesfürsten am katholischen Glauben fest.

Die Reformation erfasst große Teile Europas

In der Schweiz begründeten **Ulrich Zwingli** und **Johannes Calvin** die **reformierten Kirchen**. Ihre Anhänger wurden als **Evangelische mit helvetischem Bekenntnis** (evangelisch H. B.) bezeichnet. Fleiß und Pflichterfüllung sind Tugenden, die ihnen ihre Religion vorschreibt. Calvins Lehre gewann in Frankreich, den Niederlanden, in Schottland und Ungarn sehr bald viele Anhänger. Zwei Jahrhunderte später hatte die Lehre Calvins auch großen Einfluss in den USA und prägte das Wirtschaftsleben. Die **nordeuropäischen Staaten** Dänemark, Schweden, Norwegen und Island nahmen hingegen die **Lehre Luthers** an.

Prädestinationslehre:
Nach der Lehre Calvins ist es von Gott weitgehend vorherbestimmt, ob ein Mensch verdammt oder auserwählt ist.

Der englische König **Heinrich VIII.** wollte, da seine Frau keinen Thronfolger gebar, diese Ehe auflösen und erneut heiraten. Er erhielt vom Papst dafür aber nicht die Zustimmung. So gründete er eine eigene, von Rom unabhängige Kirche. Oberhaupt der englischen Kirche, die auch **Anglikanische Hochkirche** genannt wird, ist seit damals der König.

Heinrich VIII.

Die Bauernkriege

Bauernheer

Zu Beginn der Neuzeit verschlechterte sich die Lage der Bauern, da sie immer mehr für ihren Grundherrn arbeiten und höhere Abgaben leisten mussten. Viele Bauern nahmen die Lehre Luthers zum Anlass, gegen ihr Elend anzukämpfen. Sie schlossen sich zu „Bünden" zusammen und stellten **Forderungen**.

Die Grundherren und Fürsten wollten aber nicht nachgeben. So griffen die Bauern in Süddeutschland, Tirol, Salzburg und der Steiermark zu den Waffen. Sie waren schlecht ausgerüstet und kämpften nur in kleinen Gruppen. 1526 wurden sie besiegt und ihre Anführer hingerichtet.

Forderungen der Bauern: weniger Abgaben, Abschaffung der Leibeigenschaft, das Recht, zu jagen und den Wald zu nutzen

Die Gegenreformation – die katholische Kirche erneuert sich

Die Vertreter der katholischen Kirche wollten zwar die Kirche von **innen her erneuern**, lehnten aber die Gleichstellung der evangelischen Kirche ab. Es wurden neue katholische Orden wie die Jesuiten gegründet, die Schulen einrichteten, um die Jugend im Sinne der katholischen Kirche zu erziehen. Ebenso sollten die Gläubigen durch Predigten wieder zur Kirche zurückgeleitet werden.

Trient: Stadt in Norditalien

Auf dem **Konzil von Trient** (1545–1563) wurden die katholischen Glaubensinhalte neu festgelegt:

- Bestehende Missstände (Ablasshandel) wurden beseitigt.
- Priester durften weiterhin nicht heiraten (Zölibat).
- Die Priesterausbildung wurde verbessert.
- Die Bischöfe mussten die Tätigkeiten der Priester überwachen.
- Grundlagen des Glaubens blieben die Heilige Schrift und die kirchlichen Überlieferungen.
- Ein Verbot bestimmter Bücher, die den Glauben gefährdeten, wurde erlassen.
- In Rom wurde ein Untersuchungsgericht (die Inquisition) eingerichtet.

Wie beurteilst du diese Maßnahmen?

Bartholomäusnacht
Katharina von Medici, die Mutter des französischen Königs, wollte die Hugenotten vernichten. Um dieses Ziel zu erreichen, griff sie zu einer List. Sie lud die Anführer der Hugenotten zur Hochzeit der Schwester des Königs mit einem hugenottischen Prinzen ein. In der Nacht ließ sie alle Hugenotten niedermetzeln.

Bartholomäusnacht

Um die Evangelischen zum katholischen Glauben zurückzuführen, setzte man oft Gewalt ein.

So wurden in der Nacht vom 23. auf den 24. August 1572 – in der **Bartholomäusnacht** – über 3 000 **Hugenotten** bei einem **Massaker** ermordet. Trotzdem gelang es nicht, die Hugenotten endgültig zu besiegen. Erst mit dem **Edikt** von **Nantes** **1598** garantierte König Heinrich IV. allen Franzosen die freie Religionsausübung!

Hexenwahn und Verfolgung

Im 16. und 17. Jh. kam es in ganz Europa immer wieder zu **Hexenverfolgungen**. Die Menschen glaubten an Zauberei und an die Möglichkeit, mit dem „Teufel im Bunde zu sein". Viele Frauen wurden als Hexen verfolgt, weil man ihnen die Schuld an Missernten, Hunger und Krankheiten gab. **Hebammen** und heilkundige Frauen waren besonders gefährdet, als Hexe angeklagt zu werden.

Im Auftrag des Papstes verfassten die Mönche Jakob Sprenger und Heinrich Institoris 1487 den **„Hexenhammer"**. Dieses Buch diente als Grundlage für Hexen- und Ketzerprozesse. Man folterte die angeklagten Frauen und Männer, bis sie ein Geständnis ablegten. Anschließend verbrannte man sie am Scheiterhaufen. So wurden in der Zeit der Hexenverfolgung zwischen 30 000 und 50 000 Frauen ermordet.

Wurde eine Person wegen Zauberei angezeigt, kamen zumeist mehrere „Hexenproben" zum Einsatz, von denen die Wasserprobe am weitesten verbreitet war.

Hexenverbrennung

Wasserprobe

Quelle: nach B. Emil König „Geschichte der Hexenprozesse"
Bei der Wasserprobe band man der nackten Beschuldigten den rechten Daumen an die linke große Zehe und den linken Daumen an die rechte große Zehe. Dies geschah in der Öffentlichkeit. Dann tauchte der Henker sie 3-mal ins Wasser. Überlebte sie diese Prozedur, galt es als bewiesen, dass sie eine Hexe war, und sie wurde hingerichtet.

Hugenotten: Name der Protestanten in Frankreich

Massaker: Gemetzel, blutige Schlacht

Edikt: Erlass (Gesetz) eines Herrschers

Nantes: Stadt im Westen Frankreichs

Hebamme: ausgebildete Geburtshelferin

Der **Ablasshandel** schadete der katholischen Kirche. Reformer wie **Martin Luther** traten gegen Missstände auf. Es kam zu einer Spaltung der Kirche. Die **Bauern** erhoben sich. Zur Zeit der **Gegenreformation** wurden die Glaubenssätze neu festgelegt. In der Neuzeit kam es zu großen **Hexenverfolgungen**.

Nun geht's los – Aufgaben für schlaue Köpfe!

1) Hier ist ein alter Text von Martin Luther. Er wurde in frühem Neuhochdeutsch, der Sprache zur Zeit Luthers, verfasst. **Übertrage den Text in die heutige Schriftsprache und schreibe ihn in dein Heft!** ★★★★
ACHTUNG: Satzzeichen beachten!

Ein wolff und lemlin kamen beide an einen bach zu trinken Der wolff tranck oben am bach das lemlin aber fern unden Da der wolff des lemlins gewar ward lieff er zu yhm und sprach Warumb truebestu mir das wasser das ich nicht trincken kann Das lemlin antwortet Wie kann ich dirs wasser truben trinckst du doch ober mir Ey sprach der wolff Und wenn du gleich viel ausreden und schweten kanst will ich dennoch heint nicht ungefressen bleiben Und wurget also das unschuldige lemlin und fras es.

2) **Who is who?** **Ordne den Beschreibungen oder Bildern die richtigen Namen zu!** ★★★

3) Hier findest du einige Bestimmungen aus der neuen Kirchenordnung, die Calvin in Genf einführte. **Zeichne eine Urkunde und schreibe diese Regeln als Befehle an die Gläubigen hinein!** ★★★

- *Regelmäßiger Besuch des Gottesdienstes ist Pflicht.* - *Karten- und Würfelspiel werden mit Geld- und Gefängnisstrafen geahndet.* - *Prunkvolle Kleidung, Gelage und anstößige Tänze sowie Theateraufführungen und andere Vergnügungen sind verboten.* - *Das Familienleben wird durch Hausbesuche von Kirchenältesten überwacht.* - *Wer gegen diese Ordnung verstößt, wird vor einen Kirchenrat geladen. Er kann mit Geldbußen, Kerker, Verbannung oder sogar Tod bestraft werden.*	*Beispiel: Die Gläubigen müssen den Gottesdienst regelmäßig besuchen!*

Nun geht's los – Aufgaben für schlaue Köpfe!

4) Kannst du dich noch erinnern? **Fülle die Lücken aus und überprüfe dein Ergebnis mit Hilfe des Buches! ★★★**

These

Lehrer der Wissenschaft von Gott

Reformation

Ausschluss aus der Gemeinschaft der Gläubigen

Protestanten in Frankreich

jemand, der von der Lehre der katholischen Kirche abweicht

Protestanten

5) **Frankenburger Würfelspiele** – Wie Graf Herberstorff mit seinen protestantischen Bauern umging, wenn sie sich weigerten, den katholischen Glauben wieder anzunehmen, erfährst du hier.
Lies den folgenden Text aufmerksam durch, dann kannst du die Fragen dazu leicht beantworten! ★★

Graf Adam von Herberstorff ritt zwischen Soldaten und Volk und sagte den Bauern, dass er sie rädern, spießen und vierteilen lassen müsste. Er aber würde sie nur henken. Außerdem wolle er jedem zweiten das Leben schenken, indem sie um ihr Leben würfelten. Der mitgebrachte Henker breitete einen schwarzen Mantel unter der Linde aus. Nun musste Paar um Paar um ihr Leben würfeln.

Die Überlieferung erzählt vom Wirt von Baumgarting, der einem jungen Bauern die bittere Todesqual ersparte, indem er freiwillig auf seinen Wurf verzichtete, um das Leben des jungen Mannes zu retten.

Was wurde unter der Linde ausgebreitet? ______________________________

Wie rettete der Wirt von Baumgarting das Leben eines jungen Bauern?

____

7. DER DREISSIGJÄHRIGE KRIEG

Union – Liga – Prager Fenstersturz – Schrecken des Krieges – Westfälischer Friede

Ausbruch des Krieges in Böhmen

Anfang des 17. Jh. wurden sehr oft Gewalt und Zwang angewendet, um Andersgläubige zu bekehren. Man führte sogar Kriege im Namen der Religion. Religiöse Gründe dienten aber häufig nur als Vorwand, um die eigene Macht zu vergrößern.

Im Heiligen Römischen Reich stieg das Misstrauen zwischen Protestanten und Katholiken; es wurden Verteidigungsbündnisse geschlossen:

1608 UNION	**Protestantische Fürsten**

1609 LIGA	**Katholische Fürsten**

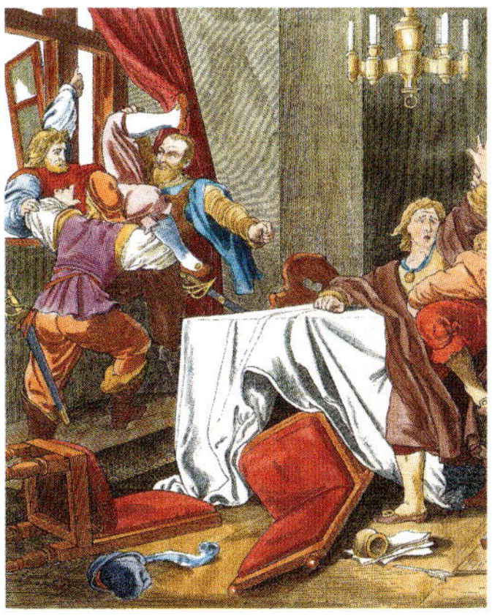

Prager Fenstersturz: Ein Misthaufen bremste jedoch den 17 m tiefen Fall, sodass die Männer überlebten.

Beide Bünde verfügten über ein eigenes Heer und standen einander kampfbereit gegenüber.

1618 brach in **Böhmen** wegen religiöser Streitigkeiten und der Wahl eines Gegenkönigs zu Kaiser **Ferdinand II.** ein Krieg aus, der 30 Jahre dauern sollte. Protestantische Adelige warfen drei kaiserliche Beamte aus einem Fenster der Burg in Prag – **Prager Fenstersturz**. Daraufhin griff Kaiser Ferdinand II. in Böhmen hart durch. Das Heer der Liga unterstützte den Kaiser und besiegte die Aufständischen **1620** in der **Schlacht am Weißen Berg**. Damit war der Krieg noch nicht zu Ende. Im Gegenteil, er erfasste die übrigen Gebiete des Reiches.

Ausweitung auf das Reich

Der Krieg wandelte sich schließlich von einem Glaubenskrieg zu einem politischen Machtkampf. Der Kaiser ernannte **Fürst Wallenstein** zum Oberbefehlshaber der kaiserlichen Armee. Dieser stellte dem Kaiser ein **Söldner**heer zur Verfügung.

Söldner: jemand, der gegen Bezahlung für ein fremdes Land Kriegsdienst leistet

In weiterer Folge griffen ausländische Mächte in das Kriegsgeschehen ein.

Für die Protestanten:

- katholisches Frankreich
- England
- Vereinigte Niederlande
- Dänemark
- Schweden

Für die Katholiken:

- Spanien
- Papst

Wallenstein

Wallenstein blieb aber siegreich und es gelang ihm sogar, bis an die Ostsee vorzudringen. Daraufhin landete der Schwedenkönig **Gustav Adolf**, der die Protestanten unterstützte, mit seinem Heer in Norddeutschland. Er drang bis nach Bayern vor, starb aber 1632 in einer Schlacht.

Wallenstein geriet in den Verdacht, ein Verräter zu sein, und wurde schließlich mit Wissen des Kaisers ermordet.

1648

Obwohl beide Seiten schon kriegsmüde waren, wurde der Krieg erst **1648** mit dem **Westfälischen Frieden** beendet.

Die Schrecken des Krieges

Was bedeutet Krieg für die Menschen? Lies dazu die beiden Quellen, aber auch Berichte der Gegenwart! (Zeitungen, Internet)

Wo liegt die Stadt Magdeburg? (Atlas)

Quelle: „Die Zerstörung Magdeburgs" (1631) bearbeitet nach einem Bericht des Bürgermeisters Guericke

Als der schwedische Kommandeur in Magdeburg erschossen und das Feuer an allen Stellen gelegt worden, da ist es um die Stadt geschehen und jeder Widerstand zu spät und vergebens gewesen ... Die ganze Armee der kaiserlichen und katholischen Liga von Ungarn, Kroaten, Polen, Italiener, Spanier, Franzosen drang in die Stadt ein ... Da ist nichts als Morden, Brennen, Plündern, Peinigen, Prügeln gewesen ... Wenn ein Feind ins Haus kam und der Herr etwas zu geben vermochte, konnte er sich und die Seinen retten. Wenn er aber nichts mehr hatte, dann begann seine Not. Da haben sie angefangen zu prügeln, ängstigen, gedroht zu erschießen, spießen, henken ... Viele tausende unschuldige Menschen, Weiber und Kinder sind hingerichtet worden ... Um 10 Uhr Vormittags ist alles in Feuer gestanden, um 10 Uhr gegen die Nacht die ganze Stadt in Asche und Steinhaufen gelegen.

Quelle: Alltag in Krieg und Frieden

Der Hunger war für einen Großteil der Bevölkerung ein ständiger Begleiter und für viele der Tod. Hunde und Katzen, Pferde und gestorbenes Vieh, Rinderhäute, Wurzeln und Kräuter, das war die letzte verbliebene Nahrung. Viele starben an Hunger oder an der Pest.

Nach diesem Krieg waren viele Städte und weite Gebiete Deutschlands verwüstet. Auch wurde mehr als ein Drittel der Bevölkerung getötet. Dörfer, Städte und Schlösser waren zerstört und die Wirtschaft erholte sich nur langsam. Bauern und Bürger verarmten. Hungersnöte, Seuchen und Raubzüge der herumziehenden Landsknechte (Söldner) machten der Bevölkerung schwer zu schaffen.

Landsknechte plündern ein Dorf.

Der Westfälische Friede und die Auswirkungen

Der Westfälische Friede von 1648 war ein Vergleich zwischen den beiden Lagern.

Wichtige Bestimmungen:

- Katholiken, Protestanten und Reformierte waren ab nun gleichgestellt.
- Die Religion wurde jedoch weiterhin vom Landesfürsten bestimmt.
- Die österreichischen Länder blieben katholisch.
- Das Heilige Römische Reich zerfiel in viele Einzelstaaten und war nur mehr ein lockerer Staatenbund. Dadurch ging die Macht des Kaisers im Reich verloren.
- Frankreich gewann an Bedeutung.
- Die Schweiz und die Niederlande wurden selbstständige Staaten.

Die protestantischen Fürsten schlossen sich in der **Union** und die katholischen in der **Liga** zusammen. Mit dem **Prager Fenstersturz** (1618) begann der 30-jährige Krieg. Erst der **Westfälische Friede** (1648) beendete diesen Krieg.

Nun geht's los – Aufgaben für schlaue Köpfe!

1) In dieser Buchstabenschlange haben sich wichtige Begriffe aus der Zeit des Dreißigjährigen Krieges versteckt.
Löse dieses Rätsel – male jedes Wort in einer eigenen Farbe an und schreibe die Wörter auf! ★★

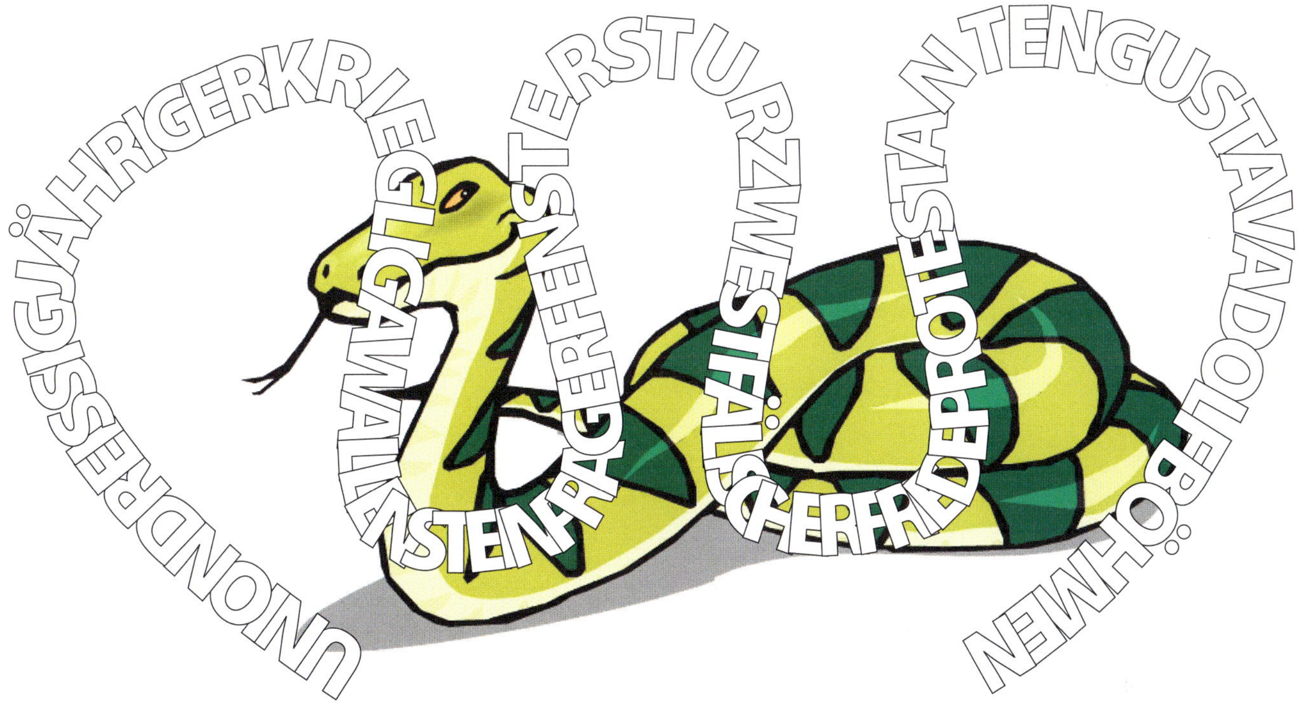

LÖSUNGSWÖRTER: ______________________________

____

____

2) **Nummeriere die Kurztexte! Verwende 1 für das älteste Ereignis und 4 für das jüngste! ★★★★**

- Der Schwedenkönig Gustav Adolf landete mit seinem Heer in Norddeutschland. ◯
- Der Kaiser ernannte Fürst Wallenstein zum Oberbefehlshaber. ◯
- Der Westfälische Friede wurde 1648 geschlossen. ◯
- Protestantische böhmische Adelige warfen drei kaiserliche Beamte aus einem Fenster der Burg in Prag. ◯

3) **Jahreszahlen-Quiz:** **Trage zu jeder Jahreszahl das passende Ereignis ein! ★★★**

1608 ______________________________

1609 ______________________________

1618 ______________________________

1620 ______________________________

1648 ______________________________

Nun geht's los – Aufgaben für schlaue Köpfe!

4) Du bist Reporter und schreibst einen spannenden Zeitungsbericht für die „Geschichte NEWS" über den Verlauf des Dreißigjährigen Krieges auf dieses Blatt. Zuerst musst du dir aber eine gute Schlagzeile ausdenken, die in das Kästchen passt: ★★★★

Geschichte NEWS

Wien, 1648:

8. UNTER LUDWIG XIV. WIRD FRANKREICH ABSOLUT REGIERT

Ludwig XIV. – Gesellschaftsaufbau – Merkantilismus

„Ein König, ein Gesetz, ein Glaube"

Diese Worte beschreiben den Grundgedanken einer neuen Regierungsform, die im 17. Jh. in vielen Ländern Europas entstand: der **Absolutismus**. Im Absolutismus regierte ein König sein Land allein. Er allein besaß die gesamte Macht. Er allein bestimmte in „seinem Staat" alles. Der König war zugleich **Gesetzgeber**, **Richter** und **militärischer Oberbefehlshaber**. Er war davon überzeugt, dass er seine Macht direkt von Gott erhalten habe: **„König von Gottes Gnaden"**.

absolut: unbedingt, unumschränkt

Absolutismus: unumschränkte Herrschaft eines Einzelnen

Gesetzgeber: Er bestimmte, welche Gesetze in seinem Land galten.

Militärischer Oberbefehlshaber: Ihm mussten alle Soldaten gehorchen.

Richter: Er allein entschied über Schuld oder Unschuld eines Angeklagten.

Wer bestimmt bei uns in Österreich die Gesetze? Wer kann Richter oder Richterin sein? Wer ist militärischer Oberbefehlshaber?

Der König, seine Familie und viele Adelige lebten in prachtvollen Schlössern mit zahlreichen Dienern und in unermesslichem Reichtum. Der Großteil des Volkes aber war sehr arm und völlig rechtlos. Geld und Besitz waren ungerecht verteilt.

Frankreich war unter König **Ludwig XIV.** (1643–1715) das Vorbild einer absoluten Monarchie.

Ludwig XIV. bei seiner Krönung

Ludwig XIV. – „Der Staat bin ich"

Ludwig war 22 Jahre alt, als er die Regierungsgeschäfte übernahm. Er wollte die Macht mit niemandem teilen. Seine Minister waren vollkommen von ihm abhängig. Sie durften ohne seine Zustimmung keine Entscheidung treffen.

Ludwig XIV. sah sich als Mittelpunkt des Staates. Er soll gesagt haben: **„Der Staat bin ich!"** Er verglich sich selbst mit der Sonne, die er als sein Symbol wählte. Das Volk nannte ihn **„Sonnenkönig"**.

Eine Fahne mit dem Sonnensymbol Ludwigs XIV.: Die Inschrift kann man mit „Keiner kommt ihm gleich" übersetzen.

Ludwig XIV. war 4 Jahre alt, als sein Vater starb und er König wurde. Die ersten Jahre regierten seine Mutter und Kardinal Mazarin für ihn. Ab seinem 13. Lebensjahr wurde Ludwig auf die Regierungsgeschäfte vorbereitet.

Welchen Eindruck macht das Bild auf dich?
Was erscheint dir daran prunkvoll?
Woran erkennt man heute, ob jemand arm oder reich ist?

Quelle: aus den **Memoiren** Ludwigs XIV.
Als Sinnbild wähle ich die Sonne, die das vornehmste Zeichen vorstellt. Sie ist ohne Zweifel das lebendigste und schönste Sinnbild eines großen Fürsten, durch den Glanz, der sie umgibt, durch das Licht, das sie den anderen Gestirnen spendet, durch die Wohltaten, die sie überall spendet.

Memoiren: Aufzeichnungen über das eigene Leben

Wie beschreibt Ludwig XIV. die Sonne?

stehendes Heer: Berufssoldaten, die dem König immer, auch in Friedenszeiten, zur Verfügung stehen

Quelle: aus den **Memoiren Ludwigs XIV.**
Gott, der die Könige über die Menschen gesetzt hat, wollte, dass man sie als Seine Stellvertreter achte. Es ist Sein Wille, dass, wer als Untertan geboren ist, willenlos zu gehorchen hat.

Was denkst du über diese „gottgewollte" Machtstellung?
In welchen Ländern wird heute noch so regiert?
Welche Regierungsform gibt es in Österreich?

Ludwig XIV.

„Kleiner als Gott – aber größer als der Erdball!", so sah Ludwig XIV. sich selbst. Zur Absicherung seiner Alleinherrschaft führte er Veränderungen im Staat durch.

Der Hofadel

Ludwig XIV. reiste nicht wie frühere Herrscher durch seine Länder. Er ließ sich in der Nähe von Paris das prunkvolle **Schloss Versailles** bauen. In diesem Schloss lebten auch viele Adelige. Sie bildeten den neuen Stand des **Hofadels**.

Ludwig XIV. verlieh ihnen zwar klangvolle Titel, doch sie besaßen **keine politische Macht** im Staat. Dadurch waren die Adeligen vom König abhängig.

Die Verwaltung

Zur Verwaltung des Staates setzte Ludwig XIV. **Beamte** ein, die ihre Anweisungen direkt vom König erhielten. Ihre Aufgabe war es, dafür zu sorgen, dass die Gesetze des Königs ausgeführt und die Steuern bezahlt wurden.

Die Kirche

Ludwig XIV. bestimmte die **katholische Religion** zur **Staatsreligion**. Die Anhänger anderer Religionen wurden verfolgt.

Das Heer

Bis zum Absolutismus war es in den meisten Ländern üblich, nur im Kriegsfall eine Armee aufzustellen. Zur Sicherung seiner Macht wollte Ludwig XIV. aber immer über ein gut ausgebildetes Heer verfügen können. Man nennt das ein **stehendes Heer**. Im Kriegsfall war Ludwig XIV. dadurch seinen Gegnern überlegen. Er setzte die Soldaten aber nicht nur im Krieg, sondern auch bei Aufständen im eigenen Land ein.

Die Säulen der absoluten Macht

Gesellschaftsaufbau im Absolutismus

Die Bewohner Frankreichs waren in drei Gruppen, die man als **Stände** bezeichnete, gegliedert. Jeder Mensch gehörte durch seine Geburt einem Stand an.

Geistlichkeit: Kardinäle, Bischöfe, Äbte, Pfarrer, Mönche

Adel: Fürsten, Grafen, Gutsbesitzer, Offiziere

Welche Steuern gibt es heute? Wofür werden diese Steuern verwendet?

Bürger: Händler, Kaufleute, Ärzte, Gelehrte, Handwerker

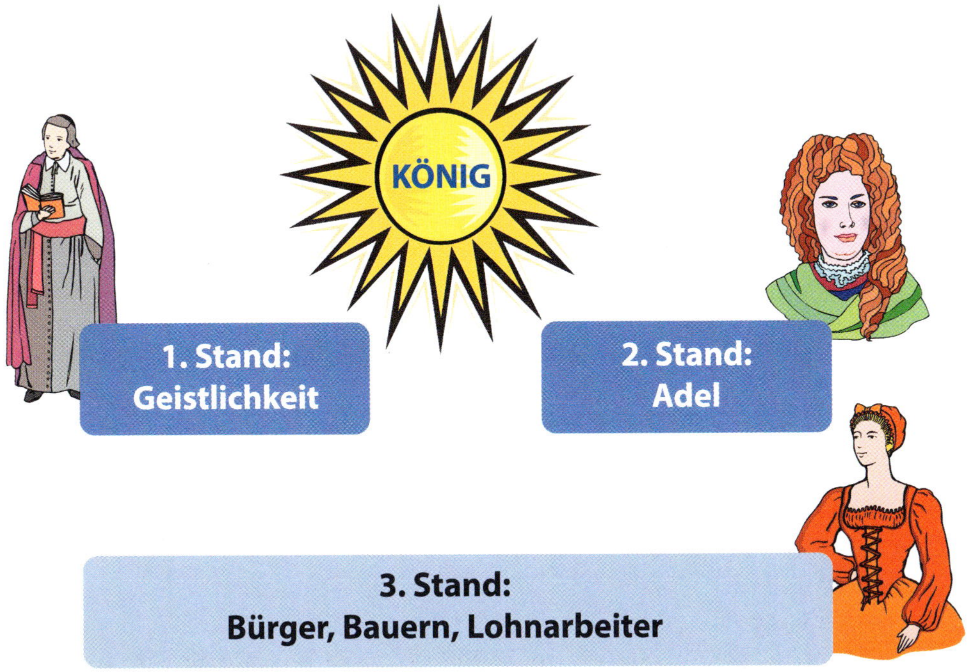

Ludwig XIV. als Feldherr

Den **ersten Stand** bildete die **Geistlichkeit**, den **zweiten Stand** der **Adel** und den **dritten Stand** die übrige Bevölkerung. Die einzelnen Bevölkerungsgruppen waren streng voneinander getrennt. Sie unterschieden sich schon rein äußerlich durch ihre Kleidung und auch durch ihren Lebensstil.

Die **hohen Geistlichen** und **Adeligen** besaßen Ländereien und Schlösser. Viele Adelige lebten am Hof des Königs in großem Luxus. Sie erhielten vom König gut bezahlte Ämter ohne Verpflichtungen. Geistliche und Adelige waren von der Steuer befreit. Die **Bürger** lebten in den Städten. Sie waren gebildet und interessiert an wirtschaftlichen Neuerungen und Reformen, hatten im Staat aber keine politische Macht. Die Mehrheit der Bevölkerung lebte als **Bauern** auf dem Land. Sie und die **Lohnarbeiter** in den Städten waren wenig gebildet, hatten keine Rechte und wurden daher verachtet. Trotz ihrer großen Armut mussten sie Steuern und Abgaben bezahlen.

Welche gesellschaftlichen Unterschiede gibt es heute? Wie wirken sich diese aus?

Merkantilismus – ein neues Wirtschaftssystem

Ludwig XIV. benötigte für seinen aufwändigen Lebensstil, seine Beamten und sein Heer viel Geld. Deshalb versuchte er, mit neuen Gesetzen die Staatseinnahmen zu erhöhen.

Er ernannte **Jean-Baptiste Colbert** zu seinem **Finanzminister**. Colbert entwickelte ein neues Wirtschaftssystem. Man nennt dieses System **Merkantilismus**. Wichtigstes Ziel dieses Systems war es, durch Handel mit den benachbarten Ländern möglichst viel Geld nach Frankreich zu bringen. Deshalb sollten viele Waren, vor allem teure, in das Ausland verkauft werden (**Export** von Waren). Der **Import** von Waren aus dem Ausland wurde verboten oder mit hohen **Zöllen** belegt. Nur billige **Rohstoffe** durften aus dem Ausland nach Frankreich gebracht werden.

Um viele Waren herstellen zu können, förderte der Staat den Bau von **Manufakturen**. Durch den Bau von neuen Straßen und Kanälen sollte der Transport der Güter erleichtert werden.

Merkantilismus: von lateinisch „mercator"; bedeutet der Händler

Zölle: Abgaben, die für Waren beim Transport über eine Landesgrenze vom Staat eingehoben werden

Rohstoffe: Kohle, Eisen, Baumwolle, Erdöl

Manufaktur: von lateinisch „manu facere" mit der Hand machen; Großbetrieb, in dem Gegenstände in Handarbeit billig hergestellt wurden

Staat und Merkantilismus

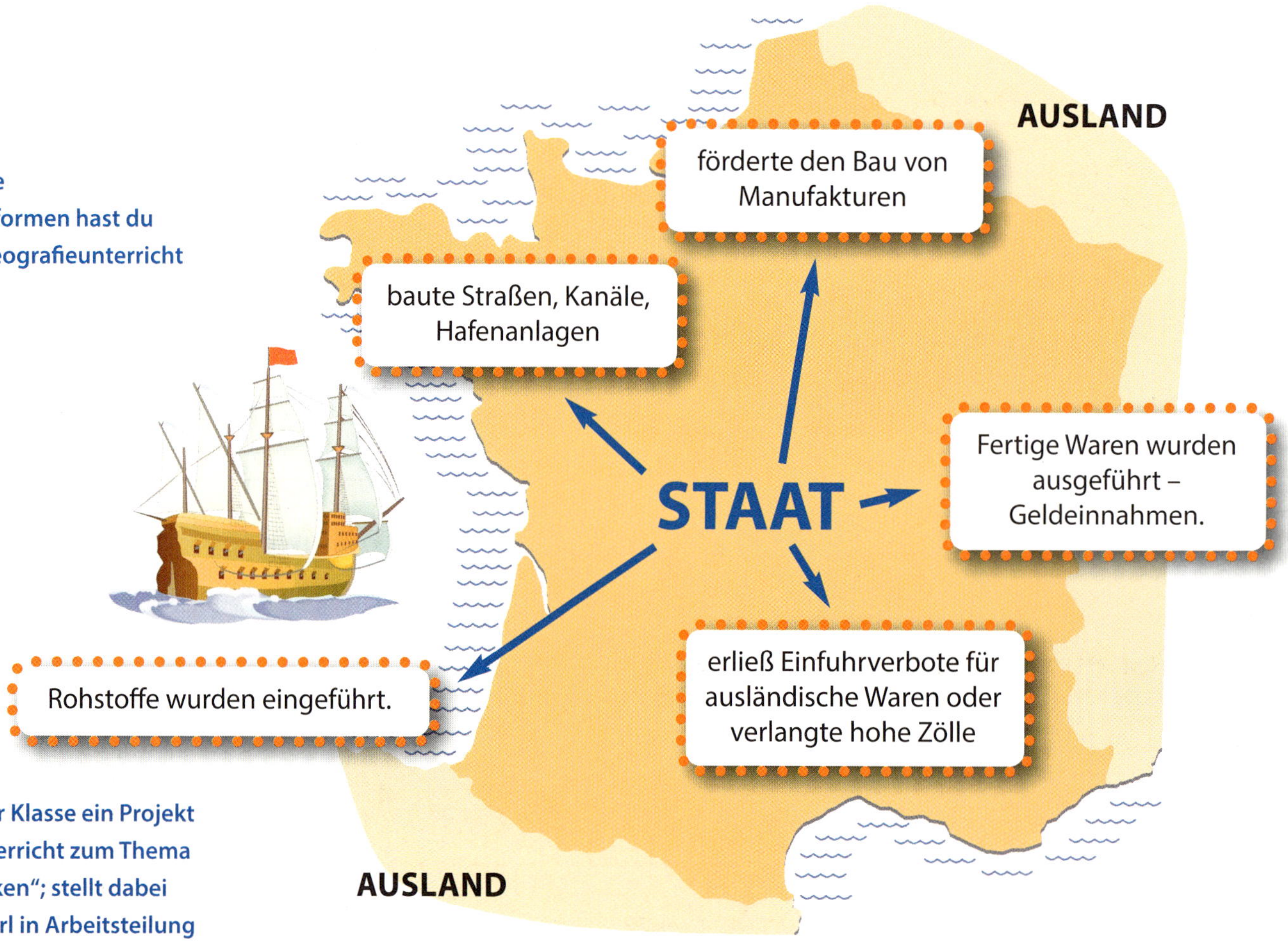

Über welche Wirtschaftsformen hast du schon im Geografieunterricht gelernt?

Macht in der Klasse ein Projekt im Werkunterricht zum Thema „Sackerlpicken“; stellt dabei Papiersackerl in Arbeitsteilung unter Verwendung einer Stoppuhr her!

In der **absoluten Monarchie** ging alle Macht vom König aus. **Ludwig XIV.** wählte die **Sonne** zu seinem Symbol – er war der **Sonnenkönig**. Er stützte seine Macht auf den Hofadel, seine Verwaltung, die Kirche und das Heer. Die Menschen gehörten unterschiedlichen **Ständen** an. **Colbert**, der Finanzminister Ludwigs XIV., entwickelte ein neues Wirtschaftssystem – den **Merkantilismus**.

Manufaktur statt Handwerksbetrieb

Seit dem Mittelalter wurden Waren vor allem von Handwerkern hergestellt. Ein Handwerksmeister stellte mit seinen Gesellen und Lehrlingen in Handarbeit jeden Gegenstand einzeln her. Er gab dabei sein Können an die Lehrlinge weiter.

Um Waren schneller und billiger herstellen zu können, förderte der Staat die Errichtung von Manufakturen. **Manufakturen** waren **Großbetriebe**, in denen Waren von mehreren Arbeitern und Arbeiterinnen nach dem Prinzip der **Arbeitsteilung** hergestellt wurden. Das heißt, jeder Arbeiter machte nur einen Teil eines Werkstücks. Kein Arbeiter hatte gelernt, den ganzen Gegenstand herzustellen. Ein Manufakturarbeiter erhielt keine Ausbildung wie ein Handwerker, daher war er leicht durch einen anderen Arbeiter zu ersetzen. Er bekam nicht viel Lohn und musste immer fürchten, seine Arbeit zu verlieren. Manufakturarbeiter und ihre Familien lebten in armseligen Wohnungen und hatten meist keine Möglichkeit, ihr Leben zu verändern.

Quelle: nach Adam Smith „Von der Arbeitsteilung“

Der eine Arbeiter zieht den Draht, ein anderer streckt ihn, ein dritter schneidet ihn ab, ein vierter spitzt ihn zu, ein fünfter schleift ihn am oberen Ende, wo der Kopf angesetzt wird. Die Herstellung des Kopfes erfordert zwei oder drei verschiedene Tätigkeiten; das Ansetzen desselben ist eine besondere Tätigkeit, das Weißglühen der Nadeln eine andere, ja sogar das Einwickeln der Nadeln in Papier bildet ein Gewerbe für sich. Zehn Arbeiter in einer Manufaktur können täglich über 48 000 Nadeln herstellen. Hätte aber jeder Arbeiter allein gearbeitet und wäre er dafür nicht angelernt worden, so hätte gewiss keiner zwanzig Nadeln täglich anfertigen können.

Nun geht's los – Aufgaben für schlaue Köpfe!

1) **Wer sagt was?** Ordne die Personen den Aussagen zu! ★★

- Wir leben in der Stadt und werden ausgebeutet. ◯
- Wir liefern alle Nahrungsmittel und haben trotzdem Hunger. ◯
- Wir sind gebildet, haben im Staat aber keine Macht. ◯
- Wir sind die Vertreter der einzigen Religion im Staat. ◯
- Wir leben im Schloss des Königs und haben alles im Überfluss. ◯
- Der Staat bin ich! ◯

1. König ★ 2. Adel ★ 3. Bürger ★ 4. Geistlichkeit ★ 5. Lohnarbeiter ★ 6. Bauern

2) Französische Begriffe werden auch heute in unserer Sprache verwendet. Finde die passenden Übersetzungen und schreibe die Nummer in den Kreis neben den französischen Begriff! ★★★ Tipp: Verwende dein Wörterbuch!

◯ Taille	◯ Perücke	◯ Madame
◯ Kavalier	◯ Armee	◯ Restaurant
◯ Kompliment	◯ Cousin	◯ Salon
◯ Visite	◯ Kostüm	◯ Etage

1. Schmeichelei ★ 2. eleganter Wohnraum ★ 3. Körpermitte ★ 4. Heer ★ 5. höflicher Mann ★ 6. ärztlicher Hausbesuch ★ 7. Stockwerk ★ 8. Vetter ★ 9. Gasthaus ★ 10. künstliches Kopfhaar ★ 11. Dame ★ 12. Kleidung für Schauspieler

3) Ordne die Buchstaben so, dass sie richtige Wörter ergeben und erkläre dann diese Wörter! ★★★

	richtiges Wort	*Erklärung*
ANTMERKMUSILIS		
TLBCOER		
FAKMATURNU		
LLZÖE		
RENIMPWAORT		
ORTREXPENWA		
LUNGARBTEIEITS		

Nun geht's los – Aufgaben für schlaue Köpfe!

4) Vervollständige diese Grafik! ★

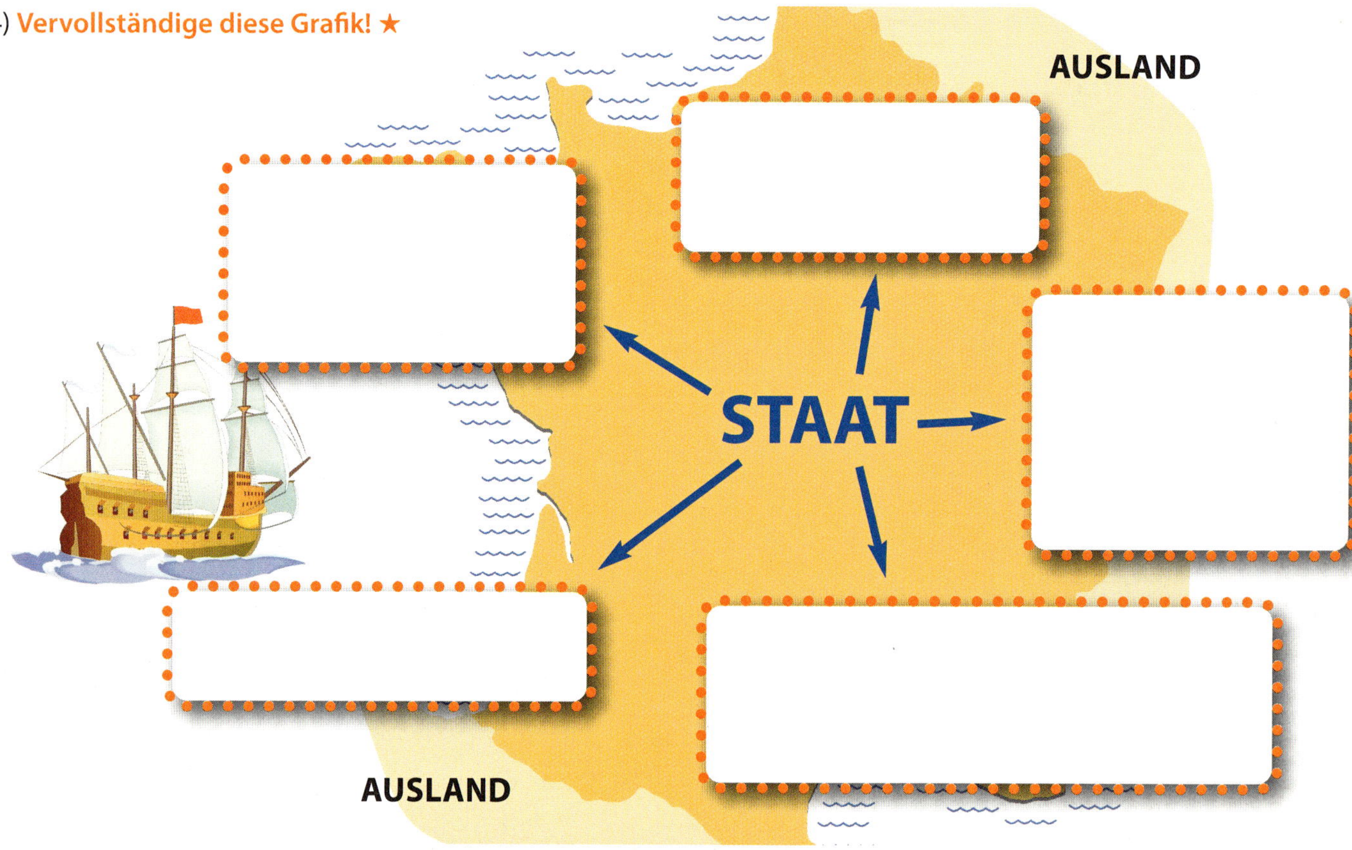

Rohstoffe wurden eingeführt. ★ erließ Einfuhrverbote für ausländische Waren oder verlangte hohe Zölle ★ förderte den Bau von Manufakturen ★ Fertige Waren wurden ausgeführt – Geldeinnahmen. ★ baute Straßen, Kanäle, Hafenanlagen

5) **TOTO 1 2 X** – Wer hat einen TOTO-ACHTER? ★

Wenn eine Aussage **richtig** ist, dann kreise die **1** ein!
Wenn eine Aussage **falsch** ist, dann kreise die **2** ein!
Wenn du es **nicht weißt**, dann kreise das **X** ein!

Ludwig XIV. benötigte wenig Geld.	1	2	X
Er ernannte Jean-Baptiste Colbert zu seinem Kriegsminister.	1	2	X
Colbert entwickelte ein neues Wirtschaftssystem.	1	2	X
Man nennt dieses Wirtschaftssystem Manufaktur.	1	2	X
Viele Waren sollten ins Ausland verkauft werden.	1	2	X
Viele Waren sollten im Ausland gekauft werden.	1	2	X
Der Staat förderte den Bau von Merkantilismus.	1	2	X
Neue Straßen und Kanäle sollten den Transport von Waren erschweren.	1	2	X

6) Verändere die falschen Aussagen, bis sie richtig sind und schreibe den Text in dein Heft! Finde eine passende Überschrift! ★★

9. LEBEN IN VERSAILLES

Schloss Versailles – Etikette – Hofzeremoniell

Versailles – das Schloss des Königs

Schloss Versailles mit Garten: Zirka 36 000 Arbeiter waren jahrelang mit dem Bau beschäftigt.

In einer sumpfigen Ebene südlich von Paris ließ sich Ludwig XIV. ein prunkvolles Schloss im **barocken** Baustil erbauen – **Schloss Versailles**. Hinter dem Schloss lag ein **riesiger Park**. Die Wege führten strahlenförmig vom Schloss weg. Bäume, Büsche und Hecken wurden nach **geometrischen Formen** geschnitten. Künstliche Wasserleitungen versorgten zahlreiche Springbrunnen, Teiche und Bäche. Die Natur durfte nicht frei wachsen, auch sie musste sich dem Willen des Königs unterwerfen. In den Gebäuden rund um das Schloss lebten der **Hofstaat**, Minister, hochrangige Beamte und Bedienstete.

Das Hauptgebäude des Schlosses ist 580 Meter lang. Es bot Platz für 10 000 Gäste. Die Räume im Inneren waren **prunkvoll ausgestattet**. Parkettböden, Seidentapeten, wertvolle Teppiche, kostbare Spiegel und Goldverzierungen sollten die **gottähnliche Stellung** des Königs unterstreichen. Das Symbol des Königs, die **Sonne**, leuchtete auf vielen Gegenständen. Trotz der prunkvollen Ausstattung lebte man im Schloss aber nicht bequem. Die riesigen Räume ließen sich im Winter nur schwer beheizen. Auch gab es in Versailles kein fließendes Wasser und keine einzige Toilette.

Der Spiegelsaal von Versailles

Parkanlage von Versailles heute

Barock: Kunststil, der von Italien ausgehend im 17. und 18. Jh. in Europa vorherrschte. Versailles war das Vorbild für viele barocke Bauten in Europa.

Das Schloss des „Sonnenkönigs" wurde zum Vorbild für andere Herrscher in Europa. So wurde das Schloß Schönbrunn in Wien im Stil von Versailles erbaut.

Geometrische Formen: z. B. Kugeln, Zylinder, Kegel

Hofstaat: Personen höheren Ranges (Adelige), die am Königshof lebten

Ludwig XIV. als Sonne

Leben in Schloss Versailles

Das Leben im königlichen Schloss war genau geregelt. Die **Etikette** bestimmte das gesamte Leben der Menschen am Königshof.

Etikette: genaue Regeln, wie sich die Menschen am Königshof zu verhalten hatten

Zeremonie: feierliche, nach bestimmten Regeln ablaufende Handlung

Das **Schlafzimmer des Königs** war der gesellschaftliche **Mittelpunkt** des Schlosses. Jeder, der den Raum betrat, musste sich vor dem Bett verneigen, auch wenn es leer war. Jeden Morgen wurde der König in seinem Schlafzimmer unter Anwesenheit des Hofadels angekleidet. Diese **Zeremonie** dauerte eine Stunde. Nur den höchsten Adeligen war es erlaubt, dem König seine Kleidungsstücke zu reichen.

Wo gibt es auch heute noch genaue Regeln darüber, wie man sich zu verhalten hat?

Auch die **Mahlzeiten** des Königs fanden **vor Publikum** statt. Es war eine Ehre, dem König beim Speisen zusehen zu dürfen, eine größere Ehre, dabei von ihm angeredet zu werden. Aber am ehrenvollsten war die Einladung, ihm die Speisen auftragen oder gar mit ihm speisen zu dürfen.

Ludwig XIV. als Tänzer

Das Austernfrühstück

widmen: sich beschäftigen

Am Vormittag **widmete** sich Ludwig den **Regierungsgeschäften**, am Nachmittag vertrieb er sich die Zeit mit **Spielen** und der **Jagd**.

Am Abend gab es oft **Theater-** und **Opernaufführungen**. In Versailles lebten viele Musiker, Komponisten, Schauspieler und Schauspielerinnen. Häufig wurden **große Feste** gefeiert, oft für tausende Gäste. Manche Feste dauerten mehrere Tage.

Der König war in allem **Vorbild für die Adeligen**. Sie schminkten sich, trugen Perücken und kleideten sich wie er. Die prunkvolle Hofhaltung in Versailles verschlang riesige Geldsummen. Die meisten Menschen in Frankreich lebten aber in bitterster Armut.

Als Zeichen seiner Macht ließ sich Ludwig XIV. in **Versailles** ein riesiges Schloss bauen. Die **prunkvolle Hofhaltung** verschlang Unmengen von Geld. Ludwig XIV. und sein Hof wurden zum **Vorbild** für andere europäische Herrscher.

Nun geht's los – Aufgaben für schlaue Köpfe!

1) **Königsquiz** – Ringle die richtige Antwort ein! Am Lösungswort erkennst du sofort, ob du alles gewusst hast. ★★

Schloss Versailles liegt
A → nördlich von Paris.
B → östlich von Paris.
Z → südlich von Paris.
H → westlich von Paris.

Im Schlosspark wurden Bäume, Büsche und Hecken
D → gar nicht geschnitten.
E → nach geometrischen Formen geschnitten.
L → nie gegossen.
R → jedes Jahr neu gepflanzt.

Das Symbol des Königs war
K → der Mond.
P → die Erdkugel.
E → eine Krone.
R → die Sonne.

In Versailles gab es
N → viele Toiletten.
F → eine Toilette.
E → keine Toilette.
O → nur für den König eine Toilette.

Mittelpunkt des Schlosses war
I → die Küche.
M → das Schlafzimmer des Königs.
S → der Spiegelsaal.
A → das Schlafzimmer der Königin.

Dem König seine Kleidungsstücke zu reichen war
M → nur der Königin erlaubt.
W → nur seinem Diener erlaubt.
A → jedem erlaubt.
O → nur den höchsten Adeligen erlaubt.

Am Nachmittag vertrieb sich der König die Zeit mit
N → Spielen und der Jagd.
H → seinen Büchern.
D → Regierungsgeschäften.
J → seinen Hunden.

Der König war Vorbild für
L → alle Franzosen.
I → die Adeligen.
O → die Bauern.
R → die Arbeiter.

Die meisten Menschen in Frankreich lebten
F → wie der König.
R → in großen Schlössern.
E → in Armut.
M → in der Stadt.

LÖSUNGSWORT: . . . .

2) Dann schreibe die Sätze fehlerfrei in dein Heft! ★

Nun geht's los – Aufgaben für schlaue Köpfe!

3) **Labyrinth durch den Schlosspark** – Eine Prinzessin hat im Park ihren goldenen Ball verloren. **Welchen Weg muss sie durch das Labyrinth nehmen, um den Ball zu finden, und welcher Weg führt sie zurück zum Schloss? ★**

4) Du lebst am Hof Ludwigs XIV. und musst dich natürlich zurechtfinden. **Löse dieses Rätsel! ★★★**

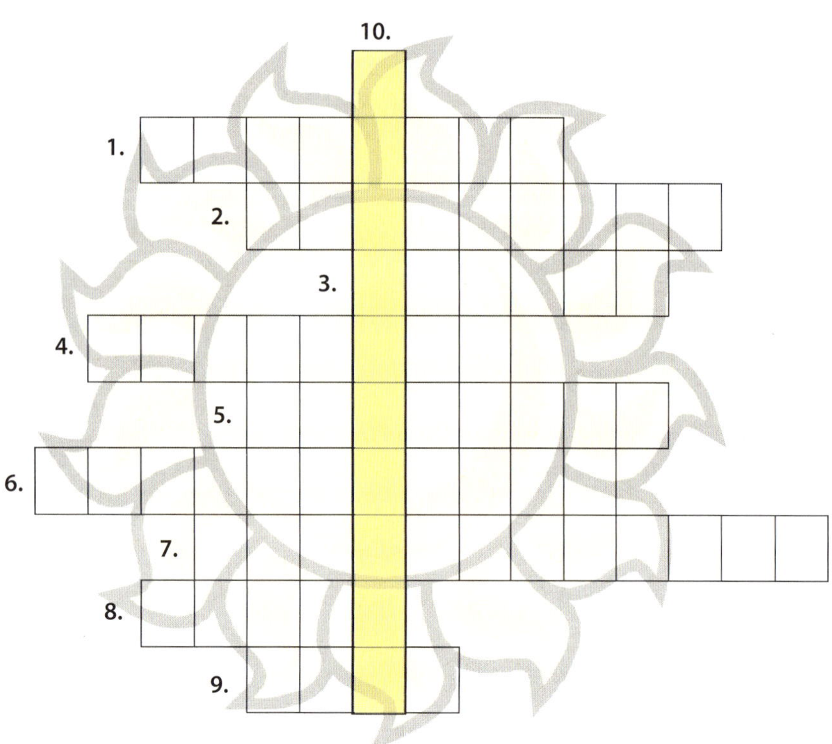

1. Regeln, wie sich die Menschen am Königshof zu verhalten hatten
2. feierliche, nach bestimmten Regeln ablaufende Handlung
3. eine Beschäftigung am Nachmittag
4. Adelige, die am Hof Ludwigs lebten
5. Was fehlte in Versailles?
6. prunkvoller Saal in Versailles
7. Mittelpunkt des Schlosses
8. Symbol Ludwigs
9. Was konnte mehrere Tage dauern?

10. LÖSUNGSWORT:

. . . .

10. ÖSTERREICH ZUR ZEIT DER OSMANENKRIEGE

Osmanenkriege – Prinz Eugen – Barock

Die Bedrohung Europas durch die Osmanen

Seit dem 14. Jh. drangen die **Osmanen** von Kleinasien aus immer tiefer auf die Balkanhalbinsel vor. Von dort aus zogen sie weiter nach Westen, um immer größere Gebiete zu erobern.

Orientiere dich im Atlas:
Wo ist Kleinasien?
Wo liegt die Balkanhalbinsel?
Auf welchem Weg zogen die Osmanen nach Europa?

Die Erste Osmanenbelagerung Wiens

Osmanische Krieger

1529 kamen die Osmanen bis vor die Tore Wiens. Es gelang ihnen aber nicht, die Stadt zu erobern. Versorgungsschwierigkeiten und das schlechte Wetter zwangen sie zum Abzug. Wien war zwar gerettet, doch die Angst vor den Osmanen blieb bestehen. In den nächsten Jahrzehnten erreichten immer wieder osmanische Truppen österreichische Gebiete. Die Bevölkerung hatte in dieser Zeit viel Leid zu ertragen. Osmanische Truppen, die **„Renner und Brenner"** genannt wurden, **plünderten** und brannten Häuser nieder. Viele Menschen wurden getötet oder in die Sklaverei verschleppt. Die Abwehr der Osmanen wurde zu einer wichtigen Aufgabe Österreichs.

Osman I., der Begründer des Osmanischen Reiches (1299)

Auf Osman I. geht die Legende vom türkischen Halbmond zurück. Die Spitzen der Mondsichel sollten symbolisieren, dass er die Welt von einem bis zum anderen Ende beherrschen würde.

Die Zweite Osmanenbelagerung Wiens

1683 standen die Osmanen wieder vor den Toren Wiens. Zwei Monate lang belagerte **Kara Mustafa** mit einem Heer von 200 000 Mann Wien. Die Stadt war gut befestigt, aber zur Verteidigung standen nur 16 000 Männer zur Verfügung.

Kaiser Leopold I., die kaiserliche Familie und viele Adelige verließen Wien und flüchteten vor den Osmanen in den Westen des Habsburgerreiches. Soldaten und die Bürger Wiens unter **Graf Rüdiger von Starhemberg** verteidigten die Stadt.

plündern: ausrauben

Was denkst du über den König und die Adeligen, die im Krieg Wien verließen?

Zweite Osmanenbelagerung Wiens

Wien Museum: Rossschweife – Rangzeichen hoher osmanischer Krieger

Aber erst als unter Führung des polnischen Königs **Jan Sobieski** und des kaiserlichen Feldherren **Karl von Lothringen** Hilfe für die eingeschlossene Stadt eintraf, war es möglich, die Angreifer abzuwehren.

Kara Mustafa: Er wurde nach der verlorenen Schlacht um Wien auf Befehl des Sultans getötet.

Der österreichische Gegenangriff

Der Sieg von Wien beendete aber die Osmanenkriege nicht. Der habsburgische Kaiser ging zum Gegenangriff über und ließ seine Soldaten die flüchtenden Osmanen verfolgen. 1697 übernahm **Prinz Eugen von Savoyen** den Oberbefehl über das österreichische Heer. Unter seiner Führung eroberte die kaiserliche Armee die Städte **Budapest** und **Belgrad**. Große Teile Ungarns und der Balkanhalbinsel gehörten jetzt zu Österreich.

Suche in Büchern oder im Internet zusätzliche Informationen über die beiden Osmanenbelagerungen Wiens!

Prinz Eugen von Savoyen

Prinz Eugen wurde in Paris geboren. Er wollte unbedingt Offizier werden. Ludwig XIV. lehnte diesen Wunsch ab, weil er ihn für das Priesteramt bestimmt hatte. Daher floh Prinz Eugen 1683 nach Österreich und trat dort in die Armee Kaiser Leopolds I. ein.

Prinz Eugen war ein großer **Feldherr**, ein ausgezeichneter **Staatsmann** und ein wichtiger **Ratgeber** der österreichischen Kaiser. Aber auch an **Kunst und Kultur** war er sehr interessiert. Als Sommerschloss ließ er sich **Schloss Belvedere** in Wien erbauen. Er liebte Bücher und besaß eine große Bibliothek.

Prinz Eugen von Savoyen

Österreichische Kaiser, unter denen Prinz Eugen diente: Kaiser Leopold I., Kaiser Joseph I. und Kaiser Karl VI., der Vater Maria Theresias

Recherchiere im Internet von wann bis wann Prinz Eugen lebte! Wie alt wurde er?

Schloss Belvedere heute

Schloss Belvedere zur Zeit von Prinz Eugen

Der Spanische Erbfolgekrieg

Österreich führte zu dieser Zeit aber nicht nur Krieg gegen die Osmanen. Als im Jahr 1700 der spanische König starb und damit die spanische Linie der Habsburger endete, erhoben Frankreich und Österreich Anspruch auf Spanien. Es kam zwischen Frankreich und Österreich zum Krieg um Spanien. Dieser endete mit einer Aufteilung der spanischen Gebiete. Österreich erhielt die Spanischen Niederlande (Belgien) und das Herzogtum Mailand (Italien). Damit war **Österreich eine europäische Großmacht** geworden. Spanien und seine Kolonien bekam ein Enkel Ludwigs XIV.

Seit wann war Spanien im Besitz der Habsburger?

Österreich im 18. Jh.

Kaiser Karl VI., ein barocker Herrscher und der Vater von Maria Theresia

Welche Gebiete gehörten zu den Stammlanden der Habsburger?

Welche Gebiete kamen ab 1526 dazu, welche ab 1699?

Österreich im Zeitalter des Barock

Das Ende der Osmanengefahr war für Österreich eine große Erleichterung. Viele neue barocke **Prunkbauten** entstanden nun. Der Kaiser, der Adel und die Kirche ließen prachtvolle **Paläste** und **Kirchen** bauen. Prunkvolle Säulen, Rundbögen und Kuppeln sollten ihren Reichtum und ihre Vormachtstellung zeigen.

Im Inneren wurden die Bauwerke mit herrlichen Wand- und Deckenmalereien ausgestattet, die oft sogar übertrieben wirkten. In den Städten wurden barocke Bürgerhäuser gebaut.

Der barocke Prunksaal der Österreichischen Nationalbibliothek in Wien

Karlskirche in Wien: Kaiser Karl VI. ließ sie zum Dank dafür errichten, dass die Pest in Wien vorbei war.

Bildstock oder Marterl: eine mit Heiligenbildern oder Heiligenfiguren ausgestattete Säule im Freien

Auch Dorfkirchen und **Bildstöcke** errichtete man im barocken Stil. Alte Kirchen passte man mit barocken Altären und Statuen dem neuen Stil an.

Kinder in Schönbrunn heute

Schloss Schönbrunn in Wien

Welche unterschiedlichen Freizeitbeschäftigungen gibt es heute für arme und reiche Menschen?

Adelige Lebensweise

Reiche Adelige wohnten im Winter im **Stadtpalais**. Im Sommer übersiedelten sie in ihr **Sommerschloss** außerhalb der Stadt. Die Freizeit vertrieben sich Adelige mit glanzvollen Festen und üppigen Mahlzeiten, mit Opern- und Ballettaufführungen, mit Kartenspielen und der Jagd.

Hanswurst: Wanderschauspieler, der in tollpatschiger Form Ungerechtigkeiten aufzeigte.

Einfache Lebensweise des Volkes

Die große Menge des **Volkes** aber war **arm**. Bauern und ärmere Bürger konnten weder lesen noch schreiben. Für sie gab es nur **harte Arbeit** und oft nicht einmal genug zu essen. Die Religion bestimmte ihr Leben. So brachten kirchliche Feste etwas Abwechslung in ihr Leben.

Wanderschauspieler zogen von Ort zu Ort und unterhielten die Menschen. Die arme Stadtbevölkerung erfreute sich an Vergnügungen, auch wenn diese nur einfach waren.

Der **Hanswurst** kritisierte im Theater die **Ungerechtigkeit der barocken Gesellschaft** – denn nur die Arbeit der einfachen Menschen ermöglichte den Reichen ihr schönes Leben.

Hanswurst

Zwei Mal, **1529** und **1683**, bedrohten die **Osmanen** Wien. Unter **Prinz Eugen** wurden die Osmanen endgültig aus Europa zurückgedrängt. **Österreich** eroberte neue Gebiete und wurde zu einer europäischen **Großmacht**. Im **Barock** entstanden **prunkvolle Gebäude**. Adelige und reiche Bürger führten ein angenehmes Leben. Der Großteil der Bevölkerung aber war arm.

Nun geht's los – Aufgaben für schlaue Köpfe!

1) **Auf den Spuren Prinz Eugens!** – In Wien gibt es viele Orte, die uns an Prinz Eugen erinnern. **Beschrifte den Plan mit den Begriffen unten! ★★★** Tipp: Der Informationstext hilft dir dabei.

*Zur Zeit Prinz Eugens besaßen Adelige meist mehrere Schlösser. Prinz Eugen wohnte in der kalten Jahreszeit in seinem Winter**palais** in der Himmelpfortgasse (heute: Finanzministerium). Im Sommer zog er „aufs Land". Er lebte dann im Belvedere. Das Untere Belvedere liegt heute am Rennweg und ist mit dem Oberen Belvedere, nahe dem Landstraßer Gürtel, durch einen großen Park verbunden.*
Prinz Eugen starb kurz vor seinem 73. Geburtstag. Er wurde im Stephansdom beigesetzt. Fast 130 Jahre nach seinem Tod wurde auf dem Heldenplatz ein Reiterdenkmal zur Erinnerung an Prinz Eugen errichtet.
Wenn du dich für Prinz Eugen und seine Zeit interessierst, dann solltest du das Heeresgeschichtliche Museum besuchen. Hier kannst du Gemälde betrachten, die Prinz Eugen und seine siegreichen Schlachten zeigen. Auch Uniformen, Waffen und andere Gegenstände aus dieser Zeit sind hier ausgestellt.

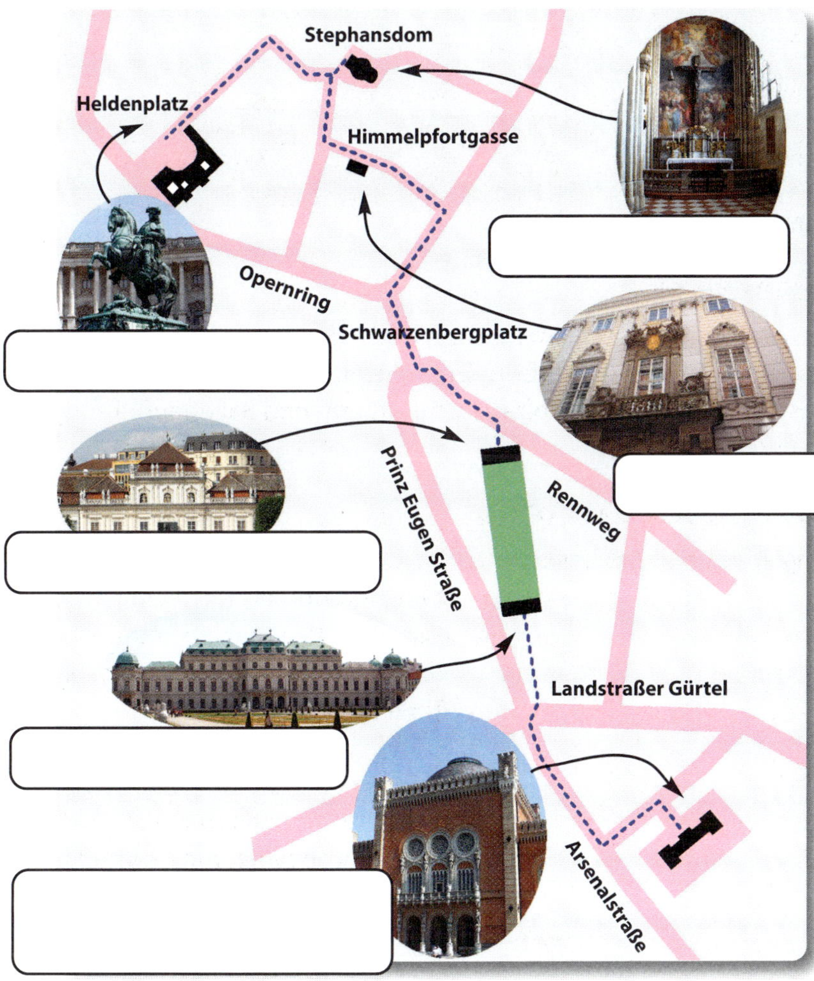

Palais: Palast

Grabmal
Heeresgeschichtliches Museum
Winterpalais
Unteres Belvedere
Reiterdenkmal
Oberes Belvedere

Vielleicht kannst du den Spuren Prinz Eugens einmal wirklich folgen und einige der Plätze in Wien selbst besuchen.

2) **Vergleiche den vereinfachten Plan mit einem aktuellen Stadtplan von Wien! Liegt das Belvedere heute auch noch „auf dem Land"? ★★★**

○ Ja ○ Nein

Nun geht's los – Aufgaben für schlaue Köpfe!

3) Auf diesen Spielkarten sollst du adeliges und einfaches Leben des Volkes im Barock eintragen. **Ordne die Begriffe richtig zu! ★★**

Adeliges Leben

_____
_____
_____
_____
_____
_____

Einfaches Leben des Volkes

_____
_____
_____
_____
_____
_____

Hunger ✱ Stadtpalais ✱ Hanswurst ✱ Jagd ✱ Sommerschloss ✱ glanzvolle Feste ✱ können nicht lesen und schreiben ✱ harte Arbeit ✱ üppige Mahlzeiten ✱ Opern- und Ballettaufführungen ✱ arm ✱ Wanderschauspieler

4) In diesem alten Bericht über die beiden Osmanenbelagerungen ist im Laufe der Zeit einiges verloren gegangen. **Hilf mit, den Text wieder zu vervollständigen! ★★**

1529 belagerten die _____ Wien. Es gelang ihnen aber _____, die Stadt zu erobern. In den nächsten _____ stießen die Osmanen immer wieder in _____ Gebiete vor. 1683 kam es zur zweiten Belagerung Wiens durch die Osmanen unter _____.

Kaiser Leopold I., die _____ und viele _____ verließen Wien. Graf _____ verteidigte mit den Bürgern Wiens die Stadt. Aber erst als der polnische König _____ den Eingeschlossenen zu Hilfe kam, konnten die Angreifer geschlagen werden. Die österreichischen Soldaten folgten den flüchtenden Osmanen und eroberten unter der Führung von _____ Budapest und Belgrad.

kaiserliche Familie ✱ Jan Sobieski ✱ Jahrzehnten ✱ Prinz Eugen ✱ österreichische ✱ Adelige ✱ Osmanen ✱ nicht ✱ Kara Mustafa ✱ Rüdiger von Starhemberg

11. DIE AUFKLÄRUNG

Forderungen der Aufklärung – Bildung – Frauenbild

Eine neue Denkrichtung: die Aufklärung

Seit dem Beginn der Neuzeit erklärten Wissenschaftler und Forscher viele Rätsel der Natur und gewannen neue Erkenntnisse über die Welt.

Im **18. Jh.** waren einige **Philosophen**, die **Aufklärer** genannt wurden, davon überzeugt, dass der Mensch nicht nur die Natur erforschen kann, sondern auch das Leben der Menschen verbessern soll. Für sie besaß der Mensch ein **natürliches Recht auf Freiheit**.

Sie waren gegen soziale Ungerechtigkeit. Deshalb kämpften sie gegen die absolute Herrschaft der Könige und gegen die Allmacht der Kirche. Die Aufklärer traten für die Rechte der ungebildeten und unterdrückten Menschen ein.

Philosophen: „Freunde der Weisheit" auf Griechisch; Wissenschaftler, die sich mit vielen Fragen des Lebens beschäftigen

Diskutiert in der Klasse, was die Aussprüche dieser wichtigen Aufklärer zu bedeuten haben:

Forderungen der Aufklärung

Alle Menschen sind von Natur aus gut.

Alle Menschen sind vor dem Gesetz gleich.

Jeder Mensch hat ein Recht auf Schulbildung.

Jeder Mensch soll sich nur von seinem Verstand leiten lassen.

Hexenprozesse und die Folter sollen abgeschafft werden.

Jeder Mensch soll frei seine Meinung sagen können.

Jeder Mensch darf seine Religion frei wählen.

Kranke und Arme haben ein Recht auf Hilfe.

Der König ist nicht von Gott auserwählt, sondern soll vom Volk bestimmt werden.

Ein Einzelner soll nicht die gesamte Macht im Staat haben
*→ **Gewaltentrennung***

Jean-Jacques Rousseau

Immanuel Kant

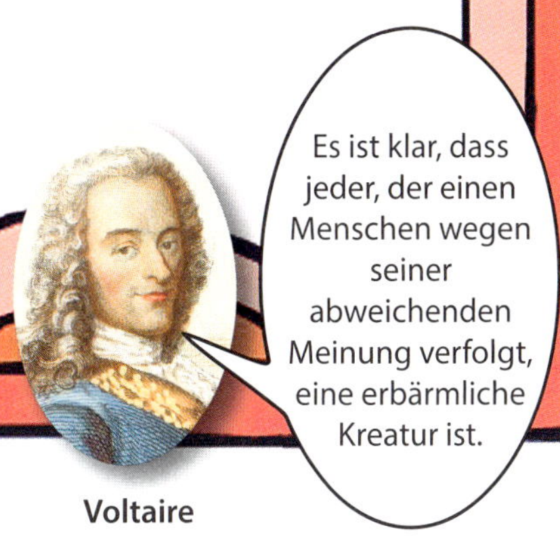

Voltaire

Gewaltentrennung: die Macht im Staat soll aufgeteilt werden: Parlament beschließt Gesetze; Regierung setzt die Gesetze um; Richter wachen über die Einhaltung der Gesetze

Welche Forderungen der Aufklärer sind bis heute nicht erfüllt?

Die Ideen der Aufklärung fanden vor allem beim Bürgertum Zustimmung. Die meisten absoluten Herrscher, die Adeligen und die Kirchenfürsten waren gegen diese neuen Gedanken.

Quelle: Bericht aus dem Jahre 1770
Es vergeht nicht leicht ein Tag, dass nicht zwei oder drei Personen eine längere oder kürzere Zeit, während der Schulstunden, mit dem Schulmeister plaudern oder der Frau Schulmeisterin Stadtneuigkeiten erzählen. Die ABC-Schützen lernen, füttern die in der Schulstube umherlaufenden Hühner oder spielen mit dem Meerschweinchen, dem sie jeden Morgen frischen Kohl mitbringen, zerpflücken die **Fibel** und – schlafen …

Fibel: Lesebuch

Schulmeister: Lehrer

Wie findest du diese Grundsätze der Mädchenerziehung?

Welche Unterschiede gibt es heute in der Erziehung von Mädchen und Buben?

Toleranz: Dulden oder Respektieren von Überzeugungen anderer

Im 18. Jh. entstand eine neue Denkrichtung: die **Aufklärung**. Die Aufklärer forderten **Gleichheit** vor dem Gesetz, **Redefreiheit, Religionsfreiheit**. Wissen und **Bildung** sollten das Leben aller Menschen verbessern.

Dorfschule im 18. Jahrhundert

Aufklärung und Schule

Bis ins 18. Jh. konnten nur wenige Menschen lesen und schreiben. Nur die Söhne reicher Familien besuchten eine Schule. Vornehme Mädchen wurden zu Hause unterrichtet. Die Kinder der armen Leute besuchten höchstens die Volksschule. Auch die **Schulmeister** in den Dorfschulen hatten keine besondere Ausbildung. Oft konnten sie selbst nicht gut lesen und schreiben.

Eine der wichtigsten Forderungen der Aufklärer lautete deshalb: Alle Menschen haben ein **Recht auf Schulbildung**. Jeder Mensch sollte seinen Geist benutzen und selbstständig Entscheidungen treffen können. Immanuel Kants Forderung: **„Habe Mut, dich deines Verstandes zu bedienen“**, wurde ein Leitsatz der Aufklärung. Wissen und Bildung sollten Unterdrückung und Not beseitigen.

Aufklärung – auch für die Frau?

Die Forderung nach **Bildung** galt in der Zeit der Aufklärung **nur für Knaben**. Mädchen sollten zu Hause auf den Beruf der Ehefrau und Mutter vorbereitet werden. Das war damals der „wahre Beruf der Frau“.

Quelle: Rousseau über die Ziele der Erziehung von Mädchen
Gehorsam und Treue gegen den Mann, Zärtlichkeit und Sorgfalt für die Kinder, Klugheit und Fleiß im Hauswesen.

Aufklärung und Kirche

Die Aufklärer stellten sich nicht grundsätzlich gegen die Kirche. Aber sie waren gegen jede Form von Aberglauben, gegen Hexenprozesse und gegen die geistige Bevormundung der Menschen durch die Kirche. Sie forderten **religiöse Toleranz**: Jeder Mensch sollte frei seine Religion wählen können und wegen dieser Religion nicht verfolgt werden.

Nun geht's los – Aufgaben für schlaue Köpfe!

1) **Forderungen der Aufklärung** – In diesem Suchrätsel haben sich wichtige Forderungen der Aufklärer versteckt: **Finde sie und markiere sie bunt! ★**

A	D	D	G	W	F	F	J	H	T	H	S	R	A
F	F	V	B	G	D	D	G	B	H	R	C	E	H
G	L	E	I	C	H	H	E	I	T	F	H	D	G
J	R	M	X	J	V	V	F	B	D	E	U	D	F
Z	G	Z	S	R	G	H	D	B	S	F	L	C	E
I	N	H	A	E	T	Z	S	F	X	T	B	V	A
K	J	H	Y	L	R	J	A	D	C	G	I	B	A
M	H	M	G	I	W	K	Y	S	V	B	L	H	S
R	G	S	J	G	S	M	S	X	N	C	D	G	D
U	F	X	K	I	D	N	Y	C	H	D	U	B	F
Q	D	C	U	O	C	G	X	B	A	S	N	N	T
A	R	M	E	N	F	Ü	R	S	O	R	G	E	J
T	F	B	H	S	G	F	C	N	S	A	V	L	H
B	V	N	N	F	J	D	V	M	D	W	F	O	B
H	V	F	B	R	I	S	B	H	F	E	D	P	G
M	B	V	C	E	U	A	H	B	G	Z	E	U	F
O	G	S	X	I	Z	Y	Z	G	T	H	R	Z	T
P	H	W	D	H	T	X	T	F	R	J	T	G	E
L	R	E	D	E	F	R	E	I	H	E	I	T	I
S	M	Z	E	I	R	G	R	A	E	J	U	F	R
A	D	F	R	T	G	T	Z	H	D	S	E	G	A

Religionsfreiheit
Armenfürsorge
Redefreiheit
Gleichheit
Schulbildung

2) **Erkläre jeden Begriff in einem Satz und notiere ihn in den Sprechblasen! ★★★**
Tipp: Verwende dazu den Text der vorigen Seiten und dein Wörterbuch!

Nun geht's los – Aufgaben für schlaue Köpfe!

3) **Richtig oder falsch?** **Kreise den richtigen Buchstaben ein!** ★ Die eingekreisten Buchstaben ergeben ein Lösungswort.

	richtig	falsch
Die Aufklärer wollten das Leben der Menschen verbessern.	R	K
Die Aufklärer unterstützten die absolute Herrschaft der Könige.	P	O
Die Aufklärer forderten Religionsfreiheit.	U	A
Die Aufklärer forderten: Nur Adelige sollten eine Schule besuchen.	D	S
Im 18. Jh. konnten viele Menschen lesen und schreiben.	E	S
Die Aufklärer verlangten Gleichheit vor dem Gesetz.	E	G
Rousseau forderte gleiche Schulbildung für Mädchen und Buben.	H	A
Die Ideen der Aufklärung fanden Zustimmung bei vielen Königen.	R	U

LÖSUNGSWORT: . . . .

4) **So ein Durcheinander!** **Finde die Forderungen der Aufklärer, die zusammen gehören, markiere diese mit gleicher Farbe und schreibe sie in dein Heft! ★★★**

- Alle Menschen sind
- sich nur von seinem Verstand leiten lassen.
- Alle Menschen sind
- Jeder Mensch hat
- von Natur aus gut.
- sondern soll vom Volk bestimmt werden.
- Hexenprozesse und der Folter.
- ein Recht auf Schulbildung.
- Jeder Mensch soll
- Jeder Mensch soll
- Jeder Mensch soll
- frei seine Meinung sagen können.
- Kranke und Arme
- seine Religion frei wählen dürfen.
- Der König ist nicht von Gott auserwählt,
- vor dem Gesetz gleich.
- Abschaffung der
- haben ein Recht auf Hilfe.

12. ÖSTERREICH IM AUFGEKLÄRTEN ABSOLUTISMUS – MARIA THERESIA

Österreichischer Erbfolgekrieg – Reformen

Die Aufklärung in Europa

Die **Ideen der Aufklärung** hatten im Europa des 18. Jh. **großen Einfluss**. Auch einige absolute Herrscher schlossen sich den Gedanken der Aufklärung an. Sie führten in ihren Ländern Reformen durch. An ihrer absoluten Macht hielten sie jedoch fest. Herrscher des Aufgeklärten Absolutismus waren **Friedrich II. von Preußen**, **Katharina II. von Russland** und **Maria Theresia von Österreich**.

Aufgeklärter Absolutismus: Der Herrscher führte Reformen durch, die das Leben der Menschen verbessern sollten; das Volk durfte aber nicht mitbestimmen.

Maria Theresia übernimmt die Regierung in Österreich

1740 starb Kaiser Karl VI., der Vater Maria Theresias. Bereits 1713 erließ er eine Verordnung, die **Pragmatische Sanktion**, in der die Unteilbarkeit der habsburgischen Länder festgelegt und die weibliche Erbfolge des Privilegium minus bestätigt wurde.

Maria Theresia war **Erzherzogin von Österreich** und **Königin von Ungarn** und **Böhmen**. Ihr Gemahl **Franz Stephan von Lothringen** wurde 1745 zum **Kaiser des Heiligen Römischen Reiches Deutscher Nation** gekrönt. Deshalb nannte man Maria Theresia allgemein „Kaiserin Maria Theresia". Als die junge Herrscherin die Regierung übernahm, sah sie sich vielen Feinden gegenüber. Preußen, Sachsen, Bayern, Spanien und Frankreich wollten ihr das Erbe streitig machen, das ihr durch die Pragmatische Sanktion zugesichert wurde. Im **Österreichischen Erbfolgekrieg** (1740 –1748) verteidigte Maria Theresia ihre Erbansprüche erfolgreich. Nur Schlesien musste sie an König Friedrich II. von Preußen abtreten.

Die junge Maria Theresia

Österreich zur Zeit Maria Theresias

Maria Theresia und Franz Stephan mit elf ihrer sechzehn Kinder: in der Mitte der Thronfolger Joseph

Quelle: **aus einem Brief Maria Theresias an ihre Tochter Marie Antoinette**
Wir leben in dieser Welt, um unseren Mitmenschen Gutes zu tun. Eure Aufgabe ist von höchster Verantwortung, denn wir sind nicht für uns selbst da, oder gar um uns zu amüsieren.

Wie sieht Maria Theresia ihre Aufgabe als Herrscherin?

Vergleiche ihre Einstellung mit der Ludwigs XIV.!

Reformen Maria Theresias

Maria Theresia erkannte als aufgeklärte Herrscherin, dass in ihrem Reich Reformen notwendig waren, und beauftragte ihre Berater mit umfassenden Neuerungen. Diese mussten oft gegen den Widerstand des Adels durchgesetzt werden.

Steuerreform

Um genaue Aufzeichnungen über ihr Land zu erhalten, ließ Maria Theresia eine **Volkszählung** durchführen. Alle Häuser wurden nummeriert und in ein **Grundbuch** eingetragen. Auch Adelige und Geistliche mussten nun für ihren Grundbesitz Steuern bezahlen.

Verwaltungsreform

Maria Theresia gründete in Wien mit der **„Haus-, Hof- und Staatskanzlei"** eine zentrale **Verwaltungsstelle**. Alle wichtigen Entscheidungen für das gesamte Reich wurden nun in Wien getroffen.

Schulreform

In Österreich waren viele Menschen **Analphabeten**. Maria Theresia führte deshalb in Österreich 1774 die Unterrichtspflicht ein. Alle Kinder sollten nun sechs Jahre lang die Schule besuchen. Mit dieser Reform wollte sie den Bildungsstandard der Bevölkerung heben, da sie gut ausgebildete Beamte und Unternehmer für die Wirtschaft brauchte.

Dorfschule

Quelle: **Johann Ignaz von Felbiger, Wien 1774**

Mädchen und Knaben sollen gemeinsam unterrichtet werden, aber in Ansehung des Geschlechts ist es ratsam, dass die Mädchen von den Knaben abgesondert werden und jedes Geschlecht besonders zusammen einen Platz erhalte.

Heeres- und Rechtsreformen

Maria Theresia gründete die Militärakademie in Wiener Neustadt und führte die lebenslange **Wehrpflicht** für Bauernsöhne und Taglöhner ein. Die Adeligen verloren das Recht, willkürlich über ihre Untertanen zu richten. Maria Theresia schaffte auch die Folter ab.

Grundbuch: Liste aller Grundstücke, in der die Eigentümer angegeben sind

Analphabet: jemand, der weder schreiben noch lesen kann

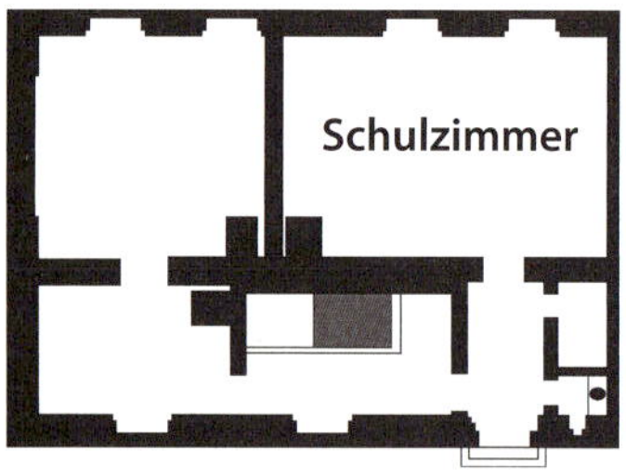

Eine Dorfschule bestand nur aus einem Raum und war im Haus des Lehrers.

Betrachte das Bild „Dorfschule" genau! Wie viele Buben und Mädchen gibt es in dieser Klasse? Wo sitzen die Mädchen – wo die Buben?

Welche Einrichtungsgegenstände und Schulsachen gibt es? Wie verhalten sich die Kinder? Was hält der Lehrer in der Hand? Vergleiche das Bild mit deiner eigenen Schulklasse!

Johann Ignaz von Felbiger: reformierte im Auftrag Maria Theresias die Schule

Mit Hilfe der **Pragmatischen Sanktion** sicherte Karl VI. die Unteilbarkeit der habsburgischen Länder und ebenso die weibliche Erbfolge. **Maria Theresia** musste um ihr Erbe kämpfen. Sie führte viele **Reformen** durch.

Nun geht's los – Aufgaben für schlaue Köpfe!

1) Der Maria-Theresien-Taler, eine Silbermünze mit dem Bildnis Maria Theresias, ist auch heute noch ein begehrtes Sammlerstück. Wie würdest du eine Münze gestalten? **Versuche es auf der leeren Münze! ★**

2) Stell dir vor, du sitzt in dieser Klasse! Welcher Schüler oder welche Schülerin wärst du gerne? Was glaubst du, denken deine Mitschüler und deine Mitschülerinnen? **Schreib ihre Gedanken in die Wölkchen! ★★★**

Nun geht's los – Aufgaben für schlaue Köpfe!

3) Diese beiden Bilder stammen aus einem Schulbuch des 18. Jh. So lernten die Kinder das Alphabet. Kannst du die Sprüche lesen? **In das leere Kästchen sollst du ein Bild für einen weiteren Buchstaben zeichnen! ★★ Weißt du auch einen passenden Spruch dazu? ★★★★★**

4) **Bemale zuerst das Meer blau! Nimm dann für das Habsburgerreich und Preußen je eine Farbe! ★**

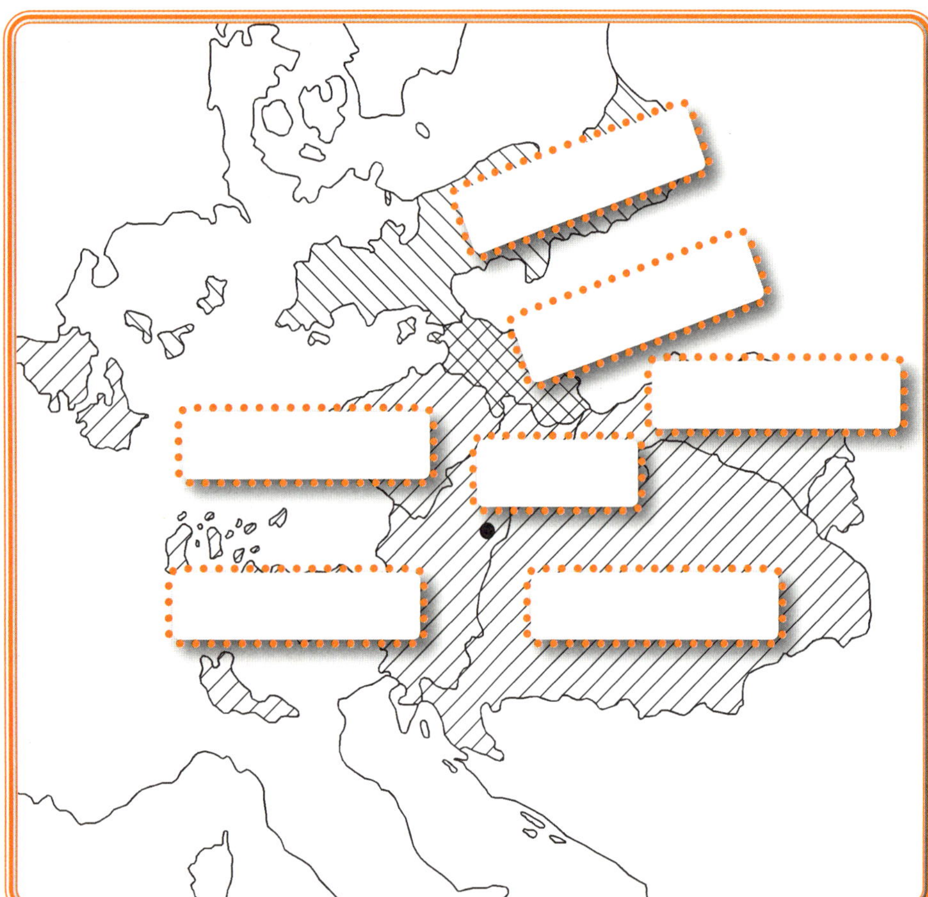

Österreich
Ungarn
Böhmen
Galizien
Schlesien
Preußen
Wien

5) **Beschrifte die Karte! ★★**

13. AUFGEKLÄRTER ABSOLUTISMUS – JOSEPH II.

Joseph II. – soziale und kirchliche Reformen

Ein aufgeklärter Herrscher

Der älteste Sohn Maria Theresias, **Joseph II.**, war bereits seit 1765 Kaiser des Römischen Reiches Deutscher Nation und Mitregent seiner Mutter. 1780 übernahm er nach dem Tod seiner Mutter die Herrschaft in Österreich.

Joseph II. war ein überzeugter **Anhänger der Aufklärung.** Er wollte die Lebensbedingungen seiner Untertanen verbessern. Um Land und Leute näher kennen zu lernen, unternahm er zahlreiche Reisen. Oft fuhr er **inkognito** in seiner Kutsche als Graf Falkenstein durch sein Land.

inkognito: unter falschem Namen

Joseph II. beim Pflügen

Quelle: „Die Furche von Slawikowitz"
Ein heißer Tag im August 1769. Der junge Kaiser ist mit der Kutsche unterwegs ... Da, auf der holprigen Landstraße, bricht eine Achse des Wagens ... Er vertritt sich die Beine. Sieht sich um. Sieht auch auf dem angrenzenden Acker einen Bauern, der pflügt. Joseph geht auf ihn zu, nimmt ihm den Pflug aus der Hand und zieht eine Furche über den Acker.

Joseph II. sah sich als **ersten Diener des Staates**. Prunk und höfischen Lebensstil lehnte er ab. Er vereinfachte die Etikette, schaffte den Hofknicks ab und verbot, ihm die Hand zu küssen. Der Kaiser lebte in drei einfach möblierten Zimmern und aß oft allein und sehr schnell, damit er seine Arbeit bald wieder fortsetzen konnte. Bekleidet war er meist mit einem einfachen **Gehrock** oder mit einer Uniform.

Überlegt gemeinsam: Welche Wirkung hat ein Kaiser, der pflügt, auf die Bevölkerung?

Gehrock: knielange Jacke

„Alles für das Volk, nichts durch das Volk"

Dieser Satz beschreibt die Regierungsweise Josephs II. Seine Reformen sollten Verbesserungen für das einfache Volk bringen. Er traf aber alle Entscheidungen, ohne die betroffenen Menschen um ihre Meinung zu fragen. Diese Regierungsform nennt man **Aufgeklärten Absolutismus**.

Vergleicht das Leben Josephs II. mit dem Ludwigs XIV.!

Bei der Durchsetzung seiner Reformen nahm er auf die Lebensgewohnheiten der Betroffenen nur wenig Rücksicht und schaffte sich dadurch viele Feinde. Nichts war zu gering, als dass der Kaiser es nicht reformierte. So sollten z. B. Tote nicht in teuren Holzsärgen, sondern nur in Leinensäcken begraben werden. Viele dieser Reformen lösten Widerstände aus und mussten durch seinen Nachfolger, Kaiser Leopold II., wieder zurückgenommen werden.

Sparsarg

Reformen Josephs II.

Toleranzpatent

Durch das **Toleranzpatent** wurde evangelischen und orthodoxen Christen erlaubt, ihren Glauben durch das Bauen von Kirchen (ohne Türme) offen zu bekennen. Ebenso durften sie Schulen einrichten.

Später wurde auch den Juden die **freie Religionsausübung** ermöglicht. Sie mussten nicht mehr in bestimmten Stadtvierteln (Ghettos) wohnen und vorgeschriebene Kleidungsstücke tragen. Auch durften sie nun ein Handwerk erlernen.

Kaiser Joseph II. mit seinem Bruder und Nachfolger Leopold II.

Patent: früher eine königliche Verordnung; heute Schutzrecht für eine Erfindung

Leibeigenschaft: Abhängigkeit der Bauern vom Grundherren; der Bauer durfte für sich und seine Familie keine Entscheidungen treffen.

Grunduntertänigkeit: Grundherren waren Eigentümer von Haus und Hof, Grund und Boden; die Bauern waren nur Nutznießer.

Waisenhaus: Heim für Kinder, die keine Eltern haben

Handbillett: kaiserliche Verordnung

Überlege, wie das Leben in einem Waisenhaus ausgesehen haben muss, wenn Joseph II. solche Veränderungen befahl!

Untertanenpatent

Mit dem **Untertanenpatent** hob Joseph II. die **Leibeigenschaft** der Bauern auf. Sie waren nun persönlich frei, konnten auch ohne Einwilligung des Grundherren heiraten sowie ihren Beruf und ihren Wohnort frei wählen. Die Abhängigkeit vom Grund und Boden ihres Herrn (**Grunduntertänigkeit**) blieb aber weiter bestehen.

Kirchliche Reformen

Joseph II. verbot alle katholischen Klöster, die keine „nützliche" Tätigkeit ausübten. Nur Klöster, die eine Schule betrieben oder sich um Arme und Kranke kümmerten, durften weiter bestehen. Mit dem Geld der geschlossenen Klöster ließ Joseph neue Pfarrkirchen bauen. Keiner seiner Untertanen sollte länger als eine Stunde gehen, um eine Kirche zu erreichen. Durch die **Schließung der Klöster** gingen aber viele wertvolle alte Handschriften und kostbare Bücher verloren, da man sie als nicht notwendig betrachtete.

Soziale Reformen

Seine besondere Aufmerksamkeit schenkte Joseph II. der einfachen Bevölkerung. In Wien ließ er das Allgemeine Krankenhaus, Schulen sowie Armen- und **Waisenhäuser** bauen. Nach dem Besuch eines Waisenhauses gab Joseph II. Anordnungen, was verändert werden sollte:

Joseph II. war ein **Anhänger der Aufklärung**. Er sah sich als **ersten Diener des Staates**. Wichtige **Reformen** waren das Toleranz- und das Untertanenpatent, kirchliche und soziale Reformen.

Quelle: „Handbillett" Josephs II.

Muss in einem Bette niemals mehr als ein Kind liegen, und nicht wie es bisher auch geschehen ist, vier und fünf zusammengelegt werden. … Sind die Kinder alle Wochen wenigstens einmal durch Waschen und Kämmen am Leib zu reinigen und zu säubern.

Waisenkind

Nun geht's los – Aufgaben für schlaue Köpfe!

1) Diese Schriftrollen sind noch leer. **Ordne die Reformen richtig zu!** ★★

Maria Theresia

____

____

____

____

____

____

____

____

____

Joseph II.

____

____

____

____

____

____

____

____

____

Gründung der „Haus-, Hof- und Staatskanzlei" ★ Erlaubnis der freien Religionsausübung ★ Einführung der Unterrichtspflicht ★ Abschaffung der Folter ★ Schließung von Klöstern ★ Aufhebung der Leibeigenschaft ★ Einführung der Wehrpflicht ★ Adelige müssen Steuern bezahlen. ★ Gründung von Waisenhäusern

2) **Entferne aus dem folgenden Buchstabenrätsel jeden zweiten und dritten Buchstaben!** ★ Du erhältst wichtige Begriffe aus der Zeit Josephs II.:

AF/UENFKZGDREBHKMJLATÄENRRLTOPEFDRSTANHBRKSÖIODRLQFUBFTRJIVASNKMOÄ
UGESHZTDWOBCLAFEGZRJIAKSNQGZBXPETAAFTHUEKONPZTDVUBHNEJTKSEWFRHUTL
OADBNEAEBNNGFPEVAWHTKUEDSNVCTGHKNMIEZRRHCSVHEWLGRIHUCNDHRHEUERA
GEDVFBHOJZREUMKIEGHNNUSREOHTZDRIHLAPOLWHEFSRCNEMUFEAOFGRHUMREEJAN

Nun geht's los – Aufgaben für schlaue Köpfe!

3) **Einmal Kaiser** – Du hast eine Zeitreise gemacht und bist nun Joseph II. Ein Reporter stellt dir Fragen. Beantworte sie! ★★★

Majestät, wann übernahmt Ihr die Herrschaft in Österreich?

Königliche Hoheit, wie seht Ihr Eure Aufgabe im Staat?

Euer Gnaden, warum unternehmt Ihr Reisen durch Euer Reich?

Majestät, welche Ziele verfolgen Euer Gnaden mit dem Toleranz- und dem Untertanenpatent?

Euer Hochwohlgeboren! Welche sozialen und kirchlichen Reformen habt Ihr durchgeführt?

Absolutismus NEWS

Bekanntmachung des statistischen Zentralamtes – Löhne und Preise zur Zeit Ludwigs XIV.:

Gesamtkosten für den Bau von Versailles	76 000 000 Livres
Diamanten auf einem königlichen Festgewand	12 500 000 Livres
Jahreslohn eines Maurers (13-Stunden-Tag)	180 Livres
Kosten für ein Leinenhemd	4 Livres
Preis für ein Pfund Ochsenfleisch	0,15 Livres

Unser König Ludwig XIV. mit seinem Hofstaat im Park von Versailles

Hofleben aktuell: MORGENTOILETTE

Exklusivbericht unseres Hofberichterstatters vom Morgenempfang

Die „Äußerungen" des Königs
Die weiß-goldene Lacktür zum Vorzimmer des königlichen Schlafgemaches öffnet sich und zwei Hofmeister in Uniform erscheinen. Sie klopfen mit vergoldeten Stäben auf den Boden, die wartenden Herren verneigen sich tief und schwingen ihre Federhüte. Die Damen versinken im Hofknicks. Zwei Edelleute, die das Vorrecht haben, jeden Morgen auf einem Lacktablett den königlichen Nachttopf samt Inhalt heraus zu tragen, kommen aus dem Vorzimmer. Der Hofstaat verneigt sich vor den „Äußerungen" des Königs.

Die Morgenwäsche
Alle drängen in das Vorzimmer. Als Zeichen dafür, dass Seine Majestät erwacht ist, stehen die Türen zum Schlafgemach offen. Der König wäscht sich nicht, sondern lässt sich von seiner Amme mit in Franzbranntwein getränktem Schwanenflaum abtupfen. Puder wird über Hals und Gesicht des Königs gestäubt.

Der König wird bekleidet
Zwei Pagen ziehen dem König die Pantoffel aus und Halbschuhe an. Der Großmeister der Garderobe ergreift den rechten und der erste Kammerherr den linken Ärmel des Nachthemdes. Gemeinsam ziehen sie es dem König aus. Ein anderer hoher Adeliger genießt ein besonderes Privileg: Er darf das frische Hemd des Königs berühren und bereithalten. Die Ehre, es dem König darzureichen, ist den Kindern und Enkeln Seiner Majestät vorbehalten. Nachdem der König so langsam bekleidet worden ist, wählt er aus einem Körbchen eine frische Halsbinde. Abschließend klettert der Hoffriseur auf einen Stuhl und setzt dem König eine gewaltige Lockenperücke auf den ziemlich kahlen Kopf. Der wartende Hochadel klatscht Beifall und verneigt sich, während der König aus seinem Schlafgemach schreitet.

Intime Bilder aus dem Palast

Erstmals wurden Bilder bekannt, die den König ohne Perücke und Mantel zeigen.

„Man sieht sofort, dass die stattliche Erscheinung Seiner Majestät von Barbieren, Schneidern und Schustern gemacht wird", berichtet ein Bediensteter aus Versailles, der nicht genannt werden will.

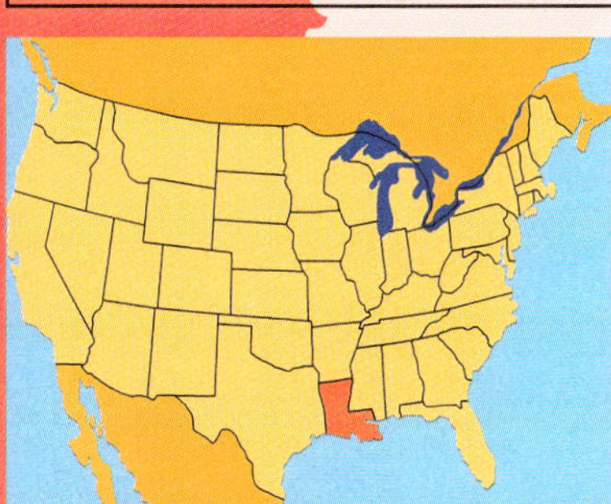

Kurzmeldung aus Übersee

Gebietsgewinne Frankreichs in Nordamerika durch die Flotte Ludwigs XIV. Die neue Kolonie wird zu Ehren des Königs Louisiana genannt.

Buchtipps

Annie Pietri: Die Spionin des Sonnenkönigs (Berliner Taschenbuch Verlag).

Brigitte Hamann, Rolf Rettich: Ein Herz und viele Kronen. Das Leben der Kaiserin Maria Theresia (Ueberreuter Verlag).

Anne-Marie Desplat-Duc: Louises Geheimnis. Am Hof des Sonnenkönigs (dtv).

Absolutismus NEWS

BAROCK – der neue Baustil

Symmetrische Bauten, kaum gerade Linien, ovale und runde Formen, üppiger Stuck, Fülle und Prachtentfaltung, Deckengemälde, Zwiebelhelme bei Türmen, prächtige Stiegenhäuser, ovale Fenster (Ochsenaugen genannt). So sieht der neue Baustil aus, der sich in den letzten Jahren immer mehr durchgesetzt hat.

Bekanntmachung

Ausschnitt aus der

„Allgemeinen Schulordnung" Maria Theresias 1774

- Alle Kinder, Buben und Mädchen, sollen zwischen dem 6. und dem 12. bzw. 13. Lebensjahr die Schule besuchen. Jedes Kind soll mindestens sechs bis sieben Jahre lang die Schule besuchen.
- Eltern, die ihre Kinder nicht in die Schule schicken, sollen nachdrücklich ermahnt und dazu angehalten werden.
- Waisenkinder und andere Kinder, die vor ihrem 13. Lebensjahr bereits arbeiten müssen, sollen zumindest im Winter die Schule besuchen.
- Über jeden Schüler/jede Schülerin müssen genaue Aufzeichnungen über Schuleintritt, Fernbleiben und Lernfortschritte geführt werden.

EIN GESELLSCHAFTLICHES EREIGNIS – DAS WUNDERKIND MOZART UND SEINE SCHWESTER AUF AUDIENZ BEI DER KAISERIN!

13. Oktober 1762: Der 6-jährige Wolfgang Amadeus Mozart durfte mit seiner Schwester Nannerl vor der Kaiserfamilie im Schloss Schönbrunn auftreten. Nannerl und Wolferl spielten so gut einzeln und vierhändig Klavier, dass alle begeistert klatschten und „Bravo" riefen. Da gab Kaiser Franz dem kleinen Wolfgang eine schwierige Aufgabe: Er sollte nicht mit allen zehn Fingern spielen, sondern nur mit einem. Kein Problem für das Wunderkind – Wolfgang spielte ein kleines Menuett.
Der Kaiser aber hatte noch eine zweite Aufgabe: Er ließ die Tasten mit einem schwarzen Tuch verdecken und der Bub musste blind spielen. Auch diese Aufgabe meisterte er so gut, dass die Zuschauer begeistert klatschten. Der Kaiser lobte Wolfgang und nannte ihn einen „kleinen Hexenmeister". Wie unsere Reporter berichten, soll Wolferl sogar der kleinen Prinzessin Maria Antonia einen Kuss gegeben und ihr ins Ohr geflüstert haben: „Du bist lieb. Wenn ich groß bin, werde ich dich heiraten!"

Was gibt es Neues?

- **Der Aderlass wird von den Ärzten bei allen Krankheiten als Wundermittel eingesetzt.**
- **Musketiere gibt es in allen großen europäischen Armeen. Sie kämpfen mit einem Gewehr, der berühmten Muskete.**
- **Die Kinder reicher Familien werden von Ammen gesäugt.**
- **1752 wird die Menagerie (Tierpark) Schönbrunn eröffnet.**

Reise in die Vergangenheit:

1529:	Erste Osmanenbelagerung Wiens
1643 – 1715:	Regierungszeit Ludwigs XIV. in Frankreich
1683:	Zweite Osmanenbelagerung Wiens
1713:	Pragmatische Sanktion
1740 – 1780:	Regierungszeit Maria Theresias
1740 – 1748:	Österreichischer Erbfolgekrieg
1774:	Einführung der Unterrichtspflicht in Österreich
1780 – 1790:	Regierungszeit Josephs II.

14. DIE BÜRGERLICHE REVOLUTION IN ENGLAND

Magna Charta – Republik – Cromwell – Bill of Rights

Die Entwicklung des Parlaments

In England konnte der König seine Macht nicht so entfalten wie in Frankreich, da es schon seit dem Mittelalter neben dem Königtum ein **Parlament** gab. Bereits 1215 verpflichtete sich der englische König in der **Magna Charta**, nur mit Zustimmung der Fürsten, Bischöfe und Barone Steuern einzuheben. Ebenso wurde in dieser Urkunde festgehalten, dass niemand ohne richterliches Urteil verhaftet oder gefangengenommen werden darf.

Parlament: gewählte Volksvertretung

Magna Charta: großer Freiheitsbrief

Magna Charta

England wird Republik

Im 17. Jh. versuchte **König Karl I.** aus dem Hause der Stuarts sein Land **absolut** zu regieren. Es kam zu Streitigkeiten zwischen König und Parlament und schließlich zu einem Bürgerkrieg, den das Parlamentsheer gewann. Karl I. wurde in einem aufsehenerregenden Prozess zum Tod verurteilt und zum Entsetzen der Engländer als erster König in der Geschichte hingerichtet.

Quelle: Hinrichtung Karls I. am 30. Jänner 1649 nach „Das blutige Ende gekrönter Häupter"

Um zwei Uhr nachmittags besteigt Karl I. das schwarz verhangene **Schafott**. Es ist von Soldaten umstellt, die die gaffende Menge weit zurückhalten, damit es für den König unmöglich ist, zu ihr zu sprechen. So wendet er sich an die unmittelbar um ihn herum Stehenden. Er beteuert noch einmal seine Unschuld, bevor er … sagt: „Ein ungerechtes Urteil, das ich verschuldet habe, wird nun durch ein ungerechtes Urteil an mir gesühnt." … Mit einem einzigen Schlag erledigt der Henker seine Aufgabe.

Revolution: gewaltsamer Umsturz

Verfassung: Grundgesetze eines Staates

konstitutionelle Monarchie: Die Macht des Herrschers wird durch eine Verfassung und ein Parlament eingeschränkt.

Schafott: Podium (Erhöhung) für Enthauptungen

Hinrichtung Karls I.

Versuche herauszufinden, in welchen Ländern Europas es noch heute eine konstitutionelle Monarchie gibt! (Internet)

Nach der Hinrichtung des Königs wurde England für kurze Zeit **Republik** unter **Oliver Cromwell**, dem Führer des Parlaments. Nach Cromwells Tod wurde das Haus Stuart wieder eingesetzt und England zur Monarchie.

Die Glorreiche Revolution

Doch 1688 wurden die Stuarts in einem unblutigen Aufstand erneut abgesetzt. Das Parlament setzte mit Wilhelm von Oranien ein neues Herrscherhaus ein. Von nun an regierten die Könige in England aufgrund der **„Bill of Rights"**, der englischen **Verfassung**, im Einvernehmen mit dem Parlament. Dies nennt man eine **konstitutionelle Monarchie** (parlamentarische Monarchie).

Seit der **Magna Charta** regierte in England der König mit dem Parlament. Im 17. Jh. kam es zu Auseinandersetzungen zwischen König und Parlament. Kurze Zeit war England **Republik**, dann **konstitutionelle Monarchie**.

15. DIE USA ENTSTEHEN

Boston Teaparty – Unabhängigkeitserklärung – Menschenrechte

USA: **U**nited **S**tates of **A**merica

Sternenbanner der USA von 1776

von heute

Kolonisten: Bewohner der Kolonien

Was sind deiner Meinung nach die wichtigsten Rechte des Menschen?

Informiere dich über Menschenrechtsorganisationen!

In den Kolonien kam es zu Aufständen – **Boston Teaparty**. Die 13 Kolonien erklärten ihre **Unabhängigkeit** und gaben sich eine **republikanische Verfassung**, in der die **Menschenrechte** verankert sind.

Der Unabhängigkeitskrieg

Viele Menschen wanderten nach Nordamerika aus, um der religiösen Unterdrückung und der absoluten Herrschaft in Europa zu entgehen. Diese Auswanderer besiedelten zuerst die Ostküste Nordamerikas, später drangen sie immer weiter nach Westen vor. Es kam zu heftigen Kämpfen mit den **Indianern**, die sie aus ihren Gebieten vertrieben.

Die **Kolonisten** standen unter der Hoheit der englischen Krone. Dies bedeutete, dass sie zwar religiöse Freiheiten besaßen, aber wirtschaftlich und politisch von England abhängig waren. Mit der Zeit forderten die 13 Kolonien mehr Selbstständigkeit. Der englische König lehnte dies aber ab und erhöhte daraufhin die Steuern für Tee. Es kam zum Aufstand. Als Indianer verkleidete Siedler warfen im Hafen von Boston eine Schiffsladung Tee ins Meer – **„Boston Teaparty"**.

Der König setzte Truppen gegen die Aufständischen ein. Daraufhin erklärten die 13 Kolonien am **4. Juli 1776** in einem feierlichen Akt ihre **Unabhängigkeit von England**. Es kam zum Krieg.

Unter der Führung von **George Washington** siegten die Amerikaner mit der Unterstützung Frankreichs. Sie gründeten einen Staatenbund und gaben sich eine **republikanische Verfassung**.

George Washington

Die Menschenrechte

Als erster Staat verkündeten die USA die **Menschenrechte**. Diese bilden die Grundlage ihrer Verfassung.

Quelle: aus den Menschenrechten, 1776 USA
Artikel 1: Alle Menschen sind von Natur aus in gleicher Weise frei und unabhängig und besitzen bestimmte angeborene Rechte …, und zwar auf den Genuss des Lebens und der Freiheit, auf die Mittel von Erwerb und Besitz von Eigentum und das Erstreben und Erlangen von Glück und Sicherheit …
Artikel 12: Die Freiheit der Presse ist eines der starken Bollwerke der Freiheit …

Trotz der Erklärung der Menschenrechte gab es auch in den USA Bevölkerungsgruppen, die stark benachteiligt wurden. Dazu zählten die Schwarzafrikaner, die als Sklaven für die „weißen Herren" arbeiten mussten, und die indianische Urbevölkerung, die aus ihren Siedlungsgebieten vertrieben und vielerorts auch ausgerottet wurde.

Nun geht's los – Aufgaben für schlaue Köpfe!

1) Bei diesen Wörtern sind die Buchstaben durcheinander gekommen. Löse dieses Rätsel! ★★★

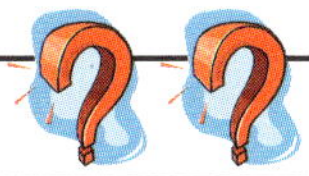	*Lösung*	*Worterklärung*
mlaarPent		
utlveRooni		
MnaagCtahar		
gansuserfV		

2) England wird als „Wiege der Demokratie" in Europa bezeichnet. Diese geht auf die 1215 erlassene „Magna Charta" und auf die 1689 beschlossene „Bill of Rights" zurück.

Hast du das gewusst?

Von der Magna Charta gab es mehr als zehn Originale, da für jede Grafschaft ein eigenes Exemplar angefertigt wurde.
Die Magna Charta und die Bill of Rights bilden gemeinsam auch die Grundlage aller Gesetzte der Vereinigten Staaten von Amerika.

Lies dir diese wichtigen Bestimmungen aus der „Bill of Rights" durch und beantworte anschließend die folgenden Fragen! ★★★

Quelle: gekürzt und vereinfacht aus der „Bill of Rights"
Die Lords und Gemeinen erklären:
Es ist ungesetzlich, dass der König ohne Zustimmung des Parlaments Gesetze aufhebt oder ändert.
Es ist ungesetzlich, ohne Bewilligung des Parlaments für den Gebrauch der Krone Geld einzuheben.
Es ist ungesetzlich, in Friedenszeiten innerhalb des Königreiches ohne Zustimmung des Parlaments ein stehendes Heer einzurichten und zu unterhalten.
Es ist das Recht der Untertanen, Petitionen (Bittschriften) an den König zu richten.
Es ist ungesetzlich, dass Untertanen wegen solcher Petitionen verhaftet oder gerichtlich verfolgt werden.
Die Wahlen der Mitglieder des Parlaments dürfen nicht behindert werden.

Was darf der König nur mit Zustimmung des Parlaments aufheben und ändern?

____

Welche Wahlen dürfen nicht behindert werden?

____

Wann dürfen die Untertanen nicht verhaftet oder verfolgt werden?

____

Was darf der englische König in Friedenszeiten nicht ohne Zustimmung des Parlaments einrichten?

____

Wofür benötigt der König die Bewilligung des Parlaments?

____

Welches Recht haben die Untertanen?

____

Nun geht's los – Aufgaben für schlaue Köpfe!

3) Auch das heutige Österreich hat eine Verfassung.

Hast du das gewusst?

Österreich ist seit 1918 eine Republik. Davor war Österreich eine Monarchie mit einem Kaiser als Herrscher. Unsere heutige Bundesverfassung geht auf das Jahr 1920 zurück und wurde 1929 überarbeitet. Die einzige Gesamtänderung der Bundesverfassung erfolgte 1995 im Rahmen des Beitritts Österreichs zur Europäischen Union. Für eine Gesamtänderung ist eine Volksabstimmung notwendig. Dies bedeutet, dass alle wahlberechtigten Bürger und Bürgerinnen abstimmen.

Hier kannst du die wichtigsten Bestimmungen nachlesen. Es fehlen aber einige wichtige Wörter. **Setze diese richtig ein! ★★**

Artikel 1: Österreich ist eine demokratische ____________________. Ihr Recht geht vom ____________ aus.

Artikel 2: Österreich ist ein ______________________________.

Artikel 18: Die gesamte staatliche Verwaltung darf nur aufgrund der _________________ ausgeübt werden.

Artikel 26: Der Nationalrat wird vom Bundesvolk aufgrund des gleichen, unmittelbaren, persönlichen, freien und geheimen Wahlrechtes der Männer und ___________________, die am Wahltag das ______________ Lebensjahr vollendet haben, nach den Grundsätzen der Verhältniswahl gewählt.

Gesetze ★ Republik ★ Frauen ★ Volk ★ 16. ★ Bundesstaat

4) **Achtung – Fehlertext!** In dieser Story sind 4 Fehler. **Markiere sie und schreibe die richtigen Wörter auf den Notizzettel! ★★**

In der Nacht zum 16. Dezember 1773 treffen wir uns. Wir sind eine Gruppe von 60 Männern, die genug von den hohen Steuern der Franzosen haben. Als Geister verkleidet, machen wir uns auf den Weg zum Hafen. Dort liegen seit gestern drei Schiffe der Ostindischen Handelsgesellschaft, voll beladen mit Rumfässern. Wir bleiben nicht lange unbemerkt, immer mehr New Yorker Bürger schließen sich uns an. Schnell entern wir die Schiffe. Die Menge jubelt, als wir die 340 Kisten ins Meer werfen. Der Schaden beträgt immerhin die unglaubliche Summe von 18 000 Pfund.

Diese Aktion ist der Beginn eines langen Kampfes um unsere Unabhängigkeit und geht als „Boston Teaparty" in die Geschichte ein!

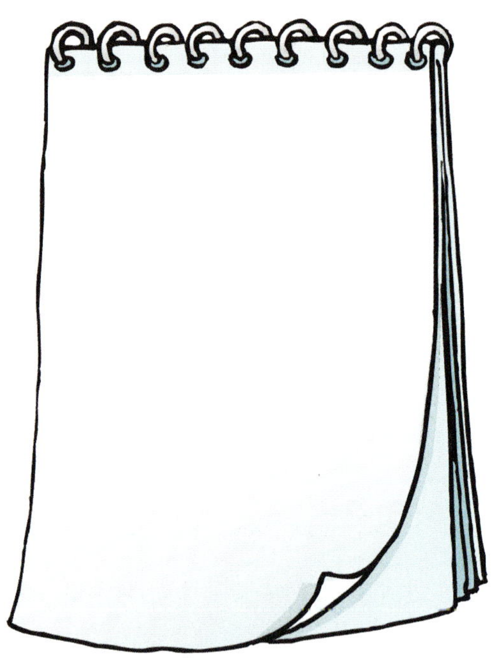

Nun geht's los – Aufgaben für schlaue Köpfe!

5) **Suchbild** – Auf dem zweiten Bild haben sich 6 Fehler eingeschlichen. Suche diese! ★★

6) Diese Karte zeigt die 13 Bundesstaaten der USA im Jahre 1776. Suche mit Hilfe des Atlas ihre Namen und male sie anschließend bunt an! ★★★★

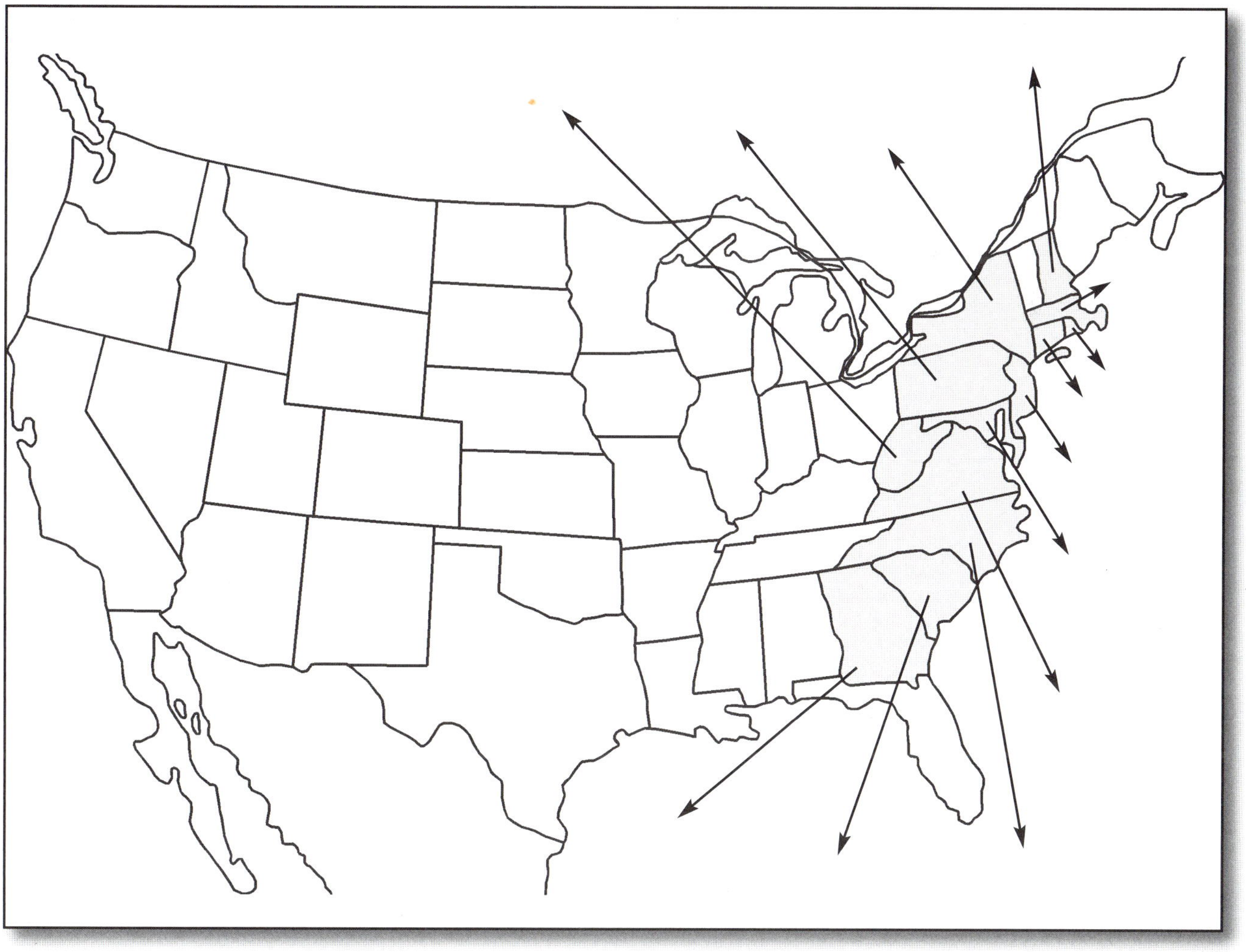

7) **Für Geografie-Experten:** Finde auch die anderen Bundesstaaten der USA, die in dieser Karte eingetragen sind, im Atlas und beschrifte sie! ★★★★★

Nun geht's los – Aufgaben für schlaue Köpfe!

8) **Lies dir diesen Ausspruch von Sitting Bull, dem Häuptling der Lakota Sioux, genau durch! ★★★**

Sie behaupten, unsere Erde gehört ihnen. Seht Brüder, der Frühling ist da. Die Sonne hat die Erde umarmt. Bald werden wir die Kinder dieser Liebe sehen. Jeder Same, jedes Tier ist erwacht. Dieselbe Kraft hat auch uns geboren. Darum gewähren wir auch unseren Mitmenschen und unseren Freunden, den Tieren, die gleichen Rechte wie uns, auf dieser Erde zu leben.

Aber hört Brüder! Jetzt haben wir es mit einer anderen Art zu tun. Sie waren wenige und schwach; jetzt aber sind es viele und sie sind stark und überheblich. Es ist kaum zu glauben, sie wollen die Erde umpflügen. Habgier ist ihre Krankheit. Sie haben viele Gesetze gemacht und die Reichen dürfen sie brechen, die Armen aber nicht. Sie nehmen das Geld der Armen und Schwachen, um die Reichen und Starken damit zu stützen.

Sie sagen, unsere Mutter - die Erde - gehöre ihnen; sie zäunen uns, ihre Nachbarn, von unserer Mutter ab. Sie beschmutzen unsere Mutter mit ihren Gebäuden und ihrem Abfall. Sie zwingen unsere Mutter, zur Unzeit zu gebären. Und wenn sie keine Frucht mehr trägt, geben sie ihr Medizin, auf dass sie aufs Neue gebären soll. Was sie tun, ist nicht heilig.

1. Wer ist mit „sie" gemeint? ______________________________

2. Wen nennt Sitting Bull „Mutter"? ______________________________

9) **Versuche, mehr über die Verfolgung der Indianer in Amerika zu erfahren! Gestaltet in der Klasse Plakate zum Schicksal der Indianer! ★★**

10) Dieser bekannte Spruch von Greenpeace (Umweltschutzorganisation) wird den Cree-Indianern zugeschrieben und ist in den letzten Jahren sehr berühmt geworden. **Lies ihn dir durch und überlege, was er bedeuten soll! ★★**

> „Erst wenn der letzte Baum gerodet, der letzte Fluss vergiftet, der letzte Fisch gefangen ist, werdet ihr feststellen, dass man Geld nicht essen kann!"

11) Auf der Welt gibt es viele Verletzungen der Menschenrechte! So werden Kinder in vielen Entwicklungsländern schon früh ausgebeutet und müssen hart arbeiten. **Lies dir die UNO-Menschenrechtsdeklaration (1948) genau durch und versuche selbst, eine Liste mit den „Rechten von Kindern" aufzustellen! ★★★★**

... Alle Menschen sind frei und gleich an Würde und Rechten geboren: **Art.2.1.:** ... Rechte und Freiheiten ohne irgendeine Unterscheidung nach Rasse, Farbe, Geschlecht, Sprache, Religion, politischer oder sonstiger Überzeugung. **Art.23.1.:** Jeder Mensch hat das Recht auf Arbeit. **Art.26.1.:** Jeder Mensch hat das Recht auf Bildung. **Art.24:** Jeder Mensch hat Anspruch auf Erholung und Freizeit. **Art.29.1.:** Jeder Mensch hat Pflichten gegenüber der Gemeinschaft.	**... Alle Kinder sind frei ...**

16. DIE FRANZÖSISCHE REVOLUTION

Hungersnöte – Ungerechtigkeiten – Revolution – Menschenrechte – Schreckensherrschaft – Direktorium

Frankreich vor der Revolution

Wie du schon gelernt hast, gab es in Frankreich **drei Stände**:

1. Stand
Klerus

2. Stand
Adel

3. Stand
Arbeitende
Bürger, Bauern, Gesellen, Gesinde, Manufakturarbeiter, Taglöhner

Karikatur: Der Bauer trägt schwer unter seiner Last, dem Klerus und dem Adel.

Klerus: katholische Geistliche

Der 1. und der 2. Stand besaßen Vorrechte wie das Recht, keine Steuern zahlen zu müssen, und erhielten Abgaben vom 3. Stand, der den Großteil der Arbeit leistete und hohe Steuern zu zahlen hatte.

So eine Zeichnung nennt man „Karikatur". Karikaturen wurden sehr gerne eingesetzt, um auf politische Missstände hinzuweisen.

Welche politischen Missstände wurden mit dieser Karikatur aufgezeigt?
Sucht nach Tageszeitungen, die politische Karikaturen enthalten, und prämiert die besten Karikaturen!

Bettler in Paris

In den Jahren vor der Revolution führten **Missernten** zu enormen Preissteigerungen. Die Ärmsten konnten sich die Grundnahrungsmittel nicht mehr leisten. So kam es zu **Hungersnöten** und **Plünderungen** in den Städten.

Frankreich stand vor dem **Bankrott**, denn die Ausgaben für die Armee, den Hof, den Straßenbau und die Außenpolitik – vor allem die Unterstützung des Unabhängigkeitskriegs in Amerika – waren deutlich höher als die Einnahmen.

Bankrott: Zahlungsunfähigkeit

Was geschieht, wenn du immer mehr ausgibst, als du bekommst?

Kinder betteln um Brot.

König **Ludwig XVI.** berief deshalb nach mehr als 150 Jahren die **Generalstände** ein. Die Abgeordneten der drei Stände trafen sich in Versailles zu Beratungen.

Generalstände: Versammlung der Vertreter der drei Stände

Diese Beratungen scheiterten aber, da der 3. Stand auf einer Abstimmung nach „Köpfen" bestand und nicht nach „Ständen". Aus Protest erklärte sich der 3. Stand zum alleinigen Vertreter der Mehrheit des Volkes. Sie bildeten eine **Nationalversammlung**.

Welcher Unterschied besteht zwischen diesen beiden Abstimmungsmöglichkeiten?

Nationalversammlung: Vertretung des Volkes

Der Ausbruch der Revolution ...

Sturm auf die Bastille

Welcher Tag ist in Österreich Nationalfeiertag?

Um die Forderungen der neu gegründeten Nationalversammlung zu unterstützen, kam es zu Aufständen in Paris und in den Provinzen. Die Revolution brach aus!

Am **14. Juli 1789** stürmte das Volk von Paris das Staatsgefängnis – die **Bastille**. Dieser Tag ist in Frankreich bis heute Nationalfeiertag. Die Schlagworte der Französischen Revolution lauteten:

Was bedeuten die Schlagworte der Französischen Revolution?

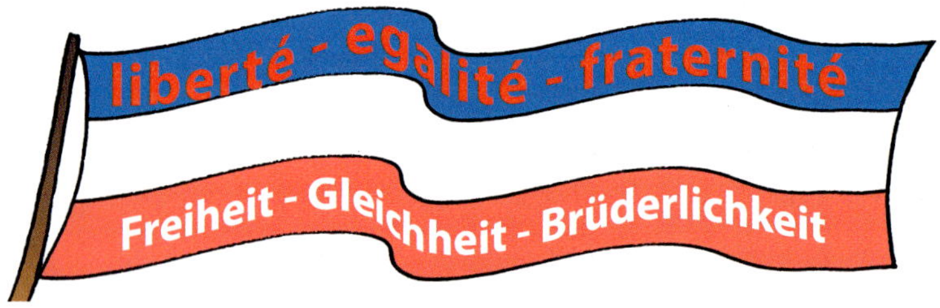

Schon einige Monate später kam es erneut zu einer Lebensmittelknappheit. Die Bäckereien der Stadt wurden von den hungernden Menschen geplündert. Der Zorn auf Ludwig XVI. und seine Frau **Marie Antoinette**, eine Tochter Maria Theresias, nahm zu. Am 5. Oktober 1789 zogen fast 6 000 bewaffnete Frauen nach Versailles, um **Brot für das Volk** zu fordern.

Sie zwangen die Königsfamilie, nach Paris zurückzukehren, und stellten sie unter die Aufsicht der Pariser Bevölkerung.

Zug der Frauen nach Versailles

Überlege: Weshalb forderten die Menschen Freiheit, Gleichheit und Brüderlichkeit?

Was heißt deiner Meinung nach „unter Aufsicht stellen"?

Exekutive: Regierung

Legislative: Gesetzgebung

Judikative: Gerichtsbarkeit

In welchem Zusammenhang hast du den Begriff „konstitutionelle Monarchie" schon gehört?

Die neue Verfassung war nach dem Prinzip der Gewaltentrennung aufgebaut. Weißt du noch, was damit gemeint ist?

... führt zur Erklärung der Menschenrechte ...

Die Nationalversammlung beschloss die **Menschenrechte** und gab Frankreich auch eine **Verfassung**. Frankreich wurde damit zu einer **konstitutionellen Monarchie**.

Verfassung von 1791

Doch von allen Bürgern hatten nur die Männer ein Mitbestimmungsrecht im Staat erreicht. Aus Protest gegen diese Ungerechtigkeit verfasste **Olympe de Gouges** die „Erklärung der Rechte der Frau und Bürgerin", in der sie zum ersten Mal auch ein Wahlrecht für Frauen forderte.

Quelle: Olympe de Gouges
Die Frau hat das Recht, das Schafott zu besteigen – sie muss deshalb auch das Recht erhalten, die Rednertribüne zu besteigen!

Frau auf der Rednertribüne

Versuche, über diese ersten Kämpferinnen für die Gleichstellung der Frauen etwas in Erfahrung zu bringen! (Internet, Lexikon)

Revolutionäre Frauen forderten die Bildung eines Frauenregiments, das wurde aber abgelehnt. Trotzdem traten rund 30 Frauen der Revolutionsarmee bei.

... lässt Europa eingreifen ...

Die Herrscher Europas befürchteten eine Verbreitung der revolutionären Ideen in ihren eigenen Ländern. König Ludwig XVI. bat Österreich und Preußen um Hilfe. Das revolutionäre Frankreich erklärte daraufhin Österreich und Preußen den Krieg. Österreichische und preußische Truppen marschierten in Frankreich ein. Um die Revolution nicht scheitern zu lassen, mussten alle jungen Franzosen zur Waffe greifen. Frankreich führte somit als erstes Land die **allgemeine Wehrpflicht** ein.

Revolutionssoldat

Da das Vaterland in Gefahr war, strömten aus allen Landesteilen Soldaten nach Paris. Das Marschlied der Soldaten aus Marseille wurde zum Symbol für die Französische Revolution. Die **Marseillaise** ist auch heute noch die französische Nationalhymne.

Bei welchen Ereignissen kannst du heute die Marseillaise hören?

Der König unternahm einen Fluchtversuch, wurde aber gefangengenommen und einige Monate später verurteilt. Er wurde am 21. Januar 1793 hingerichtet. Seine Frau, Marie Antoinette, wurde ebenfalls mit der **Guillotine** enthauptet. Frankreich war ab nun **Republik**!

Guillotine: eine vom Arzt Guillotin entwickelte Maschine, die ein rasches Köpfen ermöglicht

... eine Schreckensherrschaft beginnt ...

Einige Anführer der Revolution wie Robespierre und Marat waren jedoch mit dem Erreichten noch nicht zufrieden. Sie rissen die Macht an sich und errichteten eine **Schreckensherrschaft**.

Robespierre, der den Beinamen der „Unbestechliche" trug, forderte schon 1789 das allgemeine Wahlrecht, kostenlosen und verpflichtenden Unterricht und die Einführung der Einkommenssteuer. **Marat** trat für die unbarmherzige Verfolgung der Feinde der Revolution ein.

Ab dem Sommer 1793 übernahm Robespierre die Macht. Es wurden **Revolutionsgerichte** eingerichtet. Wegen Brotmangels kam es erneut zu Aufständen. Um diese niederzuschlagen, gab es mehr Verhaftungen und Todesurteile.

Todesurteile werden im Gefängnis verlesen.

Guillotine

So wurden von Oktober bis Dezember 1793 in Paris 177 Todesurteile gefällt; im Sommer 1794 kam es sogar innerhalb von sechs Wochen zu 1 285 Hinrichtungen.

Zu den Opfern zählten nicht nur Adelige, sondern vorwiegend Bürger, Revolutionäre und Bauern.

Die Revolution verschlingt ihre eigenen Kinder!

... die von einem Direktorium abgelöst wird!

Am 27. Juli 1794 endete diese Schreckensherrschaft mit dem Sturz und der Hinrichtung von Robespierre und seiner Anhänger. Ein **Direktorium** von fünf Männern übernahm ab nun die Regierungsgeschäfte.

Opfer der Revolution:
- *50 000 Menschen wurden hingerichtet,*
- *die Mehrheit davon beschuldigt, Verräter zu sein,*
- *die meisten Opfer waren Handwerker, Kleinhändler, Revolutionäre und Bauern,*
- *500 000 Franzosen starben im Krieg.*

Schwurgericht: Gericht, bei dem **Geschworene** ein Urteil fällen
Geschworene: Laienrichter

Welche Maßeinheiten gab es vor der Französischen Revolution? (Internet, Lexikon)

Errungenschaften der Revolution:
- *allgemeines Wahlrecht; galt nicht für Frauen und Dienstboten,*
- *die Möglichkeit der Scheidung,*
- *das Dezimalsystem (kg, m),*
- *das **Schwurgericht**,*
- *das erste Papiergeld,*
- *neue Gebietseinteilung (Departements).*

Missernten führten zu **Aufständen**. Die **Revolution** brach aus. Die Nationalversammlung erklärte die **Menschenrechte**. Frankreich wurde **Republik**. Robespierre errichtete eine **Schreckensherrschaft**. Nach seiner Hinrichtung wurde ein **Direktorium** eingesetzt.

Die Zeiten des Terrors waren vorbei. Das Bürgertum zeigte nun seinen Wohlstand. Im Winter und Frühjahr 1795 verschlechterte sich aber die Versorgungslage und die sozialen Gegensätze wurden immer stärker. So war der Brotpreis in Paris um etwa 200% auf den höchsten Stand des Jahrhunderts gestiegen.

Quelle: Georges Duval
Die Bälle gingen weiter und die Hungersnot auch. Wenn man um Mitternacht aus dem Tanzsaal kam, erblickte man die schon vollzählig angetretenen Schlangen vor den Bäckerläden.

Nun geht's los – Aufgaben für schlaue Köpfe!

1) Auf diesen Bildern siehst du die Kleidung in Frankreich vor und nach der Revolution. **Beschreibe diese! ★★**

Kleidung vor der Revolution

Männer:

Frauen:

Kleidung nach der Revolution

Männer:

Frauen:

2) **Revolutionskalender** – Dieser wurde im Jahre 1793 als neuer Kalender der Revolution eingeführt. Jedes Monat hatte 30 Tage, die fehlenden 5 Tage wurden einfach ans Ende des Jahres gesetzt und „Ohne-Hosen-Tage" genannt. Du kannst mit der folgenden Tabelle jedes beliebige Datum ausrechnen. Unter jedem Revolutionsmonat findest du das Datum, das unserem Kalender entspricht. Von da aus zählst du einfach weiter bis zum gesuchten Tag. Beispiel: 31. 5. = 11. Prairial

Wie heißt der 3. November? Wann ist dein Geburtstag? ★★★★★

Lösung: ______________________________

Geburtstag: ______________________________

Herbst	Winter	Frühling	Sommer
Vendémiaire (Vindemira = Weinlese) 22. 9.	**Nivôse** (Nix = Schnee) 21. 12.	**Germinal** (germinare=hervorsprossen) 21. 3.	**Messidor** (Messis = Ernte) 19. 6.
Brumaire (Brumes = Nebel) 22. 10.	**Pluviôse** (Pluvia = Regen) 20. 1.	**Floréal** (Flos = Blüte) 20. 4.	**Thermidor** (Thermi = Hitze) 19. 7.
Frimaire (Frimats = Reif) 21. 11.	**Ventôse** (Ventus = Wind) 19. 2.	**Prairial** (Prairies = Wiesen) 20. 5.	**Fructidor** (Fructus = Frucht) 18. 8.

Sansculottides (Ohne-Hosen-Tage) : 17. 9. bis 21. 9.

Nun geht's los – Aufgaben für schlaue Köpfe!

3) Diese Fahne war das Symbol der Französischen Revolution. Ihren Namen „Tricolore" erhielt sie aufgrund ihrer drei Farben: Weiß = Farbe des Königshauses; Blau und Rot = Farben der Stadt Paris! **Löse diese Wortschlange auf und schreibe alle Begriffe in den Spionageballon! ★**

Hast du das gewusst?

Die Franzosen waren die Ersten in der Geschichte, die aus der Luft den Gegner ausspionierten.
Die Erfindung des Fesselballons machte es möglich!

4) **Revolutionsquiz!** **Spiele mit einem Partner! ★★** Wer am meisten weiß, ist Sieger. Wenn du die Antwort nicht weißt, darf dein Partner die Frage beantworten!

- **Wo wurden die Generalstände einberufen?**
- **Wer starb am 21. Januar 1793?**
- **Wer war Marie Antoinette?**
- **Welchen Beinamen hatte Robespierre?**

- **Was geschah am 14. Juli 1789?**
- **Wer verkündete die Frauenrechte?**
- **Wie heißt die Nationalhymne der Franzosen?**
- **Wann wurde die Schreckensherrschaft beendet?**

17. FRANKREICH WIRD KAISERREICH

Konsulat – Kaiserreich – Code Civil – Kontinentalsperre – Dreikaiserschlacht – Russlandfeldzug – Verbannung

Von der Revolution zum Konsulat

Das Direktorium der französischen Republik kämpfte mit vielen Problemen. Diese waren jährlich auftretende **Hungersnöte** aufgrund von Missernten und Schwierigkeiten bei der Verteilung von Nahrungsmitteln. Auch führte Frankreich noch immer **Krieg gegen Preußen und Österreich**. Spanien und England schlossen sich dem Kampf gegen Frankreich an.

Stein von Rosette

In dieser ausweglosen Lage kam es zu schweren Unruhen in Paris. General **Napoleon Bonaparte** gelang es aber, diese niederzuschlagen.

Seine Armeen errangen in Italien im Krieg gegen Österreich aufsehenerregende Erfolge. Napoleon griff sogar die englische Kolonie in Ägypten an, scheiterte aber.

1799 kehrte er nach Europa zurück, unternahm einen **Staatsstreich** und stürzte das Direktorium. Er regierte ab nun als Erster **Konsul** im Staat.

Der junge Napoleon

Das Geheimnis des „schwarzen Steines“
In der Nähe der ägyptischen Stadt Rosette fand ein französischer Soldat einen schwarzen Basaltstein. Darauf waren drei gleiche Inschriften in verschiedenen Sprachen. Etliche Jahre später gelang dem Gelehrten Champollion die Entzifferung der Hieroglyphenschrift mit Hilfe dieses Steines.

Quelle: **Ausspruch Napoleons**
Ich glaube nicht, dass das französische Volk Freiheit und Gleichheit liebt. In zehn Jahren Revolution haben sich die Franzosen nicht im Geringsten verändert. Sie sind noch genauso wie die Gallier – stolz und unbesonnen.

Staatsstreich: gewaltsamer Umsturz

Konsulat: Napoleon hatte als Erster Konsul die Alleinherrschaft

Vom Konsul zum Kaiser

Nach weiteren glanzvollen Siegen ließ Napoleon sich 1804 zum **Kaiser der Franzosen** krönen. Um seine Macht abzusichern, wurde vorher eine Volksabstimmung durchgeführt. Nach dem Vorbild Karls des Großen bestand Napoleon auf einer Krönung durch den Papst. Die Krönungszeremonie fand in Notre Dame in Paris statt. Bei diesem feierlichen Akt nahm Napoleon aber dem Papst die Krone aus der Hand, setzte sie sich selbst aufs Haupt und krönte anschließend seine Gattin.

Woher kennst du den Begriff „Konsul“?

Wie schätzte Napoleon die Franzosen ein?

Napoleon krönt seine erste Frau Josephine.

Der Staat wird umgestaltet

Als neuer französischer Kaiser regierte Napoleon fast absolut. Er ließ seine Gegner überwachen, kontrollierte die Polizei und ernannte von ihm abhängige Beamte.

Überwachung der Bürger

Gewisse Rechte aus der Revolution blieben jedoch bestehen und wurden erstmals in einem Gesetzbuch zusammengefasst, das **Code Civil** oder auch Code Napoleon genannt wird. Dieser Code Civil diente als Vorlage für fast alle europäischen Gesetzeswerke. Auch unser „Allgemeines bürgerliches Gesetzbuch" (ABGB) leitet sich vom Code Civil ab.

Weißt du noch? Wer ließ als erster Herrscher Gesetze aufschreiben?

Leitgedanken des Code Civil

- *Vor dem Gesetz sind alle gleich.*
- *Jeder hat das Recht auf Eigentum.*
- *Jeder ist persönlich frei.*
- *Jeder hat das Recht, seinen Wohnsitz frei zu wählen.*
- *Die Religion hat keinen Einfluss mehr auf die Rechtsprechung.*

Französische Schüler

Unter dem französischen Kaiser wurde ein **einheitliches Schulsystem** für alle Schüler eingeführt. Dies bedeutete, dass alle Kinder die gleiche Ausbildung bekamen, egal ob sie arm oder reich waren.

Napoleon will Europa beherrschen

Von 1804 bis 1809 herrschte ununterbrochen Krieg. Napoleon wollte ganz Europa unter seine Herrschaft bringen. Er besiegte weite Teile Europas und unterwarf die Völker. Die eroberten Gebiete teilte Napoleon unter seinen Geschwistern und Freunden auf, die damit ebenfalls zu **Monarchen** aufstiegen.

Monarch: gekrönter Herrscher (Kaiser, König)

In **Spanien** setzte Napoleon seinen älteren Bruder Joseph als neuen König ein. Die Bevölkerung war damit nicht einverstanden, es kam zu einem Aufstand, der Jahre dauerte.

Spanische **Widerstandskämpfer**, die man auch „Guerilleros" nannte, setzten sich mit englischer Hilfe zur Wehr.

Aufstand in Madrid

Einflussgebiet Napoleons um 1812

Nenne alle Länder, die unter Napoleons Einfluss standen!

Napoleon kämpft gegen England ...

Der Hauptgegner Napoleons war aber England, das über eine starke **Flotte** verfügte. Napoleon schaffte es nicht, seinen Gegner zu besiegen, deshalb verhängte er eine **Kontinentalsperre über England**. Englische Waren durften nicht mehr auf dem Kontinent verkauft werden. Die Menschen fanden aber immer wieder Wege, diese Sperre zu umgehen, indem sie heimlich die Grenzen überschritten und als **Schmuggler** die Waren auf den Kontinent brachten.

Flotte: Kriegsschiffe eines Staates

Schmuggler: Menschen, die Waren heimlich von einem Ort zum anderen bringen

Schmuggler

... Österreich ...

Die deutschen Reichsfürsten schlossen sich unter dem Druck Napoleons im **Rheinbund** zusammen und verbündeten sich mit Frankreich gegen Österreich und Russland.

Die Habsburger benötigten aber die Stimmen der deutschen Fürsten für die Wahl zum Kaiser des Heiligen Römischen Reiches Deutscher Nation. Sie fürchteten, diese Stimmen in Zukunft nicht mehr zu erhalten. Daher beschloss Kaiser Franz II., für die habsburgischen Länder eine eigene „österreichische Kaiserwürde" einzuführen. Ab 1804 nahm er den Titel **„Kaiser von Österreich"** an und nannte sich ab nun Franz I.

Kaiser Franz I.

Welchen Titel trugen die österreichischen Herrscher vor 1804?

Welche drei Kaiser nahmen an dieser Schlacht teil?
Seit welchem Herrscher bestand das Heilige Römische Reich?

Besuche einmal den Heldenplatz in Wien! Dort siehst du die Reiterstatue von Erzherzog Karl.

Karikatur von Napoleon und Marie Louise

1805 besiegte Napoleon Österreich und Russland in der **Schlacht bei Austerlitz**, die auch „Dreikaiserschlacht" heißt. Daraufhin besetzten französische Truppen Wien. Nach dieser Niederlage legte Franz I. **1806** die römische Kaiserwürde endgültig nieder und gab gleichzeitig die **Auflösung des Heiligen Römischen Reiches Deutscher Nation** bekannt.

1809 begann Österreich neuerlich einen Krieg gegen Frankreich. Bei **Aspern** (heute Wien) erlitt Napoleon seine erste Niederlage. Er wurde von **Erzherzog Karl,** dem Bruder des österreichischen Kaisers, besiegt. In Folge blieben die Franzosen jedoch siegreich. Im gleichen Jahr erhoben sich die Tiroler unter der Führung **Andreas Hofers** gegen die bayrische Fremdherrschaft. Dieser Aufstand wurde mit Hilfe der Franzosen niedergeschlagen und Andreas Hofer in Mantua (Südtirol) hingerichtet.

Nach seinem Friedensschluss mit Österreich heiratete Napoleon, der bereits geschieden war, Marie Louise, die Tochter von Kaiser Franz I.

... und Russland

Am Höhepunkt seiner Macht beschloss Napoleon, Russland anzugreifen. Mit der **„Großen Armee"** (600 000 Mann) marschierte er nach Moskau, doch die Russen brannten die Stadt nieder, damit die Armee Napoleons nicht überwintern konnte. Dadurch wurde er zum Rückzug gezwungen und von einem besonders harten Winter überrascht. Nur einige tausend Soldaten kehrten zurück.

Rückzug Napoleons aus Russland

alliiert: verbündet

abdanken: auf den Thron verzichten

verbannen: jemand des Landes verweisen

Suche die Inseln Elba und St. Helena im Atlas!

Napoleon krönte sich zum Kaiser. Er führte **viele Kriege** und unterwarf große Teile Europas. Die Völker erhoben sich. Seine **Gegner** waren England, Preußen, Österreich und Russland. Er wurde **besiegt** und **verbannt**.

Das Ende des Kaiserreiches

Nun verbündeten sich Russland, England, Österreich, Preußen und andere europäische Staaten gegen Napoleon. 1813 besiegten sie Napoleon in der **Völkerschlacht bei Leipzig**. Die **alliierten** Truppen marschierten in Paris ein und zwangen Napoleon **abzudanken**. Er wurde auf die **Insel Elba** **verbannt**.

Ein Jahr später floh Napoleon, kehrte nach Frankreich zurück und erlangte für **100 Tage** erneut die Herrschaft. Nach seiner endgültigen Niederlage 1815 in der **Schlacht von Waterloo** wurde er auf die **Insel St. Helena** verbannt, wo er 1821 starb.

Nun geht's los – Aufgaben für schlaue Köpfe!

1) **Zitatensammlung – Was ist von wem?** Ordne mit Pfeilen zu! ★★

Soldaten! Vierzig Jahrhunderte blicken auf euch herab!	Napoleon
Der Staat bin ich!	Cäsar
Ich werde niemals zulassen, dass die Zeitungen etwas gegen meine Interessen sagen!	Karl V.
Wir führen als großmütige Freunde nur gegen die Tyrannen Krieg, die euch unterjochen!	Ludwig XIV.
In meinem Reich geht die Sonne nicht unter!	Napoleon
Ich kam, sah und siegte!	Napoleon

2) Suche im Atlas jene Länder heraus, die unter Napoleons Einfluss standen, und notiere ihre heutigen Namen! ★★★★

Nun geht's los – Aufgaben für schlaue Köpfe!

3) Dieses Boot der Schmuggler ist schwer beladen! **Versuche es zu leeren, indem du die zusammenpassenden Begriffe suchst! ★★★**

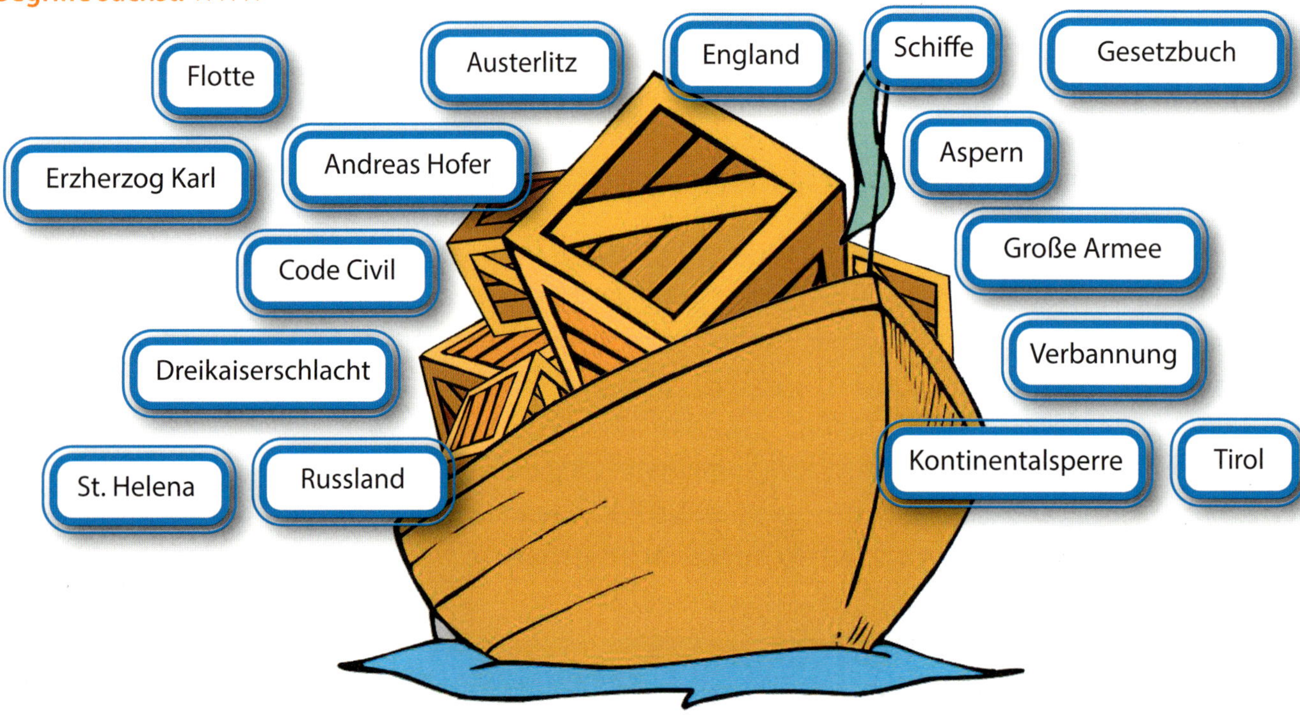

Andreas Hofer	Tirol

4) Du lebst zur Zeit Napoleons und reist viel herum. **In Frankreich schreibst du über seine großen Taten, in Österreich musst du seine schlechten Seiten hervorheben! ★★★★**

Napoleon – ein Held!

Welch ein Mann ist doch dieser Napoleon! Wie man ihn liebt, ...

Napoleon – ein Tyrann!

Dieser schreckliche Mensch hat uns alle unterjocht ...

18. DER WIENER KONGRESS – NEUORDNUNG EUROPAS

Gleichgewicht der Mächte – Restauration – Legitimität

Die Aufgaben des Wiener Kongresses

Nach dem Sturz Napoleons musste Europa neu geordnet werden. Die verbündeten Staaten Österreich, Russland, Großbritannien und Preußen trafen gemeinsam mit dem neu eingesetzten Herrscher Frankreichs, **Ludwig XVIII.**, in Paris eine Vereinbarung: Innerhalb von zwei Monaten sollten alle am Krieg beteiligten Staaten Bevollmächtigte zu einem Kongress nach Wien schicken.

Ludwig XVIII.: Bruder des enthaupteten Ludwig XVI. aus dem Herrschergeschlecht der **Bourbonen**

Bourbonen: französisches Königsgeschlecht

Welche Staaten waren von dieser Neuordnung betroffen?

diplomatisch: taktisch kluges Vorgehen

Europa vor dem Wiener Kongress

Neuordnung Europas:
Russland beanspruchte ganz Polen, Preußen ganz Sachsen. Österreich hingegen strebte ein geeintes Mitteleuropa unter seiner Führung an.

Im Wiener Kongress ging es um folgende Fragen:
- Neuordnung Deutschlands
- Aufteilung Polens
- Italienische Frage

Auf dem **1814/1815** in **Wien** stattfindenden Kongress versuchten die Großmächte, die alte Ordnung – so wie vor der Französischen Revolution – so gut wie möglich wiederherzustellen. Insgesamt nahmen am Wiener Kongress 468 Diplomaten teil. Neben den **diplomatischen** Verhandlungen fanden aber auch glanzvolle Feste, Bälle und Empfänge statt. So notierte der Prinz von Ligne, ein österreichischer Diplomat:

> „Le congrès ne marche pas, il danse“.
> Der Kongress marschiert nicht, er tanzt.

Karikatur: Der Kongress tanzt

Zurück zur alten Ordnung

Die bedeutendsten Teilnehmer am Wiener Kongress waren der österreichische Kaiser Franz I., der österreichische Außenminister Fürst Metternich, der russische Zar Alexander I. und König Wilhelm II. von Preußen. Jeder der teilnehmenden Staaten wollte möglichst **viel Macht** für sich gewinnen.

Beschlüsse des Wiener Kongresses:

- In ihren Staaten wollten die Fürsten die absolute Herrschaft wieder herstellen. Diese Bemühungen nannte man Restauration.
- Neue Grenzen wurden willkürlich festgelegt. Das politische Gleichgewicht zwischen den fünf Großmächten – England, Frankreich, Österreich, Preußen und Russland – sollte den Frieden sichern.
- Die 39 deutschen Staaten blieben unabhängig. Sie waren im **Deutschen Bund**, der unter der Führung Österreichs stand, locker zusammengefasst.
- Wo es möglich war, sollten die legitimen Herrscherhäuser wieder eingesetzt werden.
- Österreich, Preußen und Russland gründeten die Heilige Allianz, um revolutionäre Bewegungen in Zukunft zu unterdrücken.

Friedrich Wilhelm II. von Preußen, Kaiser Franz I. und Zar Alexander I.

Restauration: Wiederherstellen der alten politischen Ordnung

legitim: rechtmäßig, gesetzlich

Allianz: Bündnis

Warum wurde diese Allianz als „heilig" bezeichnet?

Welche Veränderungen der Grenzen brachte der Wiener Kongress? Arbeite mit den Karten vor und nach dem Kongress!

Auf dem **Wiener Kongress** von **1814/1815** versuchten die Fürsten Europas, die alte Ordnung wiederherzustellen. Die absolute Herrschaft – **Restauration** – und ein Gleichgewicht der Kräfte wurden angestrebt.

Die Wünsche der Völker nach Freiheit oder auch nach nationaler Einigung wurden dabei nicht berücksichtigt!

Europa nach dem Wiener Kongress

19. VORMÄRZ UND BIEDERMEIER

System Metternich – Vormärz – Karlsbader Beschlüsse – Biedermeier

Vormärz in Österreich – Das „System Metternich"

Vormärz wird die Zeit zwischen dem Wiener Kongress 1814/15 und dem Ausbruch der Revolution im März 1848 genannt. Wie fast alle europäischen Staaten wurde auch Österreich im Vormärz absolut regiert. Die alte Ordnung, die vor der Französischen Revolution bestanden hatte, war wieder hergestellt worden.

Staatskanzler Metternich vertrat die Meinung, dass die Bürger sich zwar wirtschaftlich betätigen sollten, aber nicht politisch. Metternich wurde damit in Österreich zu einem **Symbol der Unterdrückung**. Die Bürger sprachen vom „**System** Metternich".

Die Menschen verlangten jedoch immer heftiger mehr Freiheit und das Recht auf politische Mitbestimmung. Auf Betreiben Metternichs wurden zwischen österreichischen und preußischen Politikern die **Karlsbader Beschlüsse** vereinbart. Sie besagten, dass in allen Ländern des Deutschen Bundes Forderungen nach Freiheit und politischer Mitbestimmung mit Gewalt unterdrückt werden müssten.

Staatskanzler Fürst Metternich: Er wurde auch der „Kutscher Europas" genannt.

Was kann mit dem Ausspruch „Kutscher Europas" gemeint sein?

Symbol: Sinnbild, Wahrzeichen

System: Ordnung, Regierungsform

Quelle: aus den Karlsbader Beschlüssen, 1819

Die Bundesregierungen verpflichten sich ... Universitäts- und andere Lehrer, die ... durch Verbreitung verderblicher, der öffentlichen Ordnung und Ruhe feindseliger oder die Grundlagen der bestehenden Staatseinrichtungen untergrabender Lehren ihre Unfähigkeit ... an den Tag gelegt haben, von den Universitäten oder sonstigen Lehranstalten zu entfernen...

...dürfen Schriften, die in der Form täglicher Blätter oder heftweise erscheinen, ... , in keinem deutschen Bundesstaate ohne Vorwissen ... der Landesbehörden zum Druck befördert werden.

Was bedeuten die Karlsbader Beschlüsse für kritische Lehrer?

Um eine Verbreitung neuer politischer Ideen zu verhindern, unterlagen alle Bücher und Zeitungen der **Zensur**. Dies bedeutete, sie wurden vor dem Druck von Beamten gelesen und Stellen, die der Regierung unangenehm waren, wurden gestrichen. Sogar private Briefe überprüfte die Zensurbehörde.

Informiere dich über Länder, in denen es auch noch heute Zensur gibt!

Was bedeutet „Briefgeheimnis"?

Die Geheimpolizei Metternichs überwachte politisch verdächtige Bürger. Sogenannte **„Spitzel"** saßen in den Gast- und Kaffeehäusern und belauschten die Gespräche. Viele Bürger wurden von **„Naderern"** belauscht und bei der Polizei angezeigt.

Spitzel

vernadern: jemanden anzeigen, verraten

Spielt in der Klasse eine Szene im Kaffeehaus nach, bei der einige von euch als Spitzel auftreten und die anderen belauschen!

Sprecht in der Klasse anschließend über eure Erfahrungen!

Franz Schubert am Klavier

Biedermeiermöbel waren einfacher gearbeitet als die Möbel in den Adelspalästen.

Mache einen Rundgang durch dieses Zimmer und vergleiche es mit deinem Wohnzimmer!

Korsett: Mieder
Zylinder: ein hoher Hut
Informiere dich über die Musik der Biedermeierzeit!
Wer schrieb zum Beispiel das berühmte Lied „Die Forelle"?

Johann Nestroy

Nach dem Wiener Kongress bestimmte Fürst **Metternich** die Politik Europas. Die **Karlsbader Beschlüsse** ermöglichten die **Zensur**. Das Bürgertum stieg in der Zeit des Vormärz zum **Träger der Kultur** auf.

Die Kultur des Biedermeiers

Aufgrund der Politik des Vormärz und der Zensur, welche die Menschen überall überwachte, zogen sich die Bürger ins Privatleben zurück. Dichtkunst, Malerei und Musik pflegte man im Privaten. Die Menschen wollten ihr Leben im Kreis der Familie und mit Freunden reicher und erfüllter gestalten.

Wohn- und Arbeitsplatz waren nun getrennt. Dadurch entstand im Wohnbereich ein neuer Wohnraum, der Salon, in dem man Gäste empfing.

Biedermeiersalon

Nach und nach brachte es das **Bürgertum** zu einem gewissen Wohlstand. Das Bürgertum stieg im Biedermeier zum **Träger der Kultur** auf.

Die Bürger und Bürgerinnen entwickelten auch eine **eigene Mode**. Neu war in der Frauenmode die Wespentaille, die durch das Tragen eines engen **Korsetts** erreicht wurde. Eine absolute Notwendigkeit waren auch der Hut sowie das Tragen von Schals, Schirmen, Handschuhen und Fächern. Die Herren trugen erstmals lange Hosen, einen hohen Kragen – den sogenannten „Vatermörder" – und einen **Zylinder**.

Mode des Biedermeiers

Im Biedermeier blühten Kunst und Kultur auf. Der **Wiener Walzer** war der Modetanz des Biedermeiers. Bedeutende Walzerkomponisten wie Johann Strauß und Joseph Lanner füllten die Ballsäle. Weitere wichtige Musiker jener Zeit waren Ludwig van Beethoven und Franz Schubert.

Wichtige Vertreter der **Literatur** waren im Biedermeier Franz Grillparzer, Johann Nestroy und Ferdinand Raimund. Zu den bekanntesten **Malern** zählten Carl Spitzweg und Ferdinand Waldmüller.

Nun geht's los – Aufgaben für schlaue Köpfe!

1) **Das Rösselsprung-Quiz:** Du springst von Feld zu Feld wie mit dem Rössel (Springer) beim Schachspiel. Beginne mit dem orangen Feld mit der Schrift und suche dabei nach einem bekannten Ausspruch! ★★★★

FEL		ICH	NICHT	HIM	
DIE	SCHIERT	TEU	DER	WIE	AN
DEM	KEN	SO	MEL	ER	DEN
MAR	HÖL	KON	PAKT	AUCH	SCHLIES
BER	MIT	ES	MUSS	SO	TANZT
LE	GRESS	DER	EI	SE	

LÖSUNGSSATZ: ____

____

2) **Würfelspiel** – Die Buchstaben der Würfeloberseiten sowie der rechten und linken Seiten ergeben richtig geordnet drei wichtige Begriffe. Schreibe diese auf! ★★★

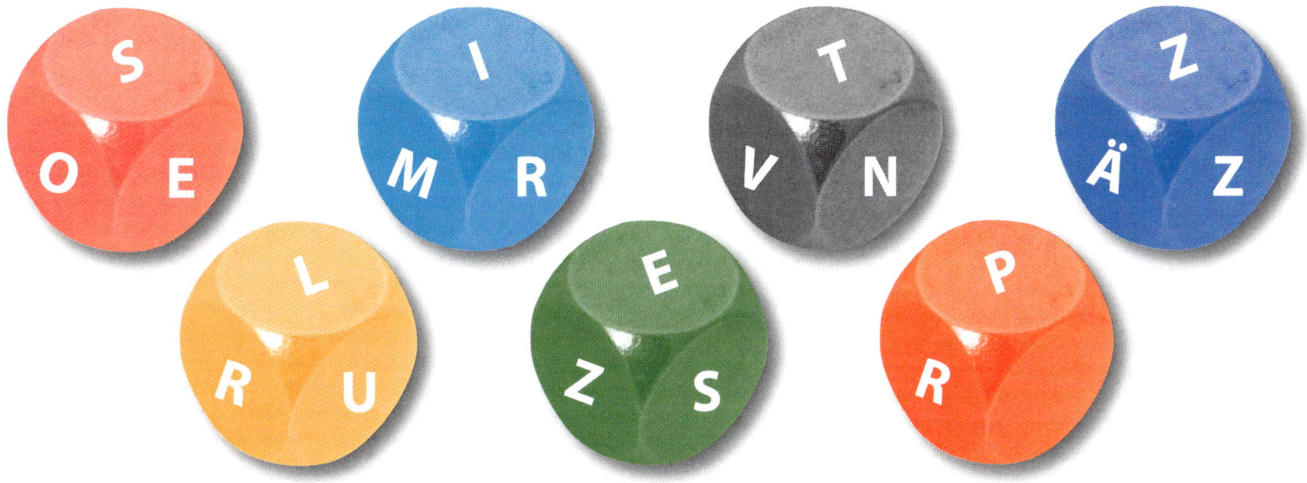

LÖSUNGSWÖRTER: ____________ / ____________ / ____________

3) **Who is who?** Ordne den Bildern die richtigen Berufe zu, indem du die Nummern einträgst! ★

1. Tintenverkäufer ★ 2. Aschenmann ★ 3. Bandelkramer ★ 4. Bretzenbäcker

Nun geht's los – Aufgaben für schlaue Köpfe!

4) **Die Zensur hat zugeschlagen!** Umgehe die Zensur und trage die fehlenden Wörter ein! ★★★
Tipp: Wenn du nicht weiterweißt, schau auf S. 89 nach!

Mein lieber Freund!

____ wird die Zeit zwischen dem Wiener ____ 1814/15 und dem Ausbruch der ____ März 1848 genannt. Wie fast alle europäischen Staaten wird auch Österreich im Vormärz ____ regiert. Die alte Ordnung, die vor der ____ Revolution bestanden hat, ist wieder hergestellt. Staatskanzler ____ vertritt die Meinung, dass die Bürger sich zwar wirtschaftlich betätigen sollen, aber nicht ____. Metternich wird damit in Österreich immer mehr zu einem Symbol der ____. Die Bürger sprechen vom System ____. Die Menschen verlangen jedoch immer heftiger mehr ____ und das Recht auf politische ____. Auf Betreiben Metternichs werden zwischen österreichischen und preußischen Politikern die ____ Beschlüsse vereinbart. Sie besagen, dass in allen Ländern des Deutschen ____ Forderungen nach Freiheit und Mitbestimmung mit ____ unterdrückt werden müssen.

In größter Wertschätzung
Dein Freund Moritz

5) **Achtung, Fälschung** – Links siehst du Ferdinand Waldmüllers Bild „Fronleichnamsmorgen" im Original. Das rechte Bild stammt von einem unbegabten Fälscher, der 10 Fehler gemacht hat! Suche und markiere sie! ★★★

20. EUROPA BRENNT

Julirevolution – Märzrevolution – deutsche Nationalversammlung

Revolutionen im Vormärz

In verschiedenen europäischen Staaten kam es immer wieder zu Aufständen gegen die Herrschenden. Die Bevölkerung forderte Freiheit, politische Mitbestimmung und immer öfter auch die Unabhängigkeit ihres Volkes. Dies nennt man **nationalistische** Bestrebungen.

Nationalismus: übersteigertes Nationalgefühl

In Europa erhoben sich zuerst die Griechen gegen die türkische Fremdherrschaft. Das **Königreich Griechenland** wurde 1829 zum ersten unabhängigen Balkanstaat. 1830 lösten sich die Belgier in einer Revolution von den Niederlanden und gründeten das **Königreich Belgien**.

Ebenfalls 1830 kam es in Frankreich zur sogenannten **Julirevolution**. Diese brachte den endgültigen **Sturz der Bourbonen** und das Bürgertum übernahm die Macht. Ein entfernter Verwandter des Königs, Louis Philippe von Orleans, genannt der **Bürgerkönig**, wurde zum König ernannt.

Bürgerkönig Louis Philippe

Das Sturmjahr 1848

... in Frankreich

Im Februar 1848 kam es in Frankreich neuerlich zu einer Revolution der Bürger und Arbeiter. **Frankreich wurde Republik**. Zum Präsidenten der Republik wählte man einen Neffen Kaiser Napoleons. Dieser unternahm aber einen Staatsstreich und regierte als **Kaiser Napoleon III.** Frankreich absolut.

Hast du das gewusst?
Es gab auch einen Napoleon II., dieser war der Sohn Napoleons. Er wurde am Wiener Hof erzogen, trug nach dem Sturz seines Vaters den Titel Herzog von Reichstadt und starb sehr früh im Alter von 21 Jahren.

Republik: Staatsform ohne König oder Fürst an der Spitze

Weißt du noch? Warum wurde Napoleons Sohn am Wiener Hof erzogen?

... in Österreich

Am 13. März 1848 kam es zum Ausbruch der **Revolution in Wien**. Nationale und **liberale** Ideen lösten die Revolution von 1848 in Österreich aus.

liberal: freiheitlich, nach Freiheit strebend

Deutschösterreicher: deutschsprachige Österreicher

13. März 1848: Schüsse in der Herrengasse

In Wien kam es zu **heftigen Kämpfen**. Am 13. März 1848 erhielt das Militär den Befehl, die Herrengasse zu räumen. Dabei fielen die ersten Schüsse. Aus Demonstranten wurden Revolutionäre.

Betrachte das Bild!
Wie ging man gegen die Demonstranten vor?

Ein Bürgerausschuss übernahm die Regierungsgewalt. Staatskanzler **Metternich dankte ab** und floh nach England. Die Zensur wurde abgeschafft und Kaiser Ferdinand I. ließ eine Verfassung ausarbeiten, die dem Kaiser oberste Gewalt gab.

Da diese Verfassung von Arbeitern, Studenten und Bürgern als undemokratisch angesehen wurde, kam es im Mai 1848 erneut zu einem Ausbruch der Revolution in Wien. Kaiser Ferdinand I. floh mit dem kaiserlichen Hof heimlich nach Innsbruck. Überall im Reich kam es jetzt zu revolutionären Aufständen.

Reichstag: erste Volksvertretung nach der Revolution; Parlament

grundherrschaftliche Gerichtsbarkeit: Der Grundherr ist gleichzeitig auch Richter für seine Bauern.

Der **Reichstag** beschloss die **Aufhebung der Grunduntertänigkeit**. Alle bäuerlichen Abhängigkeitsverhältnisse, Abgaben und Frondienste und die **grundherrschaftliche Gerichtsbarkeit** wurden abgeschafft. Die Bauern wurden gegen Bezahlung einer Ablöse zu freien Eigentümern von Grund und Boden. Damit verloren die Bauern das Interesse an der Revolution.

Zu Ehren Radetzkys wurde ein berühmter Marsch komponiert, der auch heute noch oft gespielt wird. Hör ihn dir im Musikunterricht an!

Weshalb griffen russische Truppen in Ungarn ein?

Im Herbst 1848 trat Kaiser Ferdinand I. zurück. Sein Neffe **Franz Joseph I.** bestieg mit 18 Jahren den Thron und ließ mit Hilfe der Armee die Revolution niederschlagen. Die Siege der österreichischen Truppen unter Feldmarschall **Radetzky** beendeten schließlich die Erfolge der italienischen Revolutionäre in Mailand. 1849 wurde der Aufstand in Ungarn mit Hilfe russischer Truppen beendet. Kaiser Franz Joseph und seine Regierung ließen 114 Führer der Revolution hinrichten. **Die Revolution war gescheitert!**

... in Deutschland

Eine Volksversammlung verlangte von den deutschen Fürsten Presse- und Versammlungsfreiheit sowie Reformen des Wahlrechts und die Umwandlung des Deutschen Bundes in einen Nationalstaat. Eine **deutsche Nationalversammlung** wurde gewählt. Diese trat in **Frankfurt am Main** zum ersten Mal zusammen, um eine Verfassung auszuarbeiten.

Frankfurter Nationalversammlung in der Paulskirche

Die Nationalversammlung bot dem König von Preußen, Friedrich Wilhelm IV., die Deutsche Kaiserkrone an, die dieser jedoch ablehnte.

Die Revolution wurde mit Gewalt niedergeschlagen!

Im Vormärz kam es zur nationalen Einigung **Griechenlands** und **Belgiens**. In Frankreich wurden die Bourbonen abgesetzt.
Die **Revolution** von **1848** wurde von **nationalen** und **liberalen Ideen** getragen. Kaiser **Franz Joseph I.** gelang es, mit Hilfe der Armee die Revolution zu beenden.

Nun geht's los – Aufgaben für schlaue Köpfe!

1) **Europa brennt!** Male zuerst das Meer blau an! Dann markiere auf dieser Landkarte von Europa die angegebenen Zentren der Revolution mit einer Flamme! ★★

Preußen ★ Frankreich ★ Böhmen ★ Griechenland ★ Belgien ★ Spanien ★ Mailand ★ Bayern

2) Trage hier die Forderungen der Revolutionäre ein! ★

FORDERUNGEN

Ungarn	Deutschösterreicher	Italiener

Nun geht's los – Aufgaben für schlaue Köpfe!

3) **Richtig oder falsch?** Finde die richtigen Antworten heraus, dann erhältst du ein Lösungswort! ★★

	richtig	falsch
1848 dankte Kaiser Ferdinand I. ab.	S	A
Feldmarschall Radetzky schlug den Aufstand in Ungarn nieder.	G	T
Kaiser Napoleon III. war der Sohn Napoleons.	L	U
Das Königreich Griechenland wurde 1829 zum ersten unabhängigen Balkanstaat.	R	E
Unter Kaiser Franz Joseph I. wurde Metternich Staatskanzler.	U	M
Kaiser Ferdinand I. fuhr zur Kur nach Innsbruck.	O	J
Nationale und liberale Ideen lösten die Revolution von 1848 in Österreich aus.	A	I
Der Reichstag beschloss die Aufhebung der Grunduntertänigkeit.	H	B
Friedrich Wilhelm IV. nahm die deutsche Kaiserkrone an.	M	R

LÖSUNGSWORT: . . . .

4) Lies dir die folgenden Kurzmeldungen aufmerksam durch und schreibe anschließend mit einem Partner einen Leserbrief, in dem ihr die angegebenen Missstände aufzeigt und vom Verlauf der Revolution in Wien berichtet! ★★★

Neulerchenfeld (Wien): In einer Fabrik wurden 1 500 Spinnereiarbeiter entlassen. Schuld daran ist eine drastische Erhöhung der Baumwollpreise. Die entlassenen Arbeiter und Arbeiterinnen plünderten am 10. Oktober 1847 die Bäckerläden in Wien.

Chronik: Im Jahr 1845, 1846 und 1847 führten Missernten zu erheblichen Teuerungen der Grundnahrungsmittel in den Städten der Monarchie. So stieg z. B. der Weizenpreis von 3 Gulden Anfang 1845 auf das Dreifache an. Arbeiter, Gesellen und einfache Bürger waren am stärksten davon betroffen.

Wien: Die Herrengasse war am Montag, dem 13. März 1848, voller Menschen. Reden wurden gehalten, Pressefreiheit gefordert. Das Militär marschierte auf. Immer wieder kam es zu kleineren Auseinandersetzungen zwischen den Truppen und den Demonstranten. Um 3 Uhr fielen die ersten Schüsse und es gab die ersten Toten. Tumult brach aus, alle Straßen füllten sich und in den Vorstädten kam es zu Plünderungen. Am Abend trat Staatskanzler Fürst Metternich zurück.

Revolutionen NEWS

Internationale Hilfe

General Washington suchte um ausländische Hilfe an, da die englischen Truppen zahlenmäßig überlegen und besser ausgebildet waren. 1778 schickte Frankreich eine Kriegsflotte, Truppen und Geld. Ein berühmter Heerführer war der Franzose Lafayette.

Die Meinung der Franzosen im Jahr 1789

Pierre aus dem Dorf Pleurs:

„Wir Bauern geben den Steuereintreibern nichts mehr. Unsere Kinder tragen Lumpen."

Die reiche Adelige Monique:

„Frankreich braucht einen König und eine starke Regierung!"

Der Arbeiter Jean:

„Der Brotpreis ist viel zu hoch, wir verhungern!"

Der Anwalt Jacques Lacroix:

„Schaut nach Amerika! Dort gibt es keinen König und deshalb gibt es mehr Gerechtigkeit."

Die Bäuerin Marie:

„Meine Familie und ich sind dabei zu verhungern. Das einfache Volk muss mitbestimmen können."

Kurzmeldung

In der Nacht vom 14. zum 15. Juli 1789 berichtete der Kammerherr dem König von den Ereignissen in Paris. „Aber das ist eine Revolte", soll der König empört gesagt haben. Sein Kammerherr aber korrigierte ihn: „Nein, Sire, das ist eine Revolution!"

Die Hinrichtung Ludwigs XVI.

Am 21. Juni 1793 um 10.22 Uhr wurde Ludwig XVI. vor einer begeisterten Menschenmenge hingerichtet. Seine letzten Worte waren: „Ich sterbe, obwohl ich unschuldig bin, da ich keines der Verbrechen, derer ich angeklagt worden bin, begangen habe." Die Trommler erhielten den Befehl, so laut zu trommeln, dass seine letzten Worte nicht zu hören waren.
Nach der Hinrichtung stürmten die Menschen los, um ihre Taschentücher in seinem Blut zu tränken. Seine Haare und seine Kleidung wurden verkauft und sein Körper mit Hilfe von Ätzkalk beseitigt.

Seitenblicke über Napoleon

Der Kaiser badet gerne. Er verbringt oft bis zu zwei Stunden in der Wanne.
Beim Essen legt er ein Eiltempo vor, sodass er oft Magenschmerzen hat – deshalb schiebt er seine Hand zwischen Uniformjacke und Weste.

Er kann immer und überall schlafen und benötigt sehr wenig Schlaf.
Sein stechender Blick ist berühmt und gefürchtet.
Napoleon besitzt den sprichwörtlichen Ehrgeiz Kleinwüchsiger.

Revolutionen NEWS

Der Kongress marschiert nicht, er tanzt!

Dies notiert für uns der österreichische Diplomat Prinz von Ligne und meinte damit, dass der Kongress mit der Arbeit nicht vorankommt, sich aber kräftig amüsiert. So waren zum großen Fest der Redoute in der Wiener Hofburg 3 000 Personen eingeladen. Die Türsteher verkauften allerdings die von den Gästen zurückgegebenen Einladungskarten wieder weiter, sodass sich schließlich 6 000 Personen im Ballsaal drängten.
Am nächsten Tag wurden 1 500 vergoldete Teelöffel vermisst. Die Wiener haben bald genug von diesen Feierlichkeiten, da die Steuern um 50% erhöht wurden.

Witz des Tages: Ein Gast bestellt in einem Restaurant eine Taube. Das Vieh ist zäh wie Leder. Auf einmal beißt er auf eine kleine Metallkapsel. Er öffnet sie, drin ist ein Zettel: „Greifen im Morgengrauen an. Napoleon!"

Buchtipps

Inge Ott: Freiheit! Sechs Freunde in den Wirren der Französischen Revolution (Freies Geistesleben).
Inge Ott: Im Schatten des goldenen Adlers: Ein Junge auf Napoleons Spuren (Freies Geistesleben).
Klaus Kordon: 1848 – Die Geschichte von Jette und Frieder (Beltz).

Was gibt es Neues?

- Napoleons Soldaten sind die Ersten in Europa, die gegen Pocken geimpft werden.
- Beethoven zerreißt die Widmung seiner 3. Symphonie für Napoleon, nachdem sich dieser zum Kaiser gekrönt hat.
- Im Biedermeier gibt es schon Vorläufer des Fahrrades, sogenannte Laufräder.
- Man lässt sich in Sänften spazieren tragen.

Biedermeier Job-Börse

Zwiebelkrowodin gesucht:

Ihre Aufgabe ist das Verkaufen von Zwiebeln und Knoblauch. Sie sollten aus Kroatien stammen. Voraussetzungen sind das Tragen einer bunten Tracht und eine laute Stimme.

Salamudschi gesucht:

Wenn Sie Italiener sind und gerne reisen, ist das der richtige Beruf für Sie. Ihre Aufgabe ist, Salami und Käse von Italien nach Wien zu bringen und hier zu verkaufen. Damit den Leuten das Wasser im Mund zusammenläuft, sollten Sie die Würste aus der Tasche baumeln lassen.

Wie kann man die Zensur umgehen?

Johann Nestroy, der berühmte Dichter und Schauspieler, zeigt es vor. Seine Stücke sind immer wieder durch Gesangsstücke, sogenannte Couplets, unterbrochen. Mit diesen umgeht er die Zensur. So gibt er meistens nur zwei Strophen bei der Zensurbehörde ab, alle weiteren Strophen werden jeden Abend verändert und der politischen Situation angepasst. Schon mehrmals ist Nestroy deswegen von der Bühne weg verhaftet worden.

Reise in die Vergangenheit:

1649:	König Karl I. von England wurde als erster regierender König hingerichtet.
1773:	Die amerikanischen Siedler in Boston warfen Tee aus England ins Meer – Boston Teaparty.
1776:	Die 13 amerikanischen Kolonien erklärten sich für unabhängig.
1789:	Die Französische Revolution brach aus – Sturm auf die Bastille.
1804:	Napoleon krönte sich selbst zum Kaiser der Franzosen.
1806:	Ende des Heiligen Römischen Reiches Deutscher Nation
1814/15:	In Wien fand ein großer Kongress zur Neuordnung Europas statt.
1830:	Das Volk in Frankreich erhob sich – Julirevolution.
1848:	Revolutionsjahr in fast ganz Europa
1871:	Unruhen in Paris gegen die französische Regierung

21. DIE INDUSTRIELLE REVOLUTION UND IHRE FOLGEN

Erfindungen – Medizin – Maschinen – Fabriken

Erfindungen und Fortschritte der Naturwissenschaften

Wissenschaftliche Erkenntnisse und Erfindungen veränderten ab der zweiten Hälfte des 18. Jh. die Wirtschaft. Die **Maschine** trat ihren Siegeszug an, **Fabriken** wurden gebaut, die **Industrielle Revolution** setzte ein.

Dampfmaschine von Newcomen

1721 baute der englische Erfinder **Thomas Newcomen** die erste Maschine, die alle Merkmale einer Dampfmaschine aufwies.

1773 entwickelte der Schotte **James Watt** diese zu einer leistungsfähigen Dampfmaschine weiter.

Dampfmaschine von James Watt

1810 erfand der Österreicher **Joseph Madersperger** die Nähmaschine.

Erste Nähmaschine

1827 erfand der Österreicher **Joseph Ressel** die Schiffsschraube für den Antrieb von Dampfschiffen.

Schiffsschraube

1831 entdeckte der deutsche Chemiker **Justus von Liebig** den Kreislauf der Stoffe bei Pflanzen. Aufgrund dieser Entdeckung konnte der **Mineraldünger** entwickelt werden.

Mineraldünger: Kunstdünger

1864 erfand der Österreicher **Peter Mitterhofer** die Schreibmaschine.

1876 gründete der Amerikaner **Thomas Alva Edison** eine „Erfinderwerkstatt". Er erfand die Kohlenfadenlampe, den Generator und den Fernsprecher (Vorläufer des Telefons).

Edison

1898 entdeckte die Polin **Marie Curie** mit ihrem Ehemann, dem Franzosen **Pierre Curie**, die **Radioaktivität**.

Ehepaar Curie

Radioaktivität: Eigenschaft gewisser Materialien, unter Abgabe von Strahlung zu zerfallen

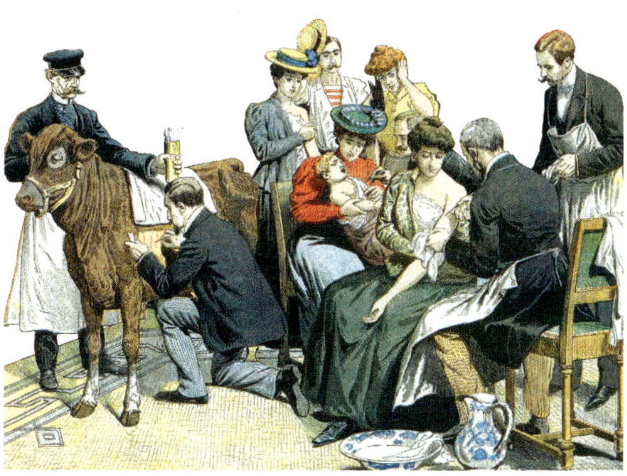

Erste Schutzimpfungen

Auch in der Medizin wurden große Fortschritte erzielt. So erkannte **Louis Pasteur** um 1860 Mikroben als Krankheitserreger und führte daraufhin die ersten Schutzimpfungen durch. Der Wiener Arzt **Ignaz Semmelweis** wurde als Retter der Mütter bekannt. Ihm fiel auf, dass die Ärzte sich vor der Geburtshilfe nicht die Hände wuschen und damit Krankheitserreger auf die Mütter übertrugen.

Den Weltruf der **Wiener Medizinischen Schule** begründete der Chirurg **Theodor Billroth**. Er führte als Erster bahnbrechende Operationen durch.

Tuberkulose: eine gefährliche Lungenkrankheit

Diphtherie: eine ansteckende Hals- und Rachenkrankheit

Penicillin: Heilmittel, das gegen Bakterien wirkt

Robert Koch entdeckte den Milzbrand-, den Cholera- und den Tuberkelbazillus. Damit konnten zum ersten Mal Schutzimpfungen gegen Cholera und **Tuberkulose** durchgeführt werden. **Emil Adolf von Behring** führte die **Diphtherie**schutzimpfung ein und **Alexander Fleming** entdeckte das **Penicillin**.

Entstehung der Industrie

Die Industrielle Revolution wirkte sich auf viele Gebiete des menschlichen Lebens aus. So veränderte die Industrialisierung die Arbeitswelt, das soziale Gefüge und die Lebensbedingungen der Menschen grundlegend.

Kapital: Geld, Immobilien, Gold, Aktien

Die ersten **Dampfmaschinen** setzte man in Bergwerken ein. Sehr bald wurde die Dampfkraft auch zum Antrieb von **Spinnmaschinen** und dem **mechanischen Webstuhl** verwendet. Für den Kauf von Maschinen benötigte man viel Vermögen, das man **Kapital** nennt. Dieses besaßen zumeist reiche Bürger, Adelige und in einigen wenigen Fällen auch Handwerker. Sie verwendeten ihr Kapital und gründeten Fabriken, stellten dort Maschinen auf und wurden so zu **Unternehmern**. Damit war die Industrialisierung eingeleitet.

Frauen bei der Arbeit an mechanischen Webstühlen

In seinem Stück „Die Weber" schildert Gerhart Hauptmann den Untergang der Weber. Frage im Deutschunterricht nach!

Durch die Entwicklung der Seifenherstellung konnten nun auch Waschmittel hergestellt werden. Erkundige dich danach, wie vorher gewaschen wurde!

Schwerindustrie: Es wurden Hochöfen und Stahlwerke errichtet. In diesen erzeugte man Stahl, der vor allem für den Bau von Eisenbahnen und Schiffen benötigt wurde.

In der **Textilindustrie** verdrängte der mechanische Webstuhl die Handweber, da die maschinengewebten Stoffe billiger waren.

produzieren: erzeugen

Die **chemische Industrie** erzeugte unter anderem billige Farbstoffe und Mineraldünger. Auch Soda wurde chemisch hergestellt. Es diente als Grundstoff für die Seifenherstellung. Nun konnte Seife billiger **produziert** werden und wurde so zum Gebrauchsartikel, den sich jeder leisten konnte.

In der 2. Hälfte des 18. Jh. leitete die **Erfindung der Dampfmaschine** die **Industrielle Revolution** ein. Unternehmen wurden gegründet, **Fabriken** errichtet. Die Industrialisierung ging von **England** aus. In der **Medizin** wurden große Fortschritte gemacht.

Die Industrielle Revolution nahm in **England** ihren Anfang. Die Erfindung der Dampfmaschine, aber auch reiche Bodenschätze, eine große Flotte und wirtschaftlich und politisch günstige Gesetze für die Gründung von Unternehmen ließen England zur **„Werkstätte Europas"** aufsteigen.

In der zweiten Hälfte des 19. Jh. erfasste die Industrialisierung auch viele andere europäische Staaten. In Österreich kam es zwischen 1860 und 1914 zu einem Aufschwung der Industrie. Diese Zeit, in der viele Fabriken errichtet wurden und das Eisenbahnnetz entstand, nennt man **Gründerzeit**. Um 1900 stiegen Japan und die USA zu den **ersten Wirtschaftsmächten** der Welt auf.

Nun geht's los – Aufgaben für schlaue Köpfe!

1) Hier siehst du eine alte Waschmittelwerbung von Persil. 1907 kam Persil als erstes „selbsttätiges" Waschmittel auf den Markt. **Entwirf daneben eine neue Werbung für ein Waschmittel! ★**

2) Auf diesem Schummelzettel eines Medizinstudenten fehlen einige Begriffe. **Vervollständige sie! ★★**

Die ersten Schutzimpfungen führte Louis ________________ durch.

Ignaz Semmelweis wurde als ______________

der ________________ bekannt.

Der Chirurg Theodor Billroth führte als Erster

bahnbrechende ________________ durch.

Robert Koch entdeckte den Milzbrand-, den Cholera-

und den ________________ bazillus.

Alexander Fleming entdeckte das

________________ .

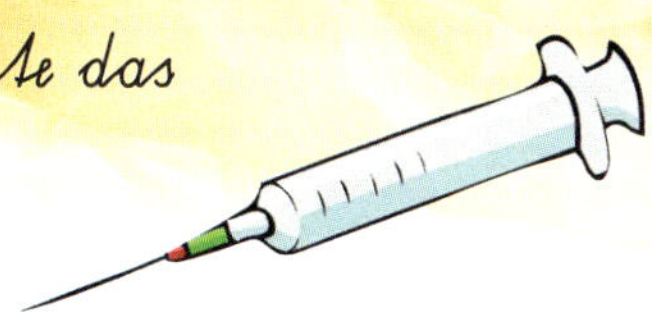

3) **Suche nach Erfindungen der letzten 50 Jahre! ★★** Ihr könnt in der Klasse ein Wandbild gestalten.

Nun geht's los – Aufgaben für schlaue Köpfe!

4) **Lückenrätsel** – Hier ist einiges verloren gegangen. **Mit Hilfe der Bilder wirst du sicher die Lösung finden.** ★★★★ ACHTUNG: Eine Abbildung stammt nicht aus dieser Zeit!

	Name der Erfindung	Erfinder	Beschreibung
	Kohlenfaden-lampe		Dies war die erste elektrische Glühbirne.
			Es war die erste Maschine, die alle Merkmale einer Dampf-maschine aufwies.
	Schiffsschraube		
			Darunter versteht man die Eigenschaft von gewissen Materialien, unter Abgabe von Strahlung zu zerfallen.
			Mit diesem Instrument kann man Planeten und Sterne beobachten.
	Nähmaschine		
			Diese Maschine war eine Weiter-entwicklung der Erfindung von Newcomen.

22. NEUERUNGEN IM VERKEHR UND IN DER LANDWIRTSCHAFT

Verkehr – Landwirtschaft – Freie Marktwirtschaft

Die Revolution des Verkehrs

Die in Massen hergestellten Waren mussten nun auch schnell und über weite Strecken zu den Verbrauchern transportiert werden. Die schrittweise Weiterentwicklung der **Dampflokomotive** machte dies möglich.

Eisenbahnen

Schon um 1800 gab es Dampfmaschinen auf Rädern, die aber schwer zu lenken waren. 1815 baute der Engländer **George Stevenson** die erste verkehrstaugliche Lokomotive. Die Entwicklung ging nun schnell voran.

Dampflokomotive

Quelle: „Vom Zauber alter Eisenbahnen“
Der 27. September 1825 wurde zu einem historischen Tag. Stephensons Maschine beförderte zum ersten Mal einen Zug über die 15 km lange Strecke. Und mit diesem Zug wurden nicht nur Güter, sondern auch Menschen befördert. … Zehntausende Menschen hatten sich eingefunden, um Zeugen dieser ersten sausenden Fahrt zu werden. Die Geschwindigkeit war so groß, dass stellenweise über 20 km/h zurückgelegt wurden.

1825	fuhr die erste Eisenbahn der Welt zwischen Stockton und Darlington (Nordengland).
1837	fuhr die erste Eisenbahn in Österreich von Floridsdorf nach Deutsch-Wagram.
1848 – 1852	wurde die erste Gebirgsbahn der Welt über den **Semmering** von Carl Ritter von Ghega erbaut.

Quelle: nach Peter Rosegger „Als ich das erste Mal auf dem Dampfwagen saß“
Auf der eisernen Straße heran kam ein kohlschwarzes Wesen. Es schien anfangs stillzustehen, wurde aber immer größer und nahte mit mächtigem Schnauben und Pfustern und stieß aus dem Rachen gewaltigen Dampf aus. „Kreuz Gottes!", rief der Jochen, „da hängen ja ganze Häuser dran!"

Semmering: Gebirgszug zwischen Steiermark und Niederösterreich

Wie wird die Lokomotive in beiden Quellen dargestellt?

Bau der Semmeringbahn

Ein besonders schwieriges Vorhaben stellte der Bau einer Bahnlinie über den Semmering dar. 1848 wurde unter der Leitung von **Carl Ritter von Ghega** mit dem Bau der Semmeringbahn begonnen. 20 000 Arbeiter, davon ein Drittel Frauen, arbeiteten 6 Jahre daran. Während dieser Bauzeit starben 89 Menschen bei Arbeitsunfällen und mehrere hundert an Krankheiten. 1854 erfolgte die feierliche Eröffnung dieser ersten Gebirgsbahn der Welt.

Viele Menschen verfolgten den Bau der Eisenbahnlinien mit großer Besorgnis. Sie glaubten, dass die Reisenden wegen der hohen Geschwindigkeit und der Erschütterung erkranken könnten, und hatten oft Angst vor dieser neuen Technik.

Suche die Stadt Wladiwostok mit Hilfe des Registers im Atlas! In welchem Staat liegt diese Stadt heute?

Trotz der Bedenken der Bevölkerung gegen die Eisenbahn war das Eisenbahnnetz um 1900 bereits voll ausgebaut.

In Amerika verband die **Pazifikbahn** die Ost- und die Westküste; in Russland führte die **Transsibirische Eisenbahn** bis nach Wladiwostok.

Raddampfer

Die Schifffahrt verändert sich

Die Dampfmaschine wurde auch als Antriebskraft für die Schifffahrt verwendet. In Amerika setzte man die ersten **Raddampfer** mit großen Schaufelrädern ab 1807 auf den Flüssen ein. In Österreich erfolgte 1829 die Gründung der **Donaudampfschifffahrtsgesellschaft**, die auch heute noch besteht.

Für die Schifffahrt auf dem Meer waren diese Raddampfer aber nicht geeignet. Die Erfindung der **Schiffsschraube** durch **Joseph Ressel** revolutionierte die Hochseeschifffahrt. Mit der tiefliegenden Schiffsschraube konnten die Schiffe gleichmäßig und schneller fortbewegt werden. Aber erst um 1900 wurden die Segelschiffe endgültig von den Dampfern verdrängt.

Was bedeuten diese Buchstaben?

Neue Motoren werden entwickelt

In der zweiten Hälfte des 19. Jh. wurden neue **Motoren** erfunden, die für die Weiterentwicklung des Verkehrs wichtig waren.

Besuche in Wien das Technische Museum! Dort findest du den ersten Kraftwagen von Siegfried Marcus.

1875	entwickelte der Österreicher **Siegfried Marcus** den Vorläufer des Kraftwagens.
1881	fuhr in Berlin die erste elektrische Straßenbahn.
1886	meldete der Deutsche **Karl Benz** ein Patent für einen dreirädrigen Kraftwagen mit Benzinmotor an.
1897	erfand der Deutsche **Rudolf Diesel** den Dieselmotor.
1903	unternahmen die **Brüder Wright** den ersten Motorflug in den USA.

Marcus Wagen

Flugzeug der Gebrüder Wright

Am Ende des 19. Jh. begann das **Zeitalter der Elektrizität**. Kraftwerke erzeugten elektrischen Strom, der zur Beleuchtung und zum Antrieb von Elektromotoren verwendet wurde. Ein Netz von Stromleitungen zum Transport der Elektrizität entstand.

Telegrafist

Nachrichten verbreiten sich

Vor der Industriellen Revolution wurden Nachrichten mit Hilfe berittener Boten oder den Postkutschen überbracht. Die Erfindung des elektrischen Telegrafen durch **Samuel Morse** ermöglichte schon 1837 die Übermittlung von Nachrichten.

Morse entwickelte einen Code aus langen und kurzen Stromstößen zum Verschlüsseln der Wörter – das **Morsealphabet**. Das Telefon wurde von **Alexander Graham Bell** 1876 entwickelt.

Um die Abrechnung der Postgebühren zu erleichtern, führte man 1840 in England die **erste Briefmarke** ein. Zehn Jahre später wurden auch in Österreich Briefmarken produziert. Zur Zeit der Jahrhundertwende erreichte die Verbreitung von Briefmarken ihren Höhepunkt. Das **Zeitalter der Massenkommunikation** begann.

Österreichische Briefmarke

Kommunikation: Übermittlung von Information

Neuerungen in der Landwirtschaft

Aufgrund der medizinischen Fortschritte stieg die Bevölkerungszahl in der zweiten Hälfte des 19. Jh. stark an. Da immer mehr Menschen Nahrungsmittel benötigten, kam es zu einer raschen Weiterentwicklung der landwirtschaftlichen Produktionstechniken. Man ging zur **Fruchtwechselwirtschaft** über, verwendete **Mineraldünger** und setzte auch **Dampfmaschinen** in der Landwirtschaft ein.

Fruchtwechselwirtschaft: Die gesamte Ackerfläche wird bebaut; die Fruchtfolge wird gewechselt.

FOLGEN

- Erträge wurden stark gesteigert; Bauern konnten die Industriegebiete versorgen. →
- Importe (Einfuhren) führten zur Verbilligung der **Agrarprodukte**. →
- Bauern gerieten in Schwierigkeiten und verarmten zum Teil.

Dampfmaschine in der Landwirtschaft

Weißt du noch? Welche Anbauform war im Mittelalter üblich?

Agrarprodukte: landwirtschaftliche Erzeugnisse

Die Freie Marktwirtschaft

Im Mittelalter regelten die Zünfte die Arbeitszeit, die Qualität und den Preis der Waren. Durch die Entstehung neuer Großbetriebe in der Zeit der Industriellen Revolution verloren die Zünfte ihre Bedeutung und ihre Berechtigung. **Angebot und Nachfrage** bestimmten ab nun den **Markt**. In vielen Ländern wurde die Zunftordnung aufgehoben und durch eine **Gewerbefreiheit** ersetzt. Nun konnte jeder erzeugen, was er wollte.

Zunftordnung

- Die Anzahl der Meister, Lehrlinge und Gesellen wird durch die jeweilige Zunft bestimmt.
- Der Preis und die Qualität der Waren sind vorgeschrieben.
- Die Waren dürfen nur in bestimmten Gebieten verkauft werden.
- Jeder soll genug zum Leben haben.
- Die Zunft unterstützt in Notfällen Witwen, Waisen, Kranke und Arbeitsunfähige.

Freie Marktwirtschaft

- Jeder kann einen Betrieb gründen und so viele Arbeiter und Angestellte beschäftigen, wie er braucht.
- Preis und Qualität der Waren unterliegen dem Angebot und der Nachfrage.
- Es gilt der Freihandel, das bedeutet, man kann überall seine Waren verkaufen.
- Der Tüchtige setzt sich durch!
- Keine Versorgung; erst gegen Ende des 19. Jh. werden Sozialgesetze schrittweise erlassen.

Markt: von lateinisch „mercatus"; bedeutet Handel

Überlege: Zunftordnung oder Freie Markwirtschaft – wo gibt es mehr Sicherheit, wo mehr Chancen?

Henry Ford und sein Sohn in Lizzy

Lizzy war das meistverkaufte Automobil der Welt, bis ihm dieser Titel 1972 durch den VW-Käfer abgenommen wurde.

Wie werden heute Autos hergestellt?

Die Freie Marktwirtschaft brachte einen **Konkurrenzkampf** zwischen den Unternehmen und beschleunigte die Industrialisierung. Jeder Unternehmer versuchte, bessere und preiswertere Produkte auf den Markt zu bringen. In den Fabriken wurden die **Waren in Massen** produziert. Dies gelang durch den Einsatz von Maschinen und eine stärkere Zerlegung der Arbeit in einzelne Handgriffe.

In Amerika beschleunigte die Einführung der **Fließbandmontage** ab 1908 durch **Henry Ford** die Herstellung von Autos. Das Modell T „Lizzy" war das erste Auto, das von Arbeitern gebaut wurde, die auf bestimmte Arbeitsschritte spezialisiert waren. Die Arbeiter standen am Fließband und jede Gruppe von Arbeitern baute immer dieselben Teile ein. Auf diese Art und Weise wurden von diesem Auto in 19 Jahren über 15 Millionen Stück angefertigt, die alle gleich aussahen und schwarz lackiert waren.

Fließbandproduktion im Henry Ford Werk

Großkaufhaus Herzmansky auf der Mariahilferstraße in Wien

Die in Massen hergestellten Waren mussten auch verkauft werden. Deshalb gründete man neue **Handelsgeschäfte** und **Großkaufhäuser**. Um Bedürfnisse nach neuen Produkten zu wecken, wurde die **Werbung** weiterentwickelt. Mit Hilfe der Werbung wurden nun Produkte von den Konsumenten gekauft, die sie vorher nicht brauchten.

Erste Coca Cola Werbung

Ab der Mitte des 19. Jh. revolutionierten **neue Transportmittel** wie die Eisenbahn, das Dampfschiff, das Auto und das Flugzeug den Verkehr. **Telegraf** und **Telefon** wurden erfunden. Henry Ford führte die **Fließbandarbeit** ein.

Erste Industrielle Revolution – 19. Jh.

Siegeszug der Maschinen: Maschinen ersetzten Arbeit mit der Hand.

Arbeitsplätze im Handwerk wurden durch Arbeitsplätze in der Industrie ersetzt.

angelernte Arbeiter, Fabriksarbeiter

Zweite Industrielle Revolution – Gegenwart

Siegeszug der Elektronik: Computer ersetzt körperliche und geistige Arbeit.

Arbeitsplätze in der Industrie gehen verloren.

Facharbeiter, Techniker

Nun geht's los – Aufgaben für schlaue Köpfe!

1) Im Rauch der Lokomotive haben sich viele Silben versteckt. Als Experte/Expertin für das Transportwesen schaffst du das ohne Probleme. **Schreibe die Begriffe in den Fahrplan! ★★★**

bahn ★ be ★ birgs ★
Brief ★ dam ★ Dampf ★ Elek ★
Ge ★ ke ★ ko ★ lo ★ mar ★ Mo ★
mo ★ Mor ★ pfer ★ Rad ★ ren ★
Schiffs ★ schrau ★ se ★ tät ★
to ★ tive ★ tri ★ zi

2) **Schreibe die richtige Bezeichnung unter jedes Rad und die Jahreszahl in das Kästchen! ★**

2010 – Rennrad ★ 1870 – Hochrad ★ 1879 – Sicherheitsrad ★ 1817 – Laufrad

Nun geht's los – Aufgaben für schlaue Köpfe!

3) Hier siehst du das Morsealphabet: Du kannst auch mit einer Taschenlampe morsen, indem du das Licht benutzt, um kurze oder lange Signale zu geben wie SOS: kurz-kurz-kurz-lang-lang-lang-kurz-kurz-kurz

A	● —	**H**	● ● ● ●	**O**	— — —	**V**	● ● ● —
B	— ● ● ●	**I**	● ●	**P**	● — — ●	**W**	● — —
C	— ● — ●	**J**	● — — —	**Q**	— — ● —	**X**	— ● ● —
D	— ● ●	**K**	— ● —	**R**	● — ●	**Y**	— ● — —
E	●	**L**	● — ● ●	**S**	● ● ●	**Z**	— — ● ●
F	● ● — ●	**M**	— —	**T**	—		
G	— — ●	**N**	— ●	**U**	● ● —		

Das internationale Notrufsignal SOS wurde 1908 als einheitliches Signal für Schiffe in Not eingeführt. Die Titanic sandte kurz vor ihrem Sinken noch zwei Signale aus – CQD und SOS! Als Merkhilfe verwendeten die Matrosen folgende englische Eselsbrücken – **Entschlüssle die Nachrichten! ★★★★**

CQD: — • — • | — — — | — — | • || — — • — | • • — | • • | — • — • | — • — || — • • | • — | — • |
— — • | • | • — • ||

Englisch: ______________________________

Deutsch: ______________________________

SOS: • • • | • — | • • • — | • || — — — | • • — | • — • || • • • | — — — | • • — | • — • • | • • • ||

Englisch: ______________________________

Deutsch: ______________________________

4) **Male das Bild rechts an!**

Seit der Einführung des satellitengestützten Seenot-Funksystems 1999 ist der Notruf SOS endgültig abgeschafft.

23. DIE GESELLSCHAFT VERÄNDERT SICH

Landflucht – Arbeiterschaft – Bürgertum – Unternehmer – Frauenemanzipation – Familie

Eine Landflucht setzt ein

Vor der Industriellen Revolution lebten die Menschen in Europa in einer **feudalen Gesellschaftsordnung**. Der Großteil der Bevölkerung waren Bauern, die in Abhängigkeit von einem Grundherrn standen. Die vorherrschende Produktionsform war die Naturalwirtschaft. Die Aufhebung der Grunduntertänigkeit, die Ausbreitung der Geldwirtschaft, das starke Wachstum der Städte und viele wichtige Erfindungen führten im 19. Jh. zur **Entstehung der Industriegesellschaft**.

Feudalismus: von lateinisch „feudum"; bedeutet Lehen

Hygiene: Reinlichkeit

Die Bevölkerung Europas nahm zwischen 1800 und 1900 stark zu. So stieg in Österreich die Bevölkerungszahl in diesem Zeitraum von etwa 15 Millionen auf etwa 50 Millionen.

Ursachen des Bevölkerungswachstums				
großer Kinderreichtum	geringere Säuglingssterblichkeit	höhere Lebenserwartung	bessere medizinische Versorgung	mehr Hygiene

Die neu gegründeten Fabriken benötigten mehr Arbeitskräfte zur Herstellung der Waren. Vor allem Menschen vom Land wie Knechte und Mägde versprachen sich ein besseres Leben durch die Fabriksarbeit in den Städten. Aufgrund ihres geringen Lohns in der Landwirtschaft war es ihnen vorher unmöglich gewesen, zu heiraten und eine Familie zu gründen. In den Fabriken wurde der Lohn jedoch wöchentlich ausbezahlt. Auch errichteten die Unternehmer in der unmittelbaren Umgebung der Fabriken **Zinskasernen**, in denen die Arbeiter und Arbeiterinnen wohnten und Familien gründeten. Eine **Landflucht** setzte ein.

Zinskasernen: Mietshäuser in den Vorstädten

Arbeiterwohnhaus in Pottendorf

Die Arbeiterschaft entsteht

Da immer mehr Arbeiter und Arbeiterinnen in den Fabriken beschäftigt waren, entstand eine neue Bevölkerungsschicht – die **Arbeiterschaft**.

In den Fabriken waren die **Arbeitsbedingungen** sehr hart. Die Arbeitszeit betrug zwischen 12 und 16 Stunden am Tag. Oft wurde auch sonntags gearbeitet, es gab keinen Urlaub und auch keine Absicherung bei Krankheit oder Unfällen.

Teppichknüpferei der Firma Backhausen um 1900

Frauen und Kinder mussten auch in den Fabriken arbeiten, da der Lohn des Mannes nicht ausreichte, um die Familie zu ernähren. Frauen bekamen für die gleichen Arbeiten wesentlich weniger Geld, der Lohn der Kinder war noch geringer.

Heute verdienen in Österreich Frauen etwa 1/3 weniger als Männer. Was sind die Ursachen dafür? Diskutiert darüber in der Klasse!

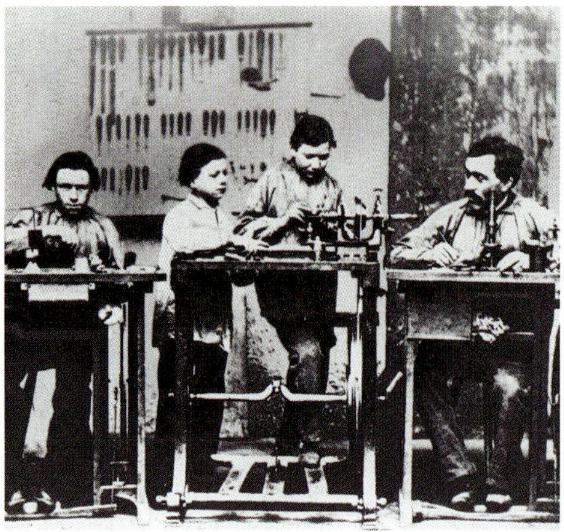

Kinderarbeit in einer Glashütte in Böhmen 1890

Die **Kinderarbeit** brachte den Arbeiterfamilien ein zusätzliches Einkommen und sicherte so ihr Überleben. Die Arbeitsbedingungen in den Fabriken waren aber eine **gesundheitliche Belastung**, besonders für die Kinder. Viele von ihnen trugen Folgeschäden davon.

In vielen Ländern der Erde müssen Kinder auch heute noch arbeiten. Informiere dich über Kinderarbeit z. B. im Internet und gestalte mit deinen Klassenkameraden eine Informationsmappe!

Die **Schulbildung** der Arbeiterkinder war äußerst mangelhaft, da sie nur selten die Schule besuchen konnten.

Quelle: Andrea Komlosky „Alles spinnt“
Gearbeitet wurde in den Fabriken des südlichen Niederösterreichs von 4 Uhr früh bis 8 Uhr abends. Eine 1 1/2-stündige Mittagspause sowie vier Stunden des arbeitsfreien Sonntags dienten den Kindern zum Schulbesuch.

Vergleiche diese Schilderung mit deinem täglichen Leben!

Fabriksordnungen wurden von den Fabrikanten ohne Mitsprache der davon betroffenen Arbeiter und Arbeiterinnen festgelegt. Sie waren ein Arbeitsvertrag und enthielten strenge Arbeitsvorschriften. Geringe Vergehen wurden mit Lohnkürzung oder Entlassung bestraft.

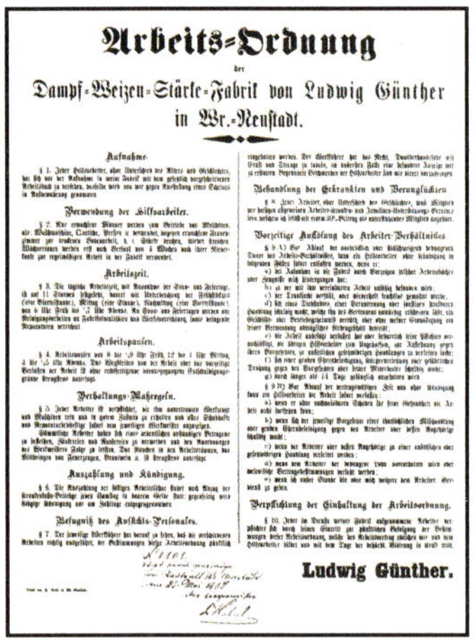

Arbeits-Ordnung
der
Dampf-Weizen-Stärke-Fabrik von Ludwig Günther in Wr.-Neustadt.

Ludwig Günther.

Fabriksordnung der Wiener Neustädter Dampf-Weizen-Stärke-Fabrik 1867

Fabriksordnungen enthielten zumeist folgende Bestimmungen:

- Bei schlechter Arbeit wurde man sofort entlassen.
- Arbeitsbeginn war oft schon um 5 Uhr morgens.
- 15 min vor Arbeitsbeginn musste man in der Fabrik sein.
- Überstunden mussten gemacht werden.
- Tabak- und Zigarrenrauchen waren strengstens verboten.
- Trunkenheit während der Arbeitszeit führte zur sofortigen Entlassung.
- Ein moralischer Lebenswandel wurde gefordert.
- Die Arbeiter hatten auf größte Ehrlichkeit und Reinlichkeit zu achten.

In den großen Städten entstanden in den Industriegebieten neue Stadtviertel, in denen die Arbeiter und Arbeiterinnen in Zinshäusern lebten. Jede Wohnung bestand aus einer Küche und einem Zimmer. In diesen **Zimmer-Küche-Wohnungen** gab es weder ein Klosett noch eine Bassena (Wasserstelle). Diese befanden sich für alle Bewohner eines Stockwerkes zur gemeinsamen Benützung auf dem Gang.

Die Mieten dieser Wohnungen waren sehr teuer, da es keine Gesetze gab, die den Mietpreis regelten.

Arbeiterwohnung

Aufstieg des Bürgertums

Vor der Industriellen Revolution bestand das Bürgertum vorwiegend aus Kaufleuten und Handwerkern. Durch die Industrialisierung bildeten sich neue bürgerliche Schichten.

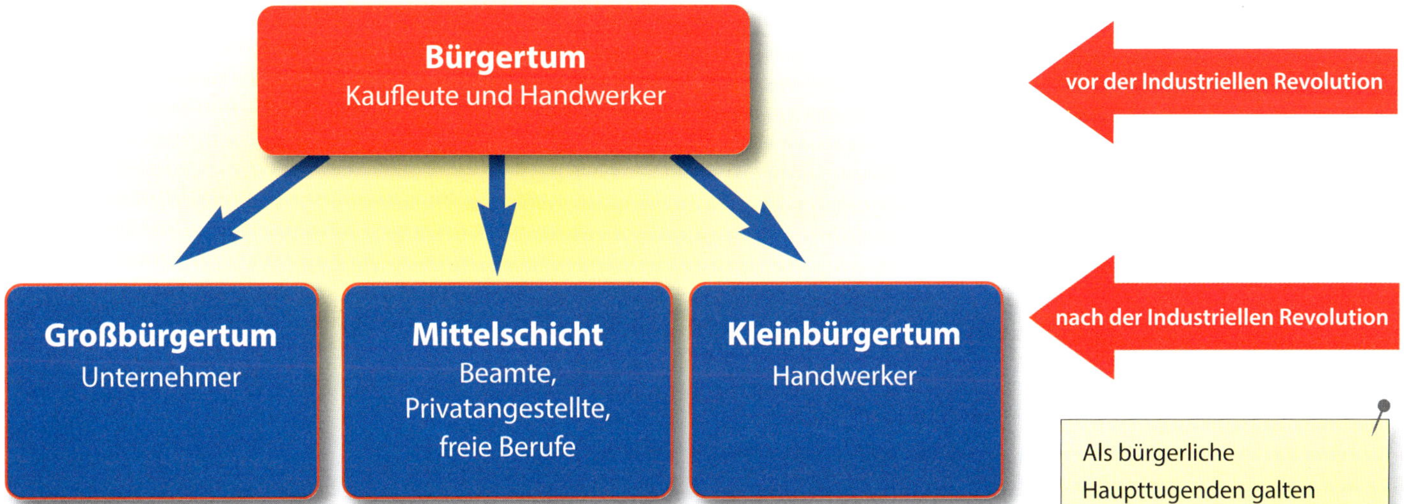

Das **Großbürgertum** besaß die Fabriken, arbeitete als Unternehmer und erlangte dadurch auch große wirtschaftliche Macht. Die bürgerlichen Unternehmer hatten selbst ihren Aufstieg durch harte Arbeit erreicht. Deshalb erwarteten sie von ihren Arbeitern und Angestellten denselben Einsatz.

Als bürgerliche Haupttugenden galten Sparsamkeit und Fleiß, ohne die man kein Vermögen erarbeiten konnte. Den Besitz galt es aber auch zu bewahren.

Speisezimmer einer großbürgerlichen Familie

Quelle: Auszug aus dem Testament eines 1906 in Wien verstorbenen Jutefabrikanten

Lieber Pepi, ... verlange nicht, gar zu schnell reich zu werden. Du übernimmst ein gutes altes Geschäft mit einem guten Namen, welches Dich immer anständig ernähren wird ... erziehe Dir Deine Kinder gut bürgerlich und mache aus Deinen Lieben ebenso tüchtige Geschäftsleute, wie Du einer unter meiner Leitung geworden bist.

Jute: eine tropische Pflanzenfaser, aus der grobe Stoffe hergestellt werden

Die **Mittelschicht** war ab der Mitte des 19. Jh. zahlenmäßig stark angewachsen. Ihre wirtschaftliche Lage war zwar sehr unterschiedlich, doch war ein ausreichender Lebensstandard gewährleistet. Die Konkurrenz der Fabriken machte vor allem den **Kleinbürgern** zu schaffen. Einige Handwerksbetriebe hielten diesem Konkurrenzdruck nicht stand und mussten schließen, aber auch neue Handwerksberufe entstanden.

Durch den wirtschaftlichen und sozialen Aufstieg forderte das Bürgertum vermehrt politisches Mitspracherecht.

Welche Personen sind auf dem Bild zu sehen?

Welche der drei Frauen ist die „Frau des Hauses"?

Woran erkennt man das?

Bürgersfrau mit Kind

Was ist mit dem Ausspruch „Küche, Kinder, Kirche" gemeint?

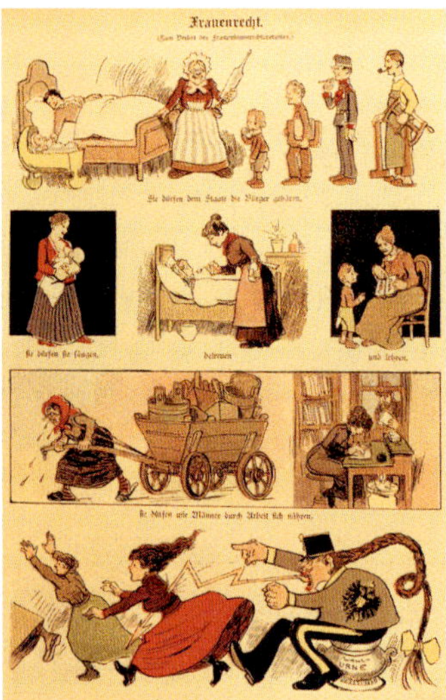

Karikatur zum Frauenwahlrecht

Welche berühmte Frau forderte als Erste ein Frauenwahlrecht?
Tipp: Sie lebte zur Zeit der Französischen Revolution.

Durch die **Industrialisierung** setzte eine **Landflucht** ein. Die **Arbeiterschaft** bildete sich. Das **Bürgertum** erreichte wirtschaftliche Macht und strebte nach mehr **politischer Mitbestimmung**. Die **Frauen** forderten mehr Rechte wie das **Wahlrecht**.

Frauen fordern Mitbestimmung

Durch die Veränderungen in der Gesellschaft wurde die **bürgerliche Familie** zum Vorbild für alle anderen Gesellschaftsschichten. Im Gegensatz zur bäuerlichen und handwerklichen Familie, in der neben den Eltern und Kindern auch die Mägde, Knechte, Lehrlinge und Gesellen zur Familie gezählt wurden, bestand die bürgerliche **Kernfamilie** aus Eltern und Kindern. Großer Wert wurde auf eine gute **Ausbildung und Erziehung** der eigenen Kinder gelegt. In einer guten Schulbildung sah man auch bessere Aufstiegschancen im Leben.

In der bürgerlichen Familie war die Frau nicht berufstätig, sondern widmete sich der Kindererziehung, dem Haushalt oder der Aufsicht über das Dienstpersonal. **„Küche, Kinder, Kirche"** bestimmten das Leben der bürgerlichen Frauen. Die Mehrheit der Adeligen und der Großbürger meinte, dass die Frauen nicht arbeiten sollten, denn dies war ein Zeichen für den sozialen Aufstieg. Arbeiterfrauen, Bauerntöchter, Mägde, Köchinnen, Dienstmädchen und Schneiderinnen mussten aber arbeiten, um ihren Lebensunterhalt zu sichern.

Auf die **Ausbildung der Frauen** wurde weniger Wert gelegt. Der Besuch von Gymnasien oder gar Universitäten war ihnen anfangs verboten. Erst 1878 durften Mädchen in Österreich eine Matura ablegen, mussten dafür aber eigene Mädchenschulen besuchen. Ab 1897 konnten Frauen auch an der Universität studieren. Auch die Zahl der berufstätigen Frauen nahm zu, da immer mehr Mädchen aus bürgerlichen Familien einen Beruf anstrebten, um unabhängig zu sein.

Suffragetten

Durch die vermehrte Berufstätigkeit der Frau änderte sich auch ihre soziale Stellung. Die Frauen forderten mehr Rechte, vor allem das Recht auf Arbeit und Ausbildung, aber auch das **Wahlrecht**. Frauenrechtlerinnen in England und den USA, auch **Suffragetten** genannt, kamen vorwiegend aus dem Bürgertum. Sie organisierten sich und forderten das Wahlrecht. Als erster europäischer Staat setzte Finnland 1906 das Frauenwahlrecht um. In Österreich wurde das Gesetz für das Frauenwahlrecht am 12. November 1918 beschlossen. Die USA führten aber erst 1920 das Wahlrecht für Frauen ein. Im Schweizer Kanton Appenzell Innerrhoden durften Frauen sogar erst 1990 zum ersten Mal wählen.

Nun geht's los – Aufgaben für schlaue Köpfe!

1) **Du bist Buchhalter bei der Firma Brauerpech und sollst eine Rechnung ausstellen! ★★★★** Großhändler Kronbichler hat folgende Waren eingekauft:

Rechnung für Herrn ______________________________

Menge	Ware	Preis
	Gesamtbetrag	

2) **Richte diese Zimmer-Küche-Wohnung für 6 Personen praktisch ein!** (4 Kinder, Vater, Mutter) **Zeichne die Möbel ein! ★★★**

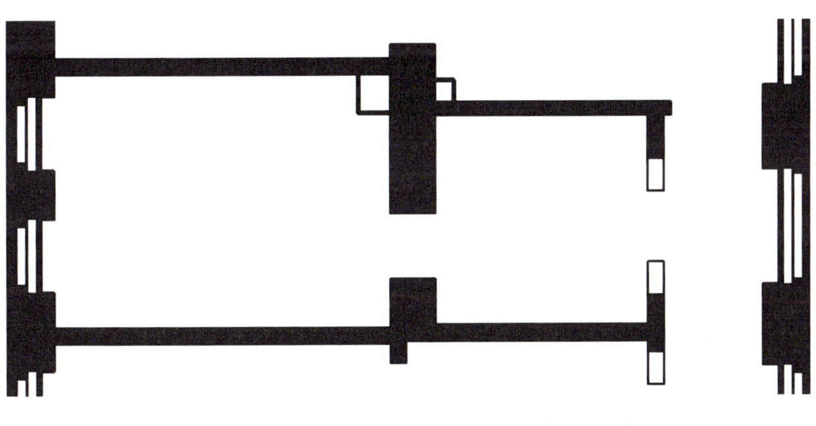

3 Betten ★ einen Schrank ★ eine Truhe ★ einen Tisch ★ eine Kochstelle ★ Bassena auf dem Gang ★ Küchenkommode

Überlege, wo wuschen sich die Menschen? Wo machten die Kinder ihre Hausübungen?

Nun geht's los – Aufgaben für schlaue Köpfe!

3) Hier siehst du den Grundriss einer Bürgerwohnung. Als Innenarchitekt der reichen Bürgersfamilie Hochmeister sollst du nach ihren Angaben die Zimmer einteilen! **Schreibe diese in den Grundriss hinein! ★★★★**

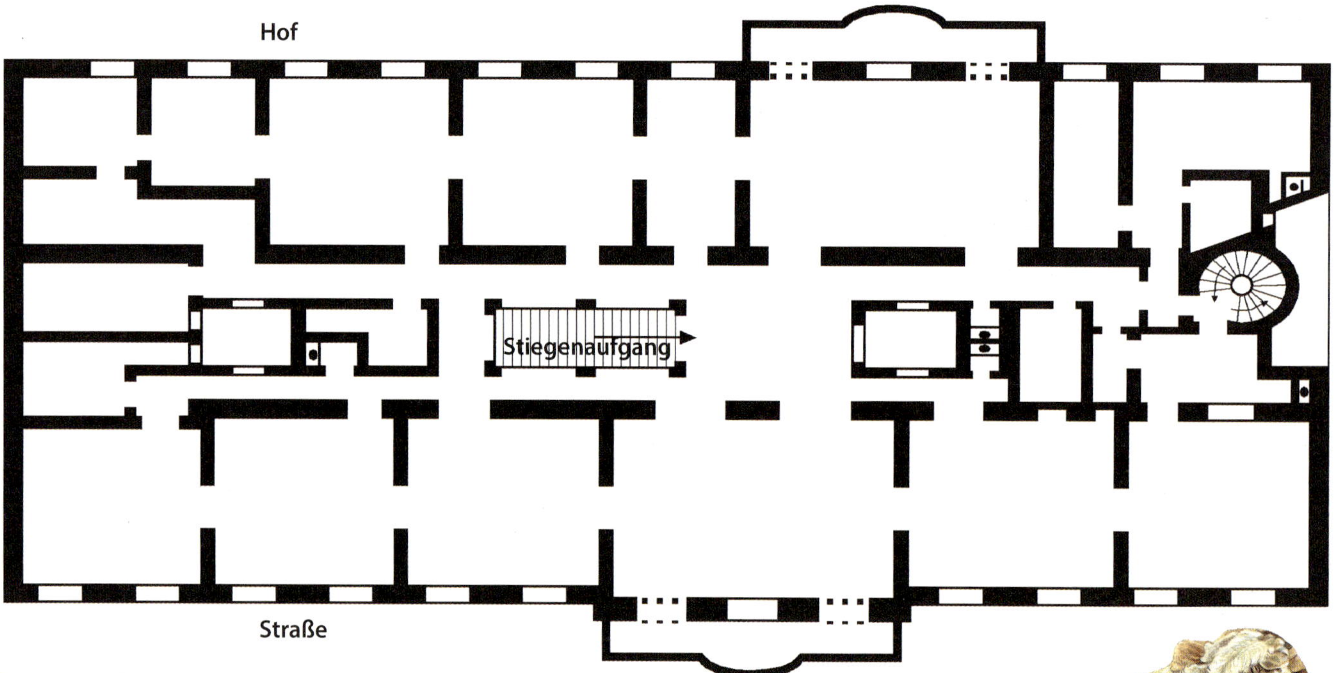

Wenn man über den Stiegenaufgang die Wohnung betritt, soll man in einen großen Vorraum kommen. Den größten Raum hin zur Straße will ich als Großen Salon nutzen. Gleich daneben links möchte ich den Kleinen Salon und im Anschluss daran mein Damenzimmer. Rechts vom Großen Salon benötigt mein Gatte ein Herrenzimmer und daneben ein Büro. Zum Hof hin links soll die Zofe eine kleine Kammer bekommen. Daneben benötige ich ein Toilettezimmer, an das nach rechts mein Schlafzimmer und das Schlafzimmer meines Mannes anschließen. Der große Raum zum Innenhof hin wird das Speisezimmer sein. Links davon liegt das Frühstückszimmer, rechts davon das Dienstbotenzimmer, das mit der Küche und einer kleinen Speis zum Aufbewahren der Lebensmittel verbunden ist. An das Zimmer der Zofe schließt die Garderobe an. Das Gästezimmer, das Kindermädchenzimmer und das Kinderzimmer liegen an der linken Seite der Wohnung. Hinter dem Stiegenaufgang soll das Badezimmer liegen. An der rechten Seite der Wohnung soll ein eigener Stiegenaufgang für das Personal in einen Vorraum münden, von dem man auch das Büro betreten kann.

4) **Ordne den Bildern die richtigen Begriffe zu, indem du die Nummern einträgst! ★★**

1. Suffragette
2. Telefonistin
3. Köchin
4. Bürgersfrau

24. SOZIALE FRAGE – POLITISCHE PROGRAMME

Soziale Frage – Kommunismus – Sozialismus – Christliche Soziallehre – Anarchismus

Die Soziale Frage

Die **Soziale Frage** bezieht sich immer auf Missstände in einer Gesellschaft. Mit der Industriellen Revolution stiegen die Spannungen und Gegensätze an, weil die Bevölkerung stark zunahm, viele Handwerksbetriebe schließen mussten und es mehr Fabriken gab. Mit dem **Übergang zur Industriegesellschaft** verschlechterte sich die Lage der Arbeiter und Arbeiterinnen.

Arbeiterkind

Woran erkennt man die Notlage der Arbeiter?

Wie unterscheidet sich der Unternehmer hier von den Arbeitern?

Wer könnte die Frau mit dem Kind und dem Baby auf dem Arm sein?

Arbeiter und Arbeiterinnen streiken wegen der schlechten Arbeitsbedingungen.

In welchen Ländern gibt es auch heute noch keine soziale Absicherung bei Krankheit und Arbeitslosigkeit? (Internet)

In der **freien Marktwirtschaft** war der Schwächere dem Stärkeren weitgehend ausgeliefert. Der Unternehmer bestimmte die Arbeitsbedingungen. Der Arbeiter und die Arbeiterin waren bei Unfall, Krankheit oder Arbeitslosigkeit nicht abgesichert. Arbeits- und Lebensbedingungen der Arbeiterschaft waren geprägt durch großes Elend und große Not.

Die Arbeiter und Arbeiterinnen forderten daher **Sozialgesetze** wie die Einführung einer Unfall- und Krankenversicherung. Die Bauern wollten die Einführung von **Schutzzöllen**, während der Mittelstand das Recht forderte, sich in **Vereinen** zusammenschließen zu dürfen. Eine gemeinsame Forderung war die Erweiterung des **Wahlrechts** auch auf arme Schichten.

Schutzzoll: Einfuhrzoll, der die eigene Wirtschaft gegen Konkurrenz schützt

Politische Programme

Die Not der Arbeiter und Arbeiterinnen veranlasste viele Denker, sich mit der Sozialen Frage auseinander zu setzen und politische Programme zur Lösung zu entwerfen.

Welche politischen Parteien entstanden in den letzten 20 Jahren in Österreich?

Manifest: öffentlich abgedruckte Erklärung

Ideologie: Weltanschauung

Klasse: Bevölkerungsgruppe

Karl Marx wurde 1818 in Trier geboren. Er studierte Philosophie und Geschichte. Aufgrund seiner politischen Ideen musste er ins **Exil** nach England gehen. In London schrieb er sein Hauptwerk mit dem Titel „Das Kapital". In diesem Buch setzte er sich kritisch mit der kapitalistischen Gesellschaft auseinander.

Exil: von lateinisch „exilium"; bedeutet in der Fremde weilend, verbannt

Diskutiert darüber, wie es ist, wenn deine eigenen Sachen (Geld, Handy) auch alle anderen in deiner Klasse verwenden können!

Was wollte Papst Leo XIII. damit sagen?

Mit dem Übergang zur Industriegesellschaft verschärfte sich die **Soziale Frage**. Politische Programme wie der **Kommunismus**, der **Sozialismus** und die **Christliche Soziallehre** wurden entwickelt.

Der Kommunismus

Im Kommunistischen **Manifest** von 1848 begründeten **Karl Marx** und **Friedrich Engels** den Kommunismus. In dieser **Ideologie** ging es um die Verwirklichung einer **klassenlosen Gesellschaft**. Das Privateigentum sollte abgeschafft werden.

Karl Marx

Dies hätte bedeutet, dass alle Unternehmen und alles Land allen gemeinsam gehören sollten. Marx und Engels waren davon überzeugt, dass es zu einem **Klassenkampf** zwischen besitzendem Bürgertum (Bourgeoisie) und der besitzlosen Arbeiterschaft (Proletariat) kommen würde, weil die Zahl der Großbetriebe zunehmen würde. Damit würde es auch mehr Proletarier geben. Diese Entwicklung hätte eine **Weltrevolution** zur Folge, an deren Ende die klassenlose Gesellschaft stehen würde. Die Kommunisten strebten die Weltrevolution und die Alleinherrschaft ihrer Partei an.

Der Sozialismus

Zu Beginn des 20. Jh. kam es daher zu einer **Trennung von Kommunismus und Sozialismus**.

Die Sozialisten traten für die Demokratie ein. Sie wollten eine Veränderung der bestehenden Ordnung auf gesetzlichem Weg erreichen.

Der Sozialismus als Retter

Die Christliche Soziallehre

Christlich-soziale Denker übertrugen die Lehren des Christentums auch auf Wirtschaft und Gesellschaft. 1891 verfasste Papst **Leo XIII.** ein päpstliches Rundschreiben, die **Enzyklika rerum novarum**. In dieser hielt der Papst fest, dass es keinen unversöhnlichen Gegensatz zwischen der besitzenden Klasse und der Arbeiterklasse gebe.

Quelle: nach der „Enzyklika rerum novarum"
Die Arbeiter dürfen nicht wie Sklaven angesehen werden ... unehrenvoll und unwürdig ist es, Menschen bloß zu eigenem Gewinn auszubeuten.

Die christlich-sozialen Denker vertraten die Ansicht, dass der Staat den sozial Schwächeren helfen müsse und dazu auch Reformen eingeleitet werden müssten.

Der Anarchismus

Die Anarchisten traten dafür ein, jede staatliche Ordnung zu beseitigen. Jeder Mensch sollte sich ohne unterdrückende Autorität entfalten können und Verantwortung für das eigene Leben tragen. Die Anarchisten wollten die Gesellschaft sich selbst regeln lassen.

25. ÖSTERREICH NACH DER REVOLUTION

Neoabsolutismus – liberale und nationale Ideen – Kleindeutsche und Großdeutsche Lösung – nationale Einigung Deutschlands – nationale Einigung Italiens

Österreich wird wieder absolut regiert

Nach der Abdankung Kaiser Ferdinands I. bestieg 1848 sein erst 18-jähriger Neffe Franz Joseph den österreichischen Thron.

Franz Joseph I. kehrte zur Regierungsform des Absolutismus zurück. Dies nennt man **Neoabsolutismus**.

Die **Aufhebung der Grunduntertänigkeit für die Bauern** wurde bestätigt und blieb als einzige Forderung der Revolution bestehen.

Neuerungen, die Kaiser Franz Joseph I. durchführte, wurden alle **„von oben her verordnet"**. Der Kaiser war niemandem verantwortlich, er allein ernannte und entließ die Regierung und die Minister. Das Volk wurde regiert und hatte keinerlei Mitspracherechte.

Quelle: Ausspruch von Franz Joseph I.
Nun, wo mein Name allein unter allen Verordnungen steht, ist jeder **Tadel** an derlei Maßnahmen **Hochverrat**.

Folgende wichtige **Neuerungen** wurden von Franz Joseph angeordnet:

- Verbesserung des Postwesens
- Ausbau des Eisenbahnnetzes und der Schifffahrt
- Verbesserungen im Schulwesen
- Staatliche Gerichtsbarkeit – unabhängige Richter
- Aufhebung der Zollschranken innerhalb der Monarchie
- Vereinheitlichung von Münze, Maß und Gewicht
- Einführung einer Einkommenssteuer

Kaiser Franz Joseph I.

außer Kraft gesetzt: nicht mehr gültig

Was bedeutete die „Grunduntertänigkeit" für den Bauern?

Tadel: Vorwurf

Hochverrat: Verbrechen gegen den eigenen Staat

Dieser Ausspruch zeigt deutlich, in welchem Ausmaß Franz Joseph versuchte, Kritik zu unterdrücken. Auf Hochverrat stand damals die Todesstrafe!

Diskutiert in der Klasse, ob diese Maßnahme übertrieben war!

Wie wird heute mit Kritik an der Regierung umgegangen?

Liberale und nationale Ideen

Weißt du noch? Wie lauteten die Schlagwörter der Französischen Revolution?

Die Forderungen nach **Freiheit des Staatsbürgers** und **nationaler Unabhängigkeit** der Völker leiteten sich vom Gedankengut der Französischen Revolution ab. In den wieder absolut regierten Monarchien Europas verbreiteten sich diese Ideen sehr schnell. Die Menschen waren bereit, für die Durchsetzung ihrer Ziele zu kämpfen.

Liberalismus

Nach den **liberalen** Vorstellungen sind alle Menschen von Natur aus frei und gleichberechtigt. Die Denker, die für die Verwirklichung dieser Forderungen eintreten, nennt man **Liberale**.

Liberale Ideen fanden sich vorwiegend im Bürgertum, aber auch Bauern und Arbeiter unterstützten den Liberalismus, weil sie sich davon eine bessere Zukunft erhofften. Das Wahlrecht forderte aber das Bürgertum für sich alleine. So sollten nur Wohlhabende und Gebildete wählen dürfen.

Nation: Gemeinschaft von Menschen mit übereinstimmenden Merkmalen wie Kultur, Sprache, Abstammung und Geschichte

Nationalismus

Viele Völker in Europa waren politisch unterdrückt und standen unter Fremdherrschaft. Diese Völker wollten einen Zusammenschluss in eigenen Staaten, den **Nationalstaaten**. Diese Forderung nennt man Nationalismus.

Welche Völker streben heute nach nationaler Einigung?

Wie heißt die französische Nationalhymne?

Wann entstand sie?

Arminiusstatue im Teutoburger Wald

Die Französische Revolution und die Unterdrückung durch die Herrschaft Napoleons hatten das nationale Bewusstsein bei vielen Völkern in Europa gestärkt. Eine **gemeinsame Sprache** und **Geschichte** waren die Grundlagen für die Entstehung eines Nationalbewusstseins, welches durch Symbole wie Nationalhymnen und Flaggen verdeutlicht wurde. England und Frankreich waren die ersten Staaten, die eine eigene Nationalhymne hatten. Sie waren schon seit Jahrhunderten national geeinigt. In Deutschland suchte man die **nationale Identität** in der germanischen Vergangenheit.

nationale Identität: gemeinsame Merkmale einer Gruppe von Menschen wie Sprache und Kultur

Die Entstehung des deutschen Kaiserreiches

Um die Mitte des 19. Jh. bestand Deutschland aus vielen Staaten, die nur lose im **Deutschen Bund** zusammengefasst waren. Doch der Wunsch nach einem einheitlichen Staat wuchs.

Wann war die Gründung des Deutschen Bundes?

Österreich und Preußen rangen um die Vorherrschaft in den deutschen Gebieten. Beide erhoben Anspruch auf die Führungsrolle in einem geeinten Deutschland. Zwei Möglichkeiten bestanden. Einerseits wäre eine Einigung Deutschlands unter österreichischer Führung möglich gewesen – **Großdeutsche Lösung**. Andererseits hätte auch Deutschland unter der Führung Preußens geeint werden können – **Kleindeutsche Lösung**.

Kleindeutsche Lösung

Großdeutsche Lösung

Königgrätz: Stadt in Nordostböhmen

In den deutschen Ländern verlangte eine Volksversammlung im Revolutionsjahr 1848 von den Fürsten Presse- und Versammlungsfreiheit, eine Reform des Wahlrechts und die Umwandlung des Deutschen Bundes in einen Nationalstaat. In der **Frankfurter Nationalversammlung** wurde eine Verfassung ausgearbeitet und die Kleindeutsche Lösung beschlossen. Die Fürsten lehnten diesen Beschluss ab, da sie sich gegen die nationale Bewegung stellten. Auch der König von Preußen lehnte die ihm von der Nationalversammlung angebotene Kaiserwürde ab.

Quelle: Proklamation des Deutschen Reiches, 1871

Wir, Wilhelm, von Gottes Gnaden König von Preußen, nachdem die deutschen Fürsten und Freien Städte den einmütigen Ruf an Uns gerichtet haben, die deutsche Kaiserwürde zu übernehmen, bekunden hiermit, dass Wir diesem Rufe Folge leisten und die deutsche Kaiserwürde annehmen.

1866 kam es zum Krieg zwischen Preußen und Österreich, den Preußen in der **Schlacht bei Königgrätz** für sich entscheiden konnte. Österreich musste aus dem Deutschen Bund austreten und der Kleindeutschen Lösung zustimmen. Der Bund wurde aufgelöst. Unter der Führung Preußens besiegten die deutschen Staaten im **Deutsch-Französischen Krieg** Frankreich. 1871 wurde Wilhelm IV., der König von Preußen, von den deutschen Fürsten im Spiegelsaal des Schlosses Versailles zum **Deutschen Kaiser** ausgerufen.

Wilhelm IV. im Spiegelsaal von Versailles

Was bedeutete die nationale Einigung Deutschlands für Österreich?

Die nationale Einigung Italiens

Seit dem Ende des Weströmischen Reiches war Italien in viele **Kleinstaaten** zersplittert und geriet zunehmend unter französische und österreichische Fremdherrschaft. 1859 kam es zum Krieg zwischen Österreich und dem Königreich Sardinien-Piemont. In der **Schlacht von Solferino** erlitt Österreich eine vernichtende Niederlage und musste die Lombardei an Italien abtreten. 1860 landete der **Freiheitskämpfer Garibaldi** auf Sizilien und eroberte das **Königreich beider Sizilien**. Dieser Befreiungszug quer durch ganz Italien erfolgte mit der breiten Unterstützung der Bevölkerung. Der König von Sardinien-Piemont, **Viktor Emanuel II.**, wurde schließlich 1861 zum **König von Italien** ausgerufen.

Weißt du noch?
Wann ging das Weströmische Reich unter?

Königreich beider Sizilien: umfasste Sizilien und das gegenüberliegende Festland in Unteritalien

Befreiungszug von Guiseppe Garibaldi

Das neu gegründete Königreich Italien verbündete sich mit Preußen und unterstützte es im Kampf gegen Österreich. Wenige Tage nach Ausbruch des Österreichisch-Preußischen Krieges erklärte auch Italien Österreich den Krieg. Nach der Niederlage bei **Königgrätz** (1866) musste Österreich Venetien an Italien abtreten. 1870 wurde **Rom** nach Auflösung des Kirchenstaates zur **Hauptstadt Italiens**.

Für seine Leistungen erhielt Dunant 1901 als Erster den Friedens**nobelpreis**.

Nobelpreis: von Alfred Nobel gestifteter Preis für besondere Leistungen

Nach der Revolution 1848/49 wurde Österreich wieder absolut regiert – **Neoabsolutismus**. Österreich und Preußen rangen um die Vorherrschaft im Deutschen Bund. Preußen gewann die Schlacht bei Königgrätz. 1871 wurde das **Deutsche Kaiserreich** ausgerufen. **Italien** setzte seine **nationale Einigung** durch.

Das Rote Kreuz wird gegründet

Der Schweizer Kaufmann **Henry Dunant** bereiste Italien und beobachtete in der Schlacht von Solferino, dass die verwundeten Soldaten nicht ausreichend versorgt wurden. Das Elend, welches er erlebte, veranlasste ihn, die Gründung von Hilfsorganisationen zu fordern. Das **Internationale Komitee für Verwundete** entstand 1863 und war ein Vorläufer des Roten Kreuzes, des Roten Halbmondes, des Roten Löwen und des Roten Davidsterns. Bereits ein Jahr später wurde die Genfer Konvention zum Schutz von Verwundeten und Helfern beschlossen.

Henry Dunant

Nun geht's los – Aufgaben für schlaue Köpfe!

1) **Was für ein Durcheinander!** Ordne die Wörter zu Sätzen und schreibe sie in die Kästchen unterhalb! ★★

wieder Freiheiten wurde Die politischen
aufgelöst. wurden Reichstag Der gesetzt.
wurde außer Verfassung Kraft Die beseitigt.

Neoabsolutismus

2) Welche Neuerungen, die von Franz Joseph angeordnet wurden, hast du dir gemerkt? Schreibe so viele wie möglich auf! ★★

1. ______
2. ______
3. ______
4. ______
5. ______
6. ______
7. ______

3) In Österreich gibt es das metrische System seit dem 23. Juli 1871. Alte Längenmaße wie Tuch-Elle findest du heute noch am Wiener Stepansdom. Rechne nun die alten Maßangaben um! ★★★★

Tuch-Elle = 77,6 cm
Fuß = 31,608 cm
Zoll = 2,634 cm
Klafter = 1,896 m

Du kaufst 4 Ellen Tuch. Wie viele Meter sind das? ______ m

Dein Freund ist 5 Fuß groß. Wie groß ist er? ______ m

Das Brett ist 33 Zoll lang. Wie lang ist es? ______ m

Das Haus ist 5 Klafter lang. Wie lang ist es? ______ m

Nun geht's los – Aufgaben für schlaue Köpfe!

4) **Viel Spaß beim Silbenrätsel! ★★★**

BAL ★ DEUT ★ DEUT ★ DI ★ FRANK ★ FUR ★ GA ★ GRÄTZ ★ GROSS ★ GRUND ★ KEIT ★ KLEIN ★ KÖ ★ LÖ ★ LÖ ★ LUNG ★ NA ★ NAL ★ NIG ★ NIG ★ O ★ RI ★ SAMM ★ SCHE ★ SCHE ★ SUNG ★ SUNG ★ TÄ ★ TER ★ TER ★ TI ★ UN ★ VER

1. ______________________________
Wo wurde die Kleindeutsche Lösung beschlossen?

2. ______________________________
Wie heißt die Abhängigkeit der Bauern?

3. ______________________________
Einigung Deutschlands unter Führung Österreichs

4. ______________________________
Einigung Deutschlands unter Führung Preußens

5. ______________________________
Niederlage Österreichs gegen Preußen

6. ______________________________
Italienischer Freiheitskämpfer

5) Hast du dir alles gemerkt? **Schreibe zu den Jahreszahlen das passende Ereignis! ★★**

	Franz Joseph wird Kaiser.
	Frankfurter Nationalversammlung
	Viktor Emanuel II. wird König von Italien.
	Schlacht bei Königgrätz
	Der König von Preußen wird Deutscher Kaiser.

1866
1848
1871
1848
1861

6) **Leseecke** – Der folgende Bericht stammt von Henry Dunant. **Besprecht in der Klasse gemeinsam die Schrecken und Auswirkungen von Kriegen! ★★**

Quelle: Henry Dunant „Eine Erinnerung an Solferino"
Das Schlachtfeld ist allerorten bedeckt mit Leichen von Menschen und Pferden. In den Straßen, Gräben, Bächen, Gebüschen und Wiesen, überall liegen Tote, und die Umgebung von Solferino ist im wahrsten Sinne des Wortes mit Leichen übersät. Die Felder sind verwüstet, Getreide und Mais sind niedergetreten, die Hecken zerstört, die Zäune niedergerissen, weithin trifft man überall Blutlachen ...
Auf den steinernen Fliesen der Spitäler und Kirchen von Castiglione liegen Seite an Seite Kranke aller Nationen: Franzosen und Araber, Deutsche und Slawen ... sie haben nicht mehr Kraft sich zu bewegen ... Flüche, Lästerungen und Schmerzensschreie ... hallen von den Gewölben der geweihten Räume wider.

26. DER VIELVÖLKERSTAAT ÖSTERREICH

Ausgleich – Verfassung – Kurienwahlrecht – Zensuswahlrecht

Vom Vielvölkerstaat zur Doppelmonarchie

Durch die Einigung Italiens und Deutschlands verlor Österreich Einfluss und Bedeutung in Westeuropa. Im Südosten erhielt Österreich Bosnien und Herzegowina. In der Folge zerbrach die Heilige Allianz, **Österreich** war **politisch** **isoliert**.

isoliert: ohne Verbündeten sein

Auch in der Innenpolitik kam es durch den beginnenden **Nationalismus** zu Problemen.

Nationalismus: übersteigertes Nationalgefühl

Kaiserin Elisabeth

Kaiserin Elisabeth, genannt Sisi, war die Gemahlin von Franz Joseph. Seit 1867 war sie auch Königin von Ungarn.

Versuche, mehr über das Leben dieser Kaiserin herauszufinden!

Vielvölkerstaat Österreich

Welche Völker lebten im Kaiserreich Österreich?

Die Völker der Monarchie, vor allem die Ungarn und Tschechen, forderten verstärkt die **Gleichstellung mit den Deutschösterreichern**. Unter dem Druck der außenpolitischen Niederlagen gab Kaiser Franz Joseph I. schließlich nach.

1867 kam es zum **Ausgleich** zwischen Österreich und Ungarn. Die Monarchie wurde in zwei gleichberechtigte Reichshälften, die österreichische und die ungarische, geteilt. Die **Doppelmonarchie Österreich-Ungarn** war entstanden. Das Nationalitätenproblem wurde durch diesen Ausgleich jedoch nicht gelöst, vor allem die slawischen Völker waren unzufrieden, da sie nicht die gleichen Rechte wie die Ungarn bekamen.

Stephanskrone: Mit dieser wurde Franz Joseph 1867 zum König von Ungarn gekrönt.

Informiere dich! Welche Völker gehören zu den slawischen Völkern?

Was bedeutet die Vorrangstellung der Deutschösterreicher und der Ungarn für die anderen Nationalitäten?

Aus dem Gesetz über die bürgerlichen Grundrechte:

Art.2: Vor dem Gesetz sind alle Staatsbürger gleich.

Art.3: Öffentliche Ämter sind für alle Staatsbürger gleich zugänglich.

Art.5: Das Eigentum ist unverletzlich.

Art.8: Die Freiheit der Person ist gewährleistet.

Art.13: Jedermann hat das Recht, seine Meinung frei zu äußern. Die Presse darf nicht unter Zensur gestellt werden.

Art.14: Jedermann hat Glaubens- und Gewissensfreiheit.

Informiere dich über die heutige österreichische Bundesverfassung!
Wer darf in Österreich in unserer Zeit wählen?

Zensuswahlrecht
Wählen durfte nur, wer eine bestimmte Summe Steuern im Jahr bezahlte (in Wien z. B. mindestens 10 **Gulden**).

Kurienwahlrecht
Der Wert der Stimme hatte unterschiedliches Gewicht – je nachdem, welcher Kurie (Wählergruppe wie z. B. Großgrundbesitzer) man angehörte.

Gulden: Silberwährung in Österreich zwischen 1857 und 1899; heute wäre 1 Gulden ca. 10 € wert

1867 kam es zum **Ausgleich** zwischen Österreich und Ungarn. Die **Donaumonarchie** entstand. Die österreichische Hälfte erhielt eine **Verfassung**. Die Verfassung beinhaltete ein **Kurien-** und **Zensuswahlrecht**.

Beide Reichshälften der Doppelmonarchie waren gleichberechtigte, selbstständige Partner, die durch die Person desselben Herrschers verbunden waren. Dies nennt man eine **Personalunion**. Außerdem hatten die Reichshälften gemeinsame Ministerien. Dies nennt man eine **Realunion**.

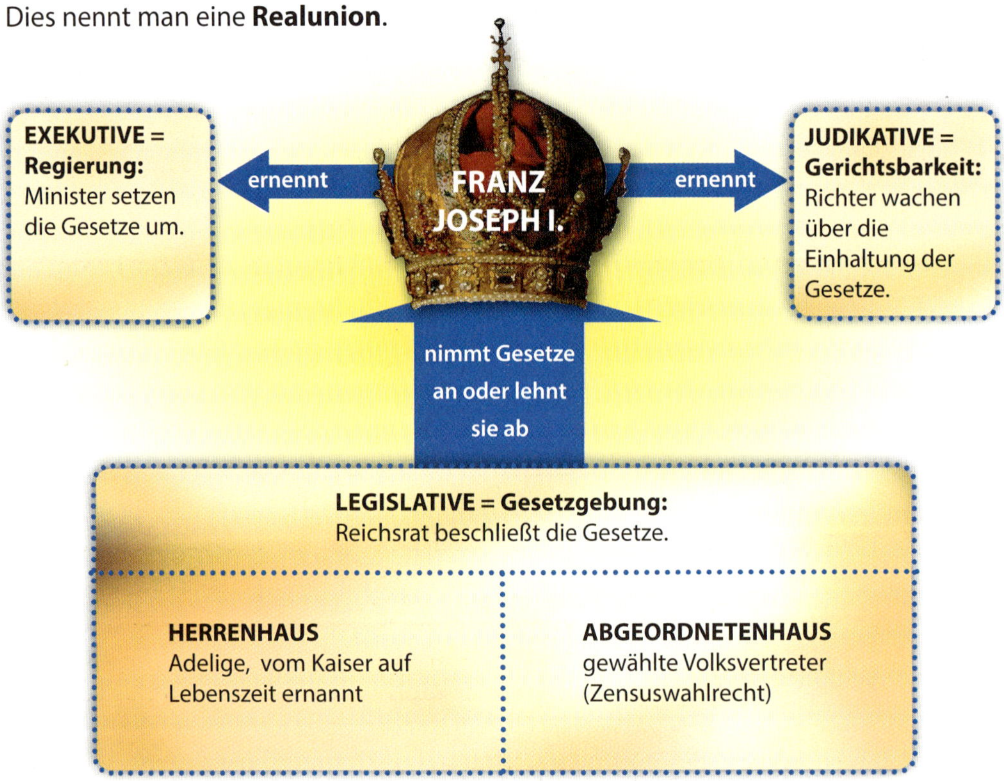

Das Ende des Neoabsolutismus

Im Dezember 1867 erließ Kaiser Franz Joseph I. eine **Verfassung** für die österreichische Reichshälfte und beendete damit den Neoabsolutismus. Einige in der Verfassung enthaltenen Grundrechte sind noch heute **Teil der österreichischen Bundesverfassung**.

Zensus- und Kurienwahlrecht

In der neu erlassenen Verfassung war für alle männlichen Staatsbürger über 24 Jahren ein Wahlrecht vorgesehen, das aus einem Kurien- und Zensuswahlrecht bestand. Dadurch waren aber ca. 94% der Bevölkerung nicht wahlberechtigt!

Nun geht's los – Aufgaben für schlaue Köpfe!

1) Male den Vielvölkerstaat entsprechend der Legende mit unterschiedlichen Farben an! ★★

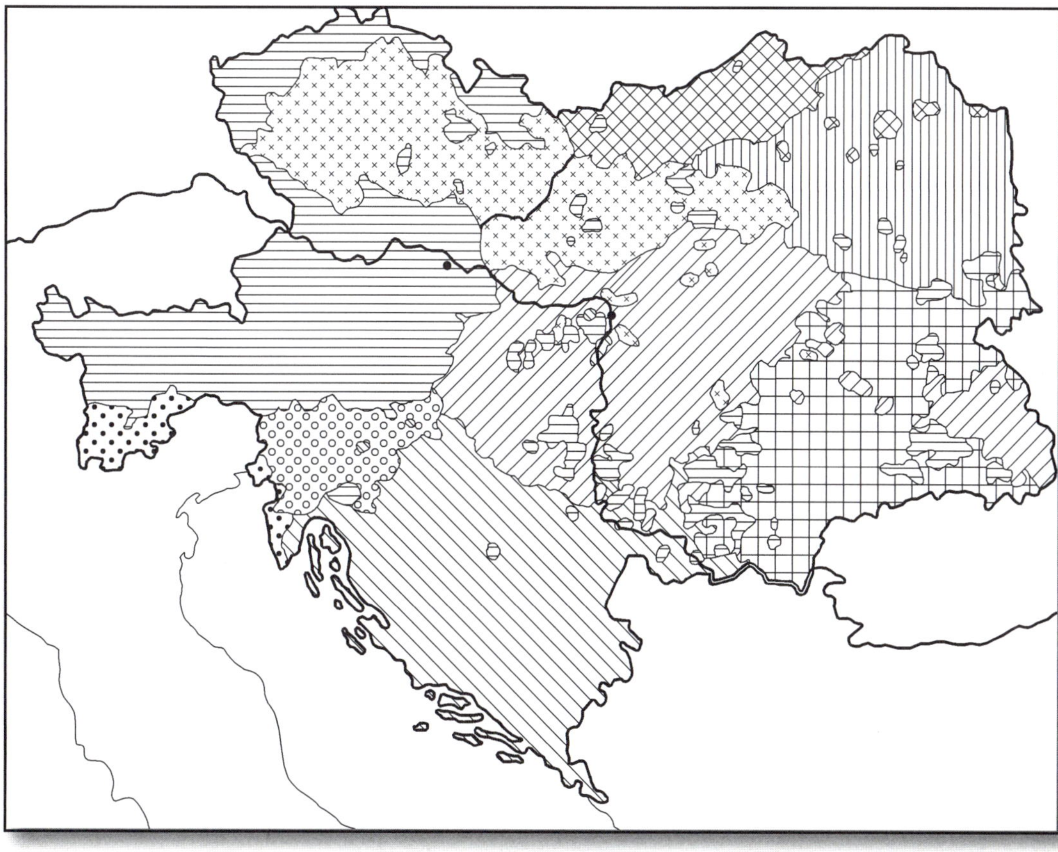

- Deutschösterreicher
- Ungarn
- Tschechen und Slowaken
- Polen
- Ukrainer
- Slowenen
- Serben, Kroaten, Bosnier
- Rumänen
- Italiener

2) Bilde aus den Satzteilen in den Kästchen Sätze und schreibe diese zu den passenden Begriffen! ★★★

Franz Joseph I. → ______________________________

Exekutive → ______________________________

Legislative → ______________________________

Judikative → ______________________________

Herrenhaus → ______________________________

Abgeordnetenhaus → ______________________________

____

Die adeligen Abgeordneten
Die Minister
Die gewählten Volksvertreter
Der Kaiser kann Gesetze
Der Reichsrat
Die Richter

annehmen oder ablehnen.
beschließt die Gesetze.
wachen über die Einhaltung der Gesetze.
setzen die Gesetze um.
werden vom Kaiser auf Lebenszeit ernannt.
werden durch das Zensuswahlrecht ermittelt.

Nun geht's los – Aufgaben für schlaue Köpfe!

3) **Lies dir diesen Bericht über ein Attentat auf Kaiser Franz Joseph genau durch, dann wirst du die Lösung leicht finden: ★**

ATTENTAT – ATTENTAT – ATTENTAT – ATTENTAT – ATTENTAT

Reichsfreiherr von Theussenbach berichtet im „**V**aterländischen Ehrenbuch":

Der Kaiser hatte im Winter die Gepfl**o**genheit, nach sechsstündiger Arbeit von 12 bis 2 Uhr einen Spaziergang auf der Bas**t**ei der inneren Stadt zu machen. Am 18. Februar 1853 war er bereits oberhalb des Kärntnertores angelangt. In diesem Augenblick sah sein Begleiter Graf O´Donell, wie ein Mann mit hoch erhobenen Armen, in der Hand ein langes Messer, mit einem widerlichen Schre**i** sich auf den Kaiser stürzte. O´Donell warf im Ringen den Attentäter zu Boden, stürzte aber dabei. Zum Glück kam ihm ein Wiener Bürger, der Fleischhauer Ettenreich, zu Hilfe. Kaiser Franz Joseph war am Hals **v**erletzt, konnte aber noch zu Fuß zum Palais zurüc**k**kehren. Die Kunde von diesem schreckl**i**chen Vorfall hatte sich **r**asch in der Stadt verbreitet. Tausende Bürger strömten zur Hofburg, Dankgebete wurden in den Kir**c**hen der Stadt veranstaltet. Zum Andenken an die Rettung seiner Majestät ließ Franz Joseph eine Kirc**h**e **e**rrichten.

Diesе Kirche heißt: . . . .

4) **Wellentext** – Diese Geschichte über die Kaiserin „Sisi" ist fast nicht mehr zu lesen. **Du schaffst es bestimmt, den Text zu lesen. Anschließend kannst du einen Steckbrief über die Kaiserin verfassen. Hol dir dazu mehr Informationen aus dem Internet oder aus Büchern! ★★**

Die märchenhafte Kaiserin – Elisabeth von Österreich

Elisabeth verbringt eine unbeschwerte Kindheit in Possenhofen am Starnberger See. In Bad Ischl verliebt sich Franz Joseph in die erst 15-jährige Sisi. Mit 16 Jahren heiratet Sisi Franz Joseph. Elisabeth gilt als eine der schönsten Frauen ihrer Zeit. Sie trägt bevorzugt eine Kronenfrisur. Da sie sehr auf ihre Figur achtet, isst sie rohes Eiweiß, trinkt den Saft von Rindfleisch und turnt viel mit Ringen, Reck und Hanteln. Sie hat drei Töchter und einen Sohn. Um dem strengen Hofleben zu entgehen, unternimmt sie viele Reisen. In Genf wird sie 1898 von einem Attentäter tödlich mit einer Feile verletzt.

27. DIE MONARCHIE IM WANDEL

Soziale Frage – Interessensvertretungen – Gründung von Parteien – Wahlrecht

Die Soziale Frage gewinnt an Bedeutung

In der zweiten Hälfte des 19. Jh. erlebte Österreich einen wirtschaftlichen Aufstieg, der aber keine Verbesserung der **Lebensbedingungen der Arbeiter und Arbeiterinnen** brachte.

Quelle: **nach Viktor Adler „Die Lage der Ziegelarbeiter", 1888**
Alle Arbeiter müssen im Werk schlafen. Für die Ziegelschläger gibt es elende „Arbeitshäuser". In jedem einzelnen Raume, sogenanntem „Zimmer", dieser Hütten schlafen je 3, 4 bis 10 Familien; Männer, Weiber, Kinder. Alle durcheinander, untereinander, übereinander. Für diese Schlafhöhlen scheint die Gesellschaft sich noch „Wohnungsmiete" zahlen zu lassen, denn der Bericht des Gewerbeinspektors meldet 1884 von einem Mietzins von 56 bis 96 **fl.**, der auf dem **Wienerberg** vorkommt.

Elendsquartier

fl.: Abkürzung für einen Gulden

Wienerberg: ein Stadtteil des 10. Bezirkes in Wien

Viktor Adler behandelte als Arzt die Armen. Im Dezember 1888 verkleidete er sich als Arbeiter, um die Lebensbedingungen der Ziegelarbeiter und Ziegelarbeiterinnen am Wienerberg hautnah kennen zu lernen.

In der Ziegelfabrik Wienerberger arbeiteten zu dieser Zeit hauptsächlich böhmische Arbeiter und Arbeiterinnen, die für einen Hungerlohn und unter unmenschlichen Bedingungen leben mussten. Sie wurden im Volksmund auch „Ziaglbem" genannt.

Klärt folgende Fragen:
Welche Probleme ergaben sich aus diesen engen Wohnverhältnissen?

Wer verdiente noch an dem Leid der Arbeiter?

Welche Menschen müssen heute noch in solchen Elendsquartieren wohnen?

Nach Vorbild der Sozialreformen in Deutschland unter Reichskanzler Bismarck wurden nach und nach auch in Österreich erstmals **Gesetze zum Schutz der Arbeiterschaft** beschlossen.

1885 Arbeiterordnung:
- Höchstarbeitszeit pro Tag auf 11 Stunden beschränkt
- Verbot der Kinderarbeit für Kinder unter 14 Jahren
- Nachtarbeit von Jugendlichen und Frauen verboten
- Kontrolle der Einhaltung der Vorschriften durch staatliche Fachinspektoren

Zur Information: Die Firma Wienerberger gibt es noch immer. Sie ist heute der größte Ziegelhersteller in Europa.

1888 Arbeiterkrankenversicherungsgesetz:
- Einführung einer Krankenversicherung
- Eine Arbeiterunfallversicherung wurde zwar beschlossen, aber erst 1890 eingeführt.

Mit diesen Sozialgesetzen begann die **Entwicklung des Sozialstaates** in Österreich.

Sozialstaat: Staat, der soziale Sicherheit garantiert

Quelle: **aus dem Arbeiterkrankenversicherungsgesetz vom 30. März 1888**
Im Falle die Krankheit mehr als 3 Tage dauert ... ist ... ein Krankengeld in der Höhe von 60% des ... üblichen Taglohns ... zu gewähren.

Interessensvertretungen bilden sich

Welche dieser Interessensvertretungen gibt es heute noch?

Nachdem mit dem Ende des Neoabsolutismus die **Versammlungs- und Vereinsfreiheit** beschlossen worden war, kam es zur Bildung von wirtschaftlichen und politischen Interessensvertretungen:

Gewerkschaften
Zusammenschluss von Arbeitnehmern und Arbeitnehmerinnen: Sie treten für höhere Löhne und bessere Arbeitsbedingungen ein.

Konsumvereine
Einkaufsgenossenschaften: Sie verkaufen Waren zu günstigeren Preisen an ihre Mitglieder.

Bäuerliche Genossenschaften
Verkaufsgenossenschaften: Sie verkaufen die landwirtschaftlichen Produkte ihrer Mitglieder.

Sparkassen, Raiffeisenkassen, Volksbanken
Sie geben Kredite zu günstigen Zinsen.

Die Gründung der österreichischen Parteien

Nach dem Zensus- und Kurienwahlrecht waren 1873 nur 6% der erwachsenen männlichen Bevölkerung wahlberechtigt. Dies bedeutete, dass 94% der Männer und alle Frauen in der Monarchie nicht wählen durften! Vor allem Personen mit niedrigen Einkommen waren mit diesem Wahlrecht nicht einverstanden. Sie forderten mehr **Mitbestimmung im Staat**. In Österreich schlossen sich die benachteiligten Schichten vorwiegend in zwei Parteien zusammen. Dies waren die **Sozialdemokratische Partei** und die **Christlichsoziale Partei**.

Worin lagen die Unterschiede in den Zielsetzungen dieser beiden Parteien?

1874 wurde auf dem Parteitag in Neudörfl im Burgenland die **Sozialdemokratische Partei Österreichs** gegründet. Eine Einigung der unterschiedlichen Richtungen innerhalb der Sozialdemokraten gelang **Viktor Adler** am Parteitag von Hainfeld 1889. Anhänger dieser Partei waren zum größten Teil Arbeiter. Wichtige Vertreter waren Karl Seitz und Karl Renner.

1896 kam es in Wien zur Gründung der **Christlichsozialen Partei Österreichs** unter der Führung **Karl Luegers**. Wähler der Christlichsozialen Partei stammten aus dem Kleinbürgertum, dem Bauernstand und der christlich gesinnten Arbeiterschaft. Wichtige Vertreter waren Leopold Kunschak und Prinz Alois von Liechtenstein.

Ziele der Sozialdemokraten
- staatliche Arbeiterschutzgesetzgebung
- gemeinsamer Kampf mit der Arbeiterschaft aller Länder
- allgemeines, gleiches und geheimes Wahlrecht für Männer und Frauen
- nur 8 Stunden Arbeitszeit pro Tag

Ziele der Christlichsozialen
- staatliche Schutzgesetze für Bauern und Handwerker
- Einführung von Sozialgesetzen
- Schutz des Privateigentums
- allgemeines und gleiches Wahlrecht für Männer

Schrittweise wurden Wahlreformen durchgesetzt, bis **1907** das **allgemeine, gleiche und geheime Wahlrecht für Männer** eingeführt wurde.

Gegen Ende des 19. Jh. wurden in Österreich **Sozialgesetze** beschlossen. Wirtschaftliche und politische **Interessensvertretungen** bildeten sich. Es kam zur Gründung der **Sozialdemokratischen Partei** und der **Christlichsozialen Partei**. 1907 wurde das **allgemeine, gleiche und geheime Wahlrecht für Männer** eingeführt.

28. ALLTAG, KUNST UND KULTUR

Historismus – Jugendstil – Literatur – Alltag

Kunst und Kultur

Im Zeichen des technischen und industriellen Fortschritts kam es in der zweiten Hälfte des 19. Jh. in der Donaumonarchie zu einem wirtschaftlichen und kulturellen Aufschwung. In dieser **Gründerzeit** (1860–1900) stieg die Hauptstadt Wien des Vielvölkerstaates Österreich-Ungarn zum kulturellen Mittelpunkt des Reiches auf.

Gemälde aus dem Historismus von Hans Makart

Mitte des 19. Jh. entwickelte sich Wien aufgrund des Zuzuges von Menschen aus allen Teilen der Monarchie zu einer **Großstadt**. Kaiser Franz Joseph ließ 1857 die mittelalterliche Wiener Stadtmauer schleifen, um eine Prachtstraße im Stil des **Historismus** errichten zu lassen. Mit dem Bau der **Wiener Ringstraße** wurde 1858 begonnen.

Berühmte Bauwerke der Wiener Ringstraße sind die Votivkirche (Neugotik), die Universität (Neuhochrenaissance), das Rathaus (Neugotik), das Parlament (Neuklassik), das Burgtheater (Neubarock), die Hofburg (Neurenaissance/Neubarock), das Natur- und Kunsthistorische Museum (Neurenaissance/Neubarock) und die Staatsoper (Neurenaissance).

Historismus: Nachahmung antiker, gotischer und barocker Baustile

Wenn du in Wien wohnst oder einmal auf Besuch kommst, mach doch einen Rundgang!

Jugendstilplakat von Alphonse Mucha

Gegen Ende des 19. Jh. schlossen sich junge Künstler aus Protest gegen den Historismus in der **Künstlervereinigung** **Sezession** zusammen.

Die neue Kunstrichtung wurde **Wiener Jugendstil** genannt und zeichnete sich durch viele **Ornamente** und geschwungene Linien und Muster aus.

Sezession: bedeutet Abspaltung

Ornament: Schmuckelement, Verzierung

Die Wiener Sezession

atonal: Musik, die an keine Tonart gebunden ist
Psychoanalyse: Methode zur Behandlung psychischer (seelischer) Störungen

Welche Arbeiten verrichten Gastarbeiter heute hauptsächlich?

Bettgeher: Untermieter, der nur eine Schlafstelle benützen darf
profitieren: von etwas einen Nutzen haben
Gänsehäufel: Strandbad an der Alten Donau in Wien

In der **Gründerzeit** wurde die **Wiener Ringstraße** im Stil des **Historismus** gebaut. Otto Wagner und Gustav Klimt waren Vertreter des **Jugendstils**. Der Zustrom an Zuwanderern und Zuwanderinnen führte zu einer **Wohnungsnot**.

Wichtige Vertreter des Jugendstils waren die **Architekten** Otto Wagner und Adolf Loos sowie die **Maler** Gustav Klimt, Egon Schiele und Oskar Kokoschka.

Klimt

Schiele

Kokoschka

In der **Musik** komponierte Arnold Schönberg die ersten **atonalen** Musikstücke, aber auch der populäre Walzer wurde unter Johann Strauß, dem Walzerkönig, weltbekannt. **Dichter** wie Arthur Schnitzler, Karl Kraus, Franz Kafka und Hugo von Hofmannsthal setzten sich auch kritisch mit ihrer Zeit auseinander. Der Arzt Sigmund Freud entwickelte die **Psychoanalyse**.

Alltag in der Großstadt Wien

Großbauvorhaben wie der Bau der Stadtbahn, die Wienfluss- und Donauregulierung und die Errichtung von Geschäfts- und Wohnhäusern ließen viele Arbeiter und Arbeiterinnen aus allen Teilen der Monarchie nach Wien kommen. Aus den Kronländern Ungarn, Böhmen, Mähren und Slowakei kamen viele Köchinnen, Schneiderinnen und Dienstmädchen. Der Zustrom an Zuwanderern und Zuwanderinnen führte bald zu einer **Wohnungsnot** in Wien. In den Vorstädten entstanden Zinskasernen mit **Zimmer-Küche-Wohnungen**, in denen kinderreiche Familien lebten, die häufig **Bettgeher** aufnahmen, um ihre Miete zahlen zu können. So gab es in Wien um 1900 ca. 66 000 Bettgeher.

Die schlechten Wohn- und Arbeitsbedingungen und die unzureichende ärztliche Versorgung führten dazu, dass Krankheiten wie die **Tuberkulose** viele Todesopfer forderten. Betroffen waren vor allem Kinder unter 5 Jahren.

Starken politischen Einfluss hatte nach wie vor nur der Adel. Der gesellschaftliche Alltag wurde aber vom **Bürgertum** bestimmt, das vom wirtschaftlichen Aufschwung am meisten **profitiert** hatte. Wohlhabende Bürger ließen sich prachtvolle **Palais** bauen, die auf den zum Kauf angebotenen Gründen zwischen den Prachtbauten der Ringstraße errichtet wurden. Prunkvolle Feste, Theater- und Opernbesuche bestimmten den Lebensalltag.

Ringstraßenpalais

Die einfachen Leute aber besuchten den Prater, das **Gänsehäufel** und Sportplätze. Freizeitorganisationen wie die Naturfreunde entstanden.

Nun geht's los – Aufgaben für schlaue Köpfe!

1) Auf dieser Jugendstilpostkarte gibt es viele Ornamente, die noch angemalt gehören!

2) Welcher Kaiser ist hier zu sehen? ★ ______________________________

3) **Ringstraßenspaziergang** – Trage die Namen und den entsprechenden Baustil mit Hilfe der Postkarte (S. 129) ein! ★★★

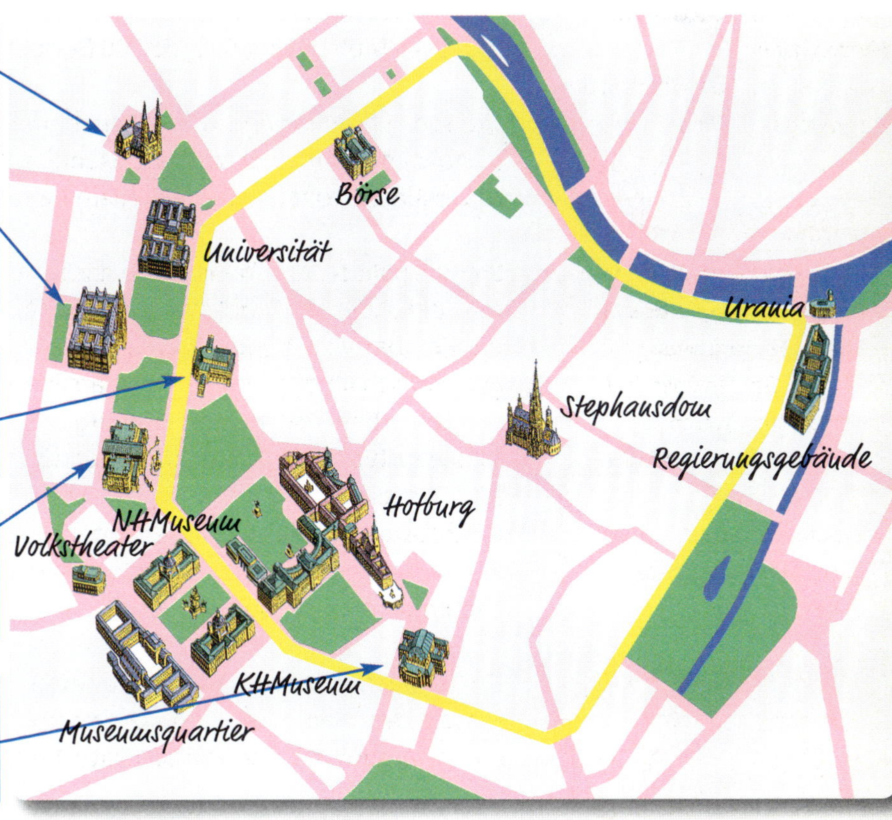

Nun geht's los – Aufgaben für schlaue Köpfe!

4) Ordne die Texte den Bildern zu! ★★

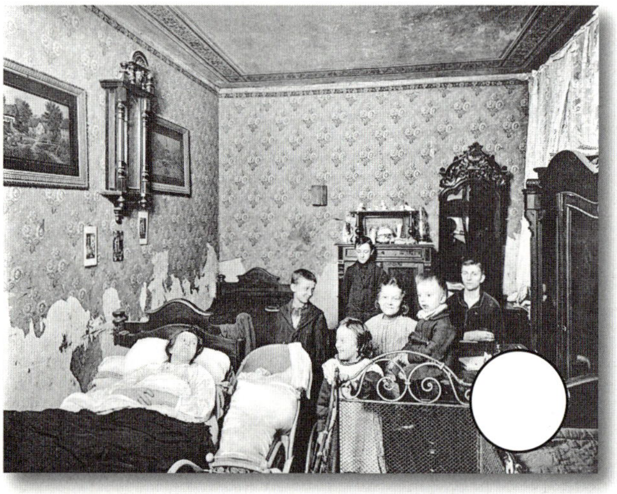

A. Seit kurzem gehe ich regelmäßig zu den Spielen des neugegründeten Fußballvereins Rapid. Fußball ist ein toller neuer Sport, den jeder betreiben kann.

B. Wir haben heute Gäste eingeladen. Meine böhmische Köchin bereitet Tafelspitz zu. Hoffentlich hat Mitzi mein Kleid ordentlich aufgebügelt!

C. Mir tut alles weh! Die Nacht gemeinsam mit meinen 4 Geschwistern in einem Bett war kurz, da Sophie Albträume hatte. Unser Bettgeher Franz kam heute auch früher nach Hause. Wir mussten das Bett für ihn räumen.

D. Bei Schönwetter gehen wir gerne baden. Der Eintritt im Gänsehäufel ist billig und wir treffen viele Bekannte. Den Kindern tut die frische Luft auch gut. So können wir für einige Stunden der engen Wohnung entkommen und unsere Sorgen vergessen.

29. ÜBERBLICK: SCHULE

Rom – Mittelalter – Absolutismus – 19. Jahrhundert – heute

Mit Stilus und Abakus – Schule im antiken Rom

Nicht alle Kinder gingen im antiken Rom zur Schule. Eine Schulpflicht gab es nicht. Die Eltern mussten den **Unterricht** selbst **bezahlen**. Kinder aus armen Familien konnten nur selten zur Schule gehen, da sie schon früh arbeiten mussten.

Gestaltet gemeinsam ein Plakat:
Was verbindet ihr mit Schule und was bedeutet Schule für euch?
Welche Schulen gibt es heute?
Was erwartet ihr von der Schule?

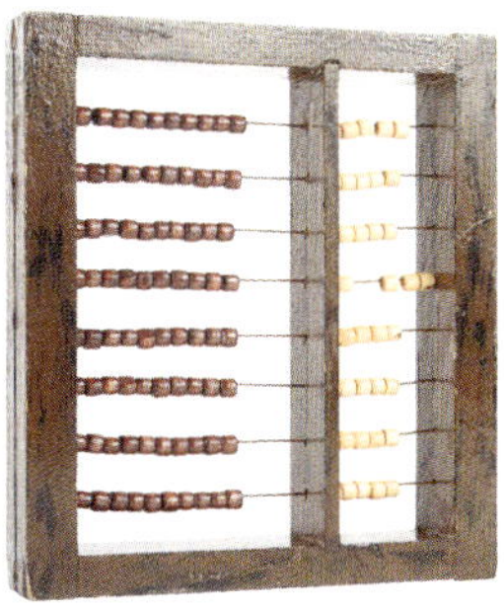

Abakus

Der **Codex**, der aus mehreren Lagen Pergament bestand, war der Vorläufer unseres heutigen Buches. Er war sehr teuer und wurde in der Schule daher nur selten verwendet. Die Schüler mussten viel **abschreiben** und **auswendig lernen**. Kleine Kinder schrieben mit einem **Stilus** auf **Wachstafeln**. Ältere Schüler verwendeten **Schreibfedern** und Tinte, um auf Papyrus zu schreiben. Rechnen lernten die Kinder mit einem **Abakus**.

Wachstafel mit Stilus

Für viele römische Kinder war die Schulzeit mit ungefähr 12 Jahren zu Ende. Meist konnten sie dann so viel lesen, schreiben und rechnen, dass sie im täglichen Leben zurecht kamen. Eine höhere Schulbildung, bis zum 16. Lebensjahr, erhielten nur die Söhne reicher Eltern.

Hast du das gewusst?

- In Rom fand der Unterricht oft auf öffentlichen Plätzen statt.
- Die Kinder saßen in Gruppen auf kleinen Schemeln um den Lehrer.
- Die Lehrer waren sehr streng. Wenn die Kinder nicht gelernt hatten oder nicht gehorchten, wurden sie von diesen geschlagen.
- Auch Mädchen besuchten die Schulen, wenn auch nicht so häufig wie Knaben.

Schüler in Rom

Lernen im Kloster – Schule im Mittelalter

Im Mittelalter gab es Schulen zuerst nur in Klöstern. Knaben, die später ins Kloster eintraten, lernten lesen und schreiben und verbrachten viel Zeit mit dem Auswendiglernen von Bibeltexten und Gebeten in lateinischer Sprache. Ab dem 12. Jh. entstanden auch in den Städten Schulen, die vor allem von Kindern von Handwerkern und Kaufleuten besucht wurden.

Vergleiche die Schule im antiken Rom und im Mittelalter!
Gab es Unterschiede oder Ähnlichkeiten?

Hast du das gewusst?

- Im Mittelalter schrieben die Schüler in den kleinen Pfarrschulen mit einem Stück Holzkohle auf den Boden.
- Die Söhne der Reichen wurden in der Domschule unterrichtet, damit sie später die Universität besuchen konnten.
- Mädchen besuchten keine Schule, sie blieben zu Hause und lernten, einen Haushalt zu führen.

Klosterschule

Kartenspiel Ludwigs XIV.

Ludwig XIV. als Schüler

Der spätere französische König Ludwig XIV. war sechs Jahre alt, als man es für notwendig hielt, ihm erste Kenntnisse in Geschichte, Geografie und Literatur beizubringen. **Kartenspiele** waren am französischen Hof eine beliebte Freizeitbeschäftigung. Daher wurden für den kleinen Ludwig passende Kartenspiele entworfen, mit denen er sich das gewünschte Wissen spielerisch aneignen sollte.

Schule zur Zeit Maria Theresias

Unter Maria Theresia wurden in Österreich 1774 **staatliche Volksschulen** errichtet. Trotz der **allgemeinen Unterrichtspflicht** von sechs Jahren besuchten nur wenige Kinder die Schule, da sie am Bauernhof mitarbeiten mussten. Für ihren Sohn Joseph ließ Maria Theresia sogar ein eigenes **ABC Büchlein** anfertigen.

Das
Josephinische Erzherzogliche
A. B. C.
Oder
Namenbüchlein
In
Zweyerley Schriften,
Mit vielen angenehmen, zur Unterweisung dienlichen Figuren und Vorschriften,
Wodurch sowohl junge, als auch erwachsene Leute auf eine vernünftige Weise in kurzer Zeit das Buchstabiren und Lesen in zweyerley Schriften ganz leicht lernen, und anbey zum Schreiben, Rechnen, und Christlichen Sitten mit geringer Mühe und Unkosten sonderbar geschickt werden können.
Mit allergnädigster Freyheit.
Wien, gedruckt bey Johann Ignatz Heyinger, Hochfürstl. Erzbischöfl. Hof-Buchdrucker, An. 1744.

ABC- oder Namensbüchlein

Quelle: Brief an den Gemeindevorsteher in Großharras!
Nach dem Bericht des Schulinspektors war der Schulbesuch in diesem Jahr sehr schlecht und werden die Kinder häufig in der Zuckerfabrik verwendet.
Ich fordere Sie auf, diesen Unfug abzustellen, die Eltern anzuhalten, ihre Kinder in die Schule zu schicken und ihnen die gesetzlichen Strafen vorzuhalten!

Der k. u. k. Bezirkshauptmann
Mistelbach (NÖ),
am 24. Dezember 1870

Zucht und Ordnung – Schule im 19. Jh.

Quelle: aus der Politischen Schulverfassung von 1805
Die Pflichten der Lehrer waren genau festgelegt: „Vorzüglich halte er auf Gehorsam, Ordnung und Stille, Fleiß, Reinlichkeit, Schamhaftigkeit, Verträglichkeit, Dienstfertigkeit und Höflichkeit." Er sollte auch darauf achten, dass die Kinder „reinlich, mit gewaschenem Gesicht und gewaschenen Händen, und wenn sie bloßfüßig gehen, mit gewaschenen Füßen" in die Schule kommen. Mädchen sollten „insbesondere weder mit einem steifen, der Gesundheit und dem Wuchse schädlichen Schnürleibe, noch leichtfertig gekleidet in die Schule kommen".

Schulrecht heute

In Österreich erhalten heute alle Kinder ab dem 6. Geburtstag Unterricht. Die **Unterrichtspflicht beträgt 9 Jahre**. Kranke Schüler und Schülerinnen werden zu Hause oder im Krankenhaus unterrichtet.

Welchen Grund führte der Bezirkshauptmann für den unregelmäßigen Schulbesuch der Schüler und Schülerinnen an?

Diskutiert in der Klasse über die Pflichten und Rechte der Schüler und Schülerinnen heute!

Aus dem Österreichischen Schulunterrichtsgesetz:

Die Schülerinnen und Schüler sind verpflichtet,
- durch ihre Mitarbeit die Unterrichtsarbeit zu fördern,
- den Unterricht regelmäßig und pünktlich zu besuchen,
- die notwendigen Unterrichtsmittel mitzubringen.

Die Schülerinnen und Schüler haben das Recht,
- sich an der Gestaltung des Unterrichts zu beteiligen,
- Vorschläge und Stellungnahmen abzugeben,
- sich an der Wahl der Unterrichtsmittel zu beteiligen.

Industrie NEWS

Sensationelle Erfindungen aus den letzten Jahrzehnten!

1832 wurde in Österreich die erste Pferdeeisenbahn auf dem europäischen Festland in Betrieb genommen.

Seltsam, aber wahr! 1882 erfand Henry Seely das elektrische Bügeleisen. Er konnte es aber nicht verkaufen, weil keiner Strom im Hause hatte.

1882 erfand Etienne-Jules Marey die erste Filmkamera. Nach dem Abdrücken konnte man immerhin schon 12 Fotos pro Sekunde schießen. Doch erst 1895 mit der Entwicklung des Kinematographen zum Abspielen der Filme durch die Brüder Lumiére aus Lyon war es möglich, Filme auch anzusehen. Die Firma Kodak stellte in den USA die ersten Filme her.

1898 wurde die Deutsche Grammophongesellschaft gegründet. Bereits 3 Jahre später hatte sie mehr als 5 000 Aufzeichnungen in verschiedensten Sprachen in ihrem Plattenkatalog.

1906 übertrug der Kanadier Reginald Fessenden erstmals Sprache und Musik mit Hilfe von Radiowellen.

Patentstreit knapp entschieden: Am 14. 2. 1876 wollten sich Alexander Graham Bell und Elisha Gray unabhängig voneinander das Telefon in den USA patentieren lassen. Gray traf 2 Stunden später als Bell im Patentamt ein und verlor damit das Rennen. Schon Ende 1877 war Bell Millionär.

Neue Verwendung für die Kartoffel entdeckt!

Spanische Eroberer brachten die Kartoffel, auch Erdapfel genannt, aus dem Gebiet der Anden in Südamerika nach Europa. Sie war so kostbar, dass sie als Topfpflanze verwendet wurde. Als bekannt wurde, dass die Indianer die Pflanze auch essen, verzehrten die Europäer zunächst die Blüten, was zu Vergiftungen führte. Schließlich erkannte man, dass die Knollen in der Erde die genießbaren Teile waren. Im 19. Jh. wurde die Kartoffel zum Grundnahrungsmittel des einfachen Volkes.

George Stephenson (1781–1848)

Ein Nachruf auf den Vater der Lokomotive

Stephenson begann seine Karriere mit 14 Jahren als Hilfsarbeiter. Bald stieg er zum Maschinenmeister auf. 1815 bekam er sein erstes Patent für eine Dampflokomotive und gründete 1823 die erste Lokomotivfabrik der Welt, in der die Lokomotiven für die Bahnstrecke von Stockton nach Darlington gebaut wurden.

Viele Menschen glaubten damals, dass der Rauch der Lokomotive giftig sei, die Vögel töte und den Himmel verdunkle, sodass die Sonne nicht mehr durchscheinen könne. Auch nahm man an, dass Lokomotiven bei Regen nicht fahren könnten, da es in den Rauchfang hineinregnen und so das Kesselfeuer gelöscht werden würde.

Reisen Sie mit einem Luftschiff des Grafen Zeppelin – das größte ist 240 m lang.

So eine Litfaßsäule zum Aufhängen der neuesten Nachrichten und Werbeplakate wurde von dem Drucker Ernst Litfaß erfunden. 1854 bekam er dann eine Genehmigung zum Aufstellen.

Donaumonarchie NEWS

Seitenblicke

Freud und Leid im Hause Habsburg

Kaiserhochzeit

24. 4. 1854: Bei strahlendem Sonnenschein setzt sich der Hochzeitszug des Kaisers und seiner 16-jährigen Braut in Bewegung. Das Volk jubelt dem jungen Paar auf ihrem Weg zur Augustinerkirche zu. Elisabeth ist vor Aufregung blass. Das Ja des Kaisers klingt laut und energisch durch den Raum. Elisabeth flüstert das Ja-Wort kaum hörbar. Dies ist eine der wenigen Liebesheiraten der Habsburger.

Tod des Bruders des Kaisers

19. 6. 1867: Soeben erreichte uns eine schreckliche Nachricht aus Mexiko. Maximilian, der Bruder unseres Kaisers Franz Joseph, der 1864 die mexikanische Kaiserkrone angenommen hatte, wurde hingerichtet.

EXTRAAUSGABE

30. 1. 1889: Tod Kronprinz Rudolphs in Mayerling – Jagdunfall oder Selbstmord?

---

erstes TELEGRAMM AUS GENF

Ihre Majestät die Kaiserin gefährlich verletzt!

zweites TELEGRAMM AUS GENF

Ihre Majestät die Kaiserin soeben verschieden!

EXTRAAUSGABE

10. 9. 1898: Kaiserin Elisabeth wurde von einem Attentäter in Genf am Kai auf dem Weg zum Schiff mit einer Feile angegriffen und dabei tödlich verletzt.

Egon Schiele im Gefängnis

Wegen seiner skandalösen Zeichnungen wurde der Maler Egon Schiele zu 4 Wochen Kerker verurteilt.

Bertha von Suttners Roman „Die Waffen nieder“ zeigt den Wahnsinn des Krieges auf. 1905 bekam sie dafür als erste Frau den Friedensnobelpreis verliehen.

Etwas Unpraktisches kann nicht schön sein behauptet der österreichische Architekt Otto Wagner.

Buchtipps

Emilie Beaumont: Erfindungen. Magica (Fleurus Verlag).

Traude Kogoj: Ötzi, Sisi und Co. Österreichische Geschichte zum Mitreden (Ueberreuter Verlag).

Kathrin Steinberger: Die Brüder von Solferino (Jungbrunnen)

Was gibt es Neues?

- **1889 wird in Wien der erste öffentliche Zigarettenautomat aufgestellt.**
- **1908 entwickelt Henry Ford die Fließbandmontage.**
- **Um 1890 wird zum ersten Mal ein zusammenlegbarer Kinderwagen eingesetzt.**
- **1901 baut Huber Cecil Booth den ersten Staubsauger.**
- **Die erste Schreibmaschine wird „literarisches Piano“ genannt.**
- **Ein Mähdrescher ersetzt die Arbeitskraft von 100 Arbeitern.**

Reise in die Vergangenheit:

1773:	James Watt entwickelte die Dampfmaschine weiter.
1825:	Die erste Eisenbahn der Welt ging in Betrieb.
1827:	Joseph Ressel erhielt ein Patent für seine Schiffsschraube.
1837:	Samuel Morse erfand den Telegrafen.
1848 – 1852:	Die Semmeringbahn wurde gebaut.
1860:	Louis Pasteur führte die ersten Schutzimpfungen durch.
1860 – 1914:	Gründerzeit
1875:	Siegfried Marcus entwickelte den ersten Wagen.
1903:	Die Brüder Wright unternahmen den ersten Motorflug.

30. IMPERIALISMUS

Entdecker – Kolonialpolitik – Afrika – Amerikanischer Bürgerkrieg

Forscher erkunden die Welt

Im 19. Jh. waren Teile der Welt noch unerforscht. Vor allem Afrika, der „dunkle Erdteil", zog **Missionare** und Entdecker an.

Livingstone in Afrika

Auf einer seiner Afrikareisen wurde Livingstone krank. In England wusste man nicht, was mit ihm geschehen war. Der Journalist Henry Morton Stanley reiste nach Afrika und machte sich mit 200 Eingeborenen auf die Suche nach Dr. Livingstone. Tatsächlich fand er den verschollenen Forscher und begrüßte ihn mit den berühmt gewordenen Worten: „Dr. Livingstone, I presume?" (Dr. Livingstone, wie ich annehme?).

Missionar: Ist ein Angehöriger einer Religionsgemeinschaft, der Andersgläubige zu seiner Religion bekehren will.

Der englische Arzt **David Livingstone** durchquerte den Süden Afrikas auf der Suche nach den Quellen des Nils. Dabei entdeckte er die heute weltberühmten Wasserfälle, die er zu Ehren seiner Königin **Viktoriafälle** nannte.

Auch **Nord- und Südpol** wurden nun erstmals erforscht. 1909 bezwang **Robert Edwin Peary** den Nordpol, 1911 **Roald Amundsen** den Südpol. Eine österreichische Forschergruppe entdeckte eine Inselgruppe im Nordpolarmeer. Sie benannten sie nach ihrem Kaiser: **Franz-Joseph-Land**.

Die Berichte der Forscher weckten großes Interesse an den fernen Ländern, nach ihren Angaben wurden Karten von Afrika und Asien gezeichnet. **Missionare** folgten den Entdeckern, mit dem Ziel, die „Heiden" zum Christentum zu bekehren.

Viktoriafälle

Die Auswirkungen der Industriellen Revolution

Seit Beginn der Industriellen Revolution wurden in Europa und in Nordamerika immer mehr Waren hergestellt. Dadurch stieg der Bedarf an Rohstoffen. Die **Industriestaaten** suchten daher **neue Rohstoffvorkommen** in den noch unbekannten Gebieten der Erde.

Warum benötigten die Industriestaaten immer mehr Rohstoffe?

Billige Rohstoffe aus Afrika, Asien oder Amerika und die maschinelle Verarbeitung in Europa ermöglichten die Herstellung von **Massenwaren**.

Die Industriestaaten strebten danach, die fremden Länder völlig zu beherrschen. Dieses Streben nach Macht und Besitzerweiterung nennt man **Imperialismus**.

Imperialismus: von lateinisch „Imperium"; bedeutet Herrschaft, Staatsgewalt

Die Aufteilung der Welt

Im Wettstreit um die neuen Kolonialgebiete lagen England, Frankreich und Deutschland an der Spitze. Aber auch Russland, Japan, Italien und die USA sicherten sich ihre Ansprüche an den neu zu erobernden Gebieten.

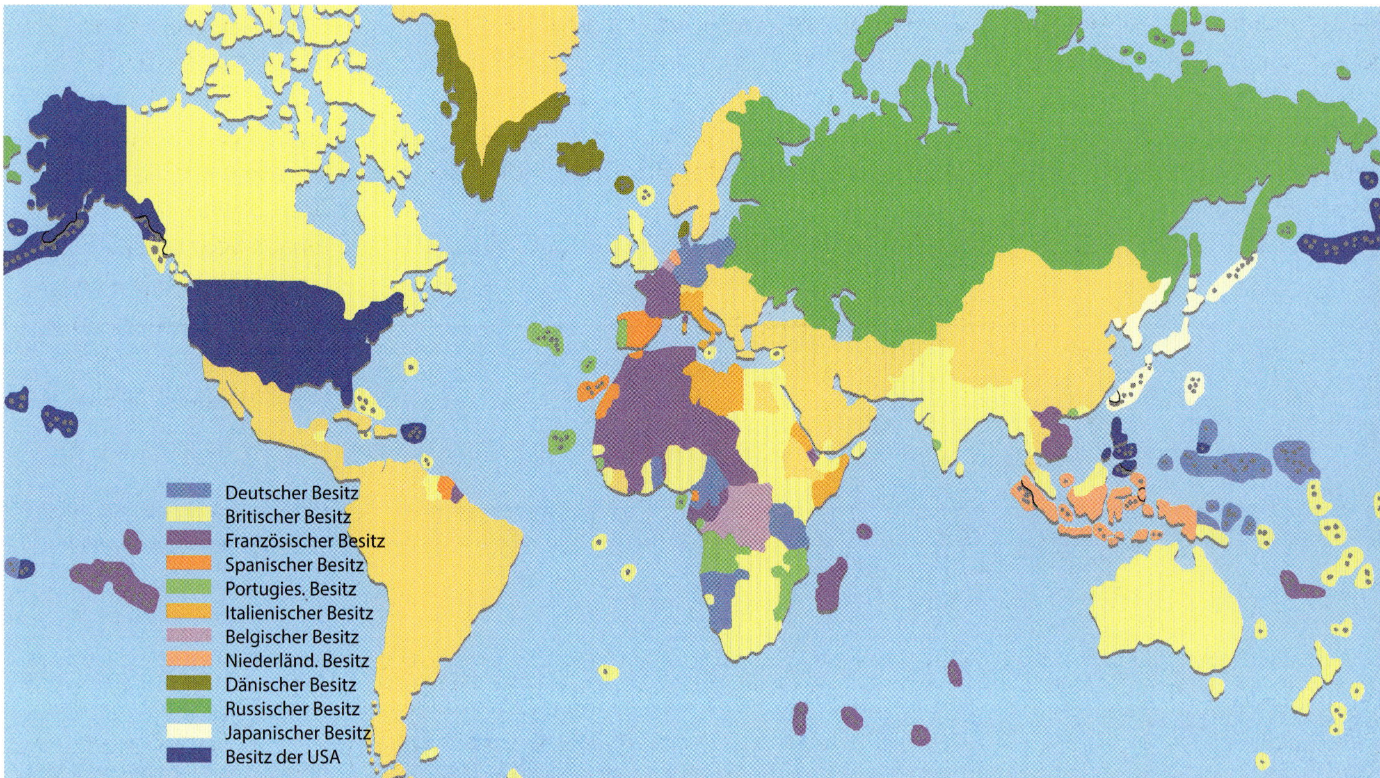

Die Aufteilung der Welt 1800 bis 1914

Vergleich: Größenverhältnisse Kolonialmacht-Kolonie:

Großbritannien 1 : 100
Mutterland: 300 000 km²

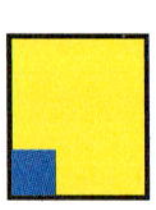

Frankreich 1 : 12
Mutterland: 500 000 km²

Deutschland 1 : 5
Mutterland: 500 000 km²

Absatzmarkt: Möglichkeit, Waren zu verkaufen

Zivilisation: Gesamtheit der Veränderungen durch Wissenschaft und Technik

Welche Vor- und Nachteile bringt die „Zivilisation"?

Imperialistische Politik

Die Regierungen der imperialistischen Staaten schlossen mit Stammesfürsten oder Königen Verträge oder zwangen ihnen militärisch ihren „Schutz" auf. Aus diesen Schutzgebieten wurden dann **Kolonien**.

Auf die Interessen der unterworfenen Völker nahm man wenig Rücksicht. Man suchte nach **Bodenschätzen** und beutete die Kolonien unbarmherzig aus. Auf riesigen Plantagen wurden landwirtschaftliche Produkte in großen Mengen angebaut. Vor allem **Baumwolle, Kaffee** und **Tee** waren begehrte Kolonialwaren. Die **Rohstoffe** wurden mit Schiffen in die europäischen Industriestaaten gebracht und dort verarbeitet. Der Verkauf der fertigen Produkte brachte große Gewinne.

Engländer prüft die Waren.

Die neu eroberten Gebiete dienten aber nicht nur als Rohstofflieferanten, sondern waren auch **Absatzmärkte** für billige Massenware aus Europa. Dadurch gingen viele alt hergebrachte Handwerkstraditionen in den Kolonien verloren. Die Abhängigkeit der Kolonien von den Mutterländern nahm zu.

Die Kolonialmächte rechtfertigten ihr Vorgehen damit, dass sie den „unterentwickelten" Ländern die Vorteile der **Zivilisation** brächten.

Die Herrschaft des „weißen Mannes"

In den Kolonien wurden **europäische Gesetze** eingeführt. Viele westliche Maßnahmen zerstörten alte Stammeskulturen. Ärzte, Lehrer und Missionare sollten den Einheimischen die „Vorteile der Zivilisation" näher bringen.

Die Kolonialmächte bauten **Straßen, Eisenbahnen** und **Hafenanlagen**, die vor allem dazu dienten, Rohstoffe aus den Kolonien und Fertigwaren in die Kolonien zu transportieren. **Weiße Siedler** kamen in die Kolonien und nahmen das beste Land in Besitz. Die weißen Siedler verdrängten die Eingeborenen von ihren angestammten Gebieten. Dies führte oft zu Aufständen der Einheimischen, die brutal niedergeschlagen wurden.

Quelle: Cecil Rhodes, britischer Regierungschef der Kapkolonien (Südafrika)
Ich behaupte, dass wir die erste Rasse der Welt sind, dass es für die Menschen umso besser ist, je mehr wir von der Welt bewohnen. Darüber hinaus bedeutet es einfach das Ende aller Kriege, wenn der größte Teil der Welt unserer Herrschaft untersteht.

Wie begründet Cecil Rhodes die Herrschaft des „weißen Mannes"?

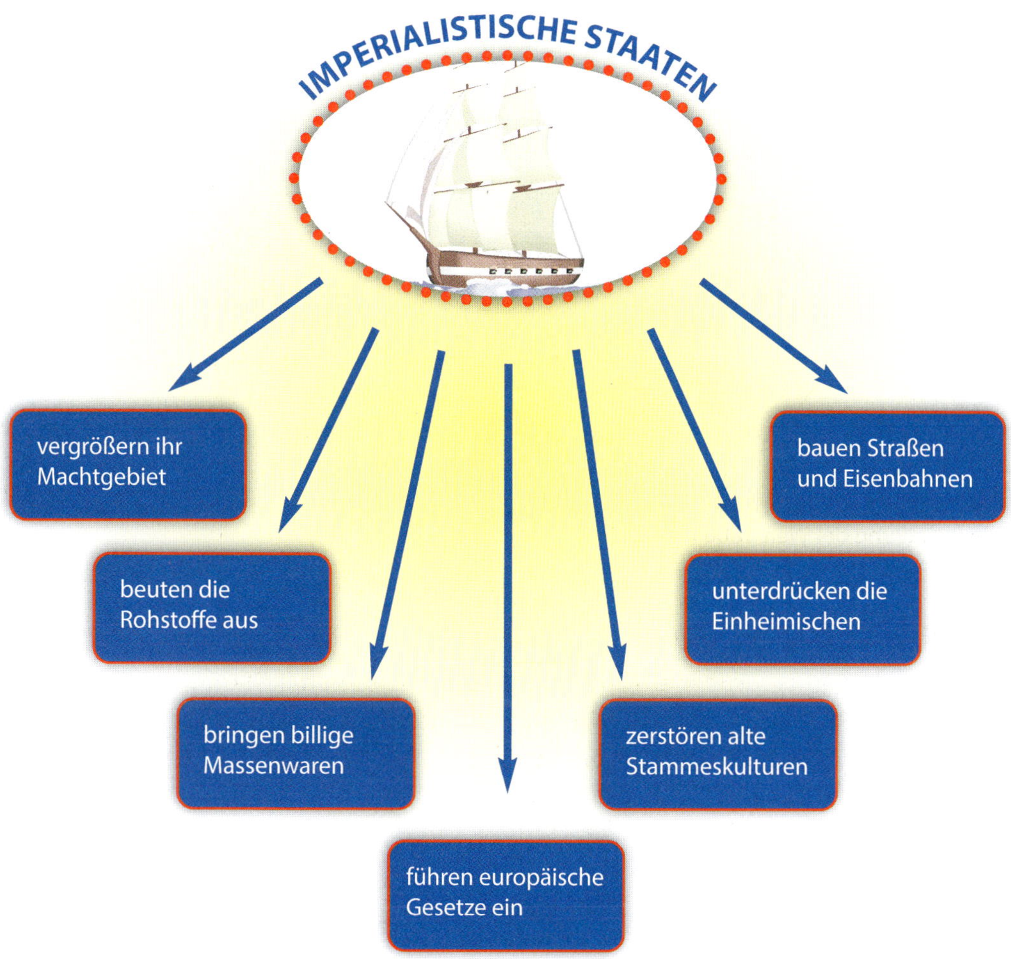

Cecil Rhodes in einer zeitgenössischen Karikatur

Wie wurde Cecil Rhodes von Zeitgenossen eingeschätzt? Die Karikatur hilft dir dabei.

Englische Kolonialherren in Indien

Seit Vasco da Gama 1498 den Seeweg nach Indien entdeckt hatte, gab es dort **europäische Handelsniederlassungen**. Ab dem 17. Jh. dehnten die Briten ihre Macht in Indien immer weiter aus. Durch **Verträge** mit indischen Fürsten oder mit **Waffengewalt** errichteten sie eine Kolonie.

1876 nahm die englische Königin Viktoria den Titel **„Kaiserin von Indien"** an. Die englischen Kolonialherren veränderten das traditionelle Wirtschaftssystem Indiens völlig. Sie legten riesige **Plantagen** an, auf denen Tee, Baumwolle oder Jute angebaut wurde. Die indischen Bauern verloren ihr Land und verarmten. Die Arbeiter auf den Plantagen bekamen nur einen **Hungerlohn**, während die Plantagenbesitzer mit dem Verkauf der Rohstoffe ein Vermögen verdienten. Aufstände der unterdrückten indischen Bevölkerung wurden mit Waffengewalt niedergeschlagen.

Hungerlohn: „zum Sterben zu viel, zum Leben zu wenig"

In welchen Ländern werden auch heute noch Menschen unterdrückt und ausgebeutet?

Wie waren die Lebensbedingungen in Afrika?

Ku-Klux-Klan um 1900

Radikale Südstaatler schlossen sich nach der Abschaffung der Sklaverei zu rassistischen Bünden zusammen (Ku-Klux-Klan), die teilweise heute noch bestehen.

Wie ist die Situation in den USA heute? Wie leben Afroamerikaner?

Sezession: Abspaltung; bedeutet hier, dass sich die Südstaaten von den Nordstaaten trennen wollten

Im 19. Jh. erforschten Entdecker unbekannte Gebiete. Es begann das Zeitalter des **Imperialismus**. Die Industriestaaten gründeten **Kolonien**, die sie rücksichtslos ausbeuteten. In Amerika fand der **Sezessionskrieg** zwischen den Nord- und Südstaaten statt.

Kolonialpolitik in Afrika

Afrika 1910

1884 fand in Berlin eine Afrika-Konferenz statt. Der deutsche Staatskanzler Fürst Bismarck hatte Vertreter der europäischen Länder und der USA eingeladen, um die **Machtverhältnisse in Afrika** zu klären. An dieser Konferenz nahm kein einziger Afrikaner teil. Die Europäer waren in Afrika vor allem an den wertvollen Bodenschätzen wie Kupfer, Gold und Diamanten interessiert. Die Bevölkerung wurde oft mit Waffengewalt zu schweren Arbeiten in den Bergwerken und auf den Plantagen gezwungen.

In **Belgisch-Kongo** etwa wurde Kautschuk für die Herstellung von Gummi gewonnen. Um die Männer zur Arbeit zu bewegen, wurden ihre Frauen und Kinder entführt, eingesperrt, als Sklaven verkauft oder umgebracht. Arbeitern, die nicht genug Kautschuk ablieferten, wurden zur Strafe die Hände abgehackt.

Aufstände gegen die Unterdrücker schlug man brutal nieder. In **Deutsch-Südwestafrika** erhob sich der Stamm der **Herero** gegen die deutsche Kolonialmacht. Der Aufstand wurde unter Einsatz von Waffengewalt mit Soldaten aus Deutschland beendet. Der Stamm der Herero wurde fast zur Gänze ausgerottet.

Amerika im 19. Jahrhundert

In der Zeit von 1861 bis 1865 fand in den USA ein **Bürgerkrieg** zwischen den **Nord- und Südstaaten** statt, der auch **Sezessionskrieg** genannt wird.

Der direkte Anlass für den Krieg war der Streit um die **Sklavenfrage**. Die Südstaaten wollten die Sklaverei beibehalten. Im landwirtschaftlich geprägten Süden wurden die Sklaven seit langer Zeit als billige Arbeitskräfte auf den Baumwollfeldern eingesetzt. Die industrialisierten Nordstaaten sahen in der Sklaverei eine Verletzung der Menschenrechte. Sie wollten die Sklaverei abschaffen.

Abraham Lincoln

Nach dem Sieg der Nordstaaten unter **Abraham Lincoln** erhielten die Sklaven zwar die persönliche Freiheit, aber keine Bürgerrechte.

Nun geht's los – Aufgaben für schlaue Köpfe!

1) **Vervollständige die Grafik! Wähle dazu die richtigen Aussagen aus dem Kästchen unter der Grafik aus! ★★**

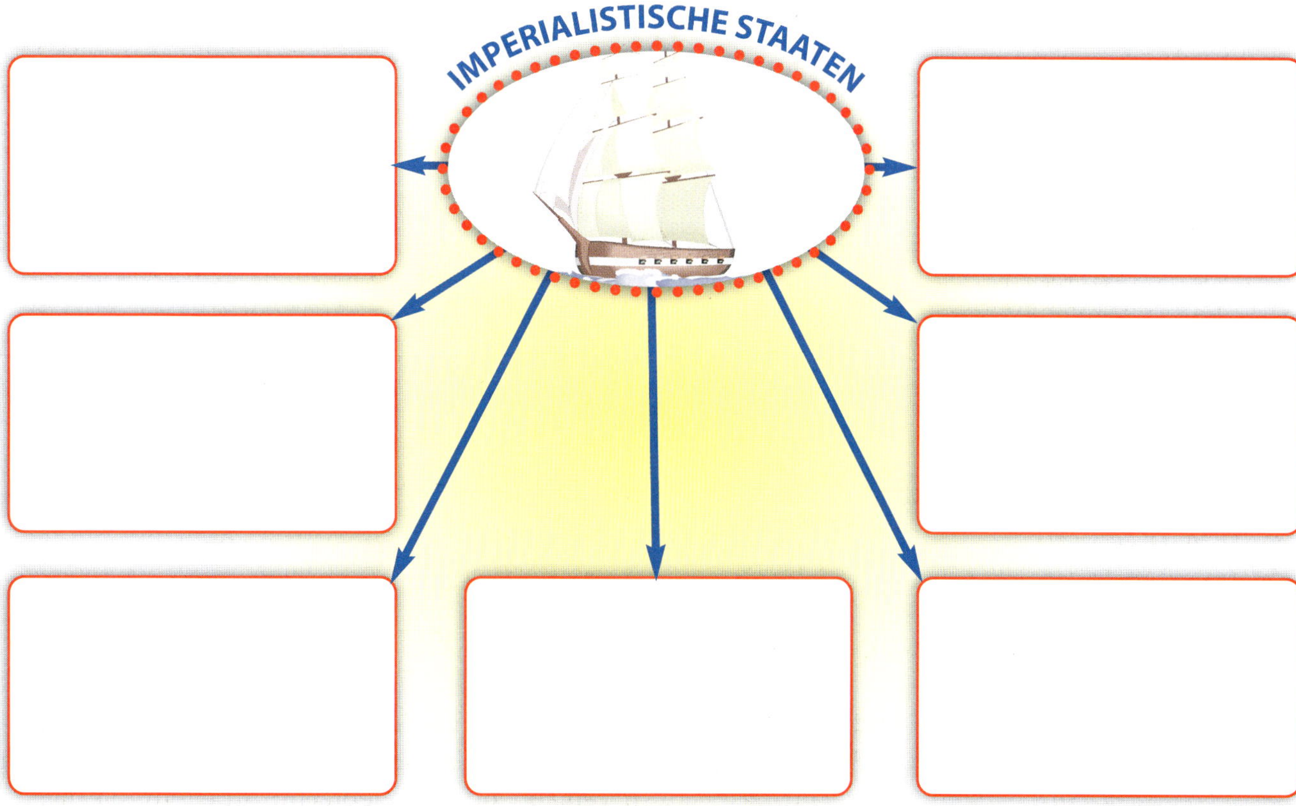

halten sich an die Gesetze der Einheimischen ★ beuten die Rohstoffe aus ★ zerstören alte Stammeskulturen ★ regieren in den Kolonien demokratisch ★ unterdrücken die Einheimischen ★ vergrößern ihr Machtgebiet ★ erhalten alte Stammeskulturen ★ bauen Straßen und Eisenbahnen ★ verkaufen teure Einzelstücke ★ bringen billige Massenwaren ★ führen europäische Gesetze ein ★ bringen Rohstoffe in die Kolonien

2) In diese Sätze haben sich 5 Fehler eingeschlichen. **Finde sie und schreib die richtigen Wörter darüber! ★**

Der Arzt David Livingstone entdeckte Höhlen. Er benannte sie nach seiner Königin Elisabeth. Roald Amundsen erreichte als erster Mensch den Nordpol. Eine Stadt erhielt den Namen Franz Joseph-Land. Künstler folgten den Entdeckern, um die „Heiden" zum Christentum zu bekehren.

Nun geht's los – Aufgaben für schlaue Köpfe!

3) **Größenvergleich: Mutterländer und Kolonien** – Bemale jeweils in der gleichen Farbe den englischen Besitz, den französischen Besitz und den deutschen Besitz! ★

4) **Wer sagt was?** Schreib die Personen zu den Aussagen! ★★★

Henry Morton Stanley ★ Weißer Siedler in Afrika ★ Cecil Rhodes ★ Belgischer Soldat im Kongo ★ Krieger aus dem Stamm der Herero ★ Abraham Lincoln ★ Besitzer einer Baumwollplantage in Amerika

Wir benötigen Kautschuk für die Herstellung von Gummi.

Dr. Livingstone, wie ich annehme?

Sklaverei ist menschenunwürdig.

Wir kämpfen für unsere Freiheit.

Wir behandeln unsere Sklaven gut. Wir brauchen sie als Arbeiter für unsere Baumwollernte.

Wir bewirtschaften das Land viel besser als die Eingeborenen.

Wir sind die erste Rasse der Welt.

31. NATIONALISMUS UND IMPERIALISMUS FÜHREN ZUM ERSTEN WELTKRIEG

Imperialismus und Nationalismus – Aufrüstung – Bündnispolitik

Die Weltanschauung des Nationalismus

Im 19. Jh. hatten die Industriestaaten Europas die Welt unter sich aufgeteilt. Jedes Land war davon überzeugt, besondere Rechte auf eine **Vormachtstellung** zu haben.

Der englische Biologe **Charles Darwin** behauptete, dass im Pflanzen- und Tierreich der Starke den Schwachen verdrängt. Diese Entwicklungstheorie wurde von Politikern auch auf die Menschen übertragen. Sie rechtfertigten damit die **Unterdrückung anderer Völker**, die sie als weniger „wertvoll" ansahen. Besonders die afrikanischen Stämme wurden von den Europäern als „minderwertig" betrachtet. Die Meinung des Engländers Cecil Rhodes hast du schon kennen gelernt. Ganz ähnlich dachten auch die Deutschen, Franzosen und Russen von sich.

Was hältst du von Darwins Theorie, dass sich immer der Stärkere durchsetzt?

Welche Menschen glauben auch heute noch, dass sie „besser" als andere sind?

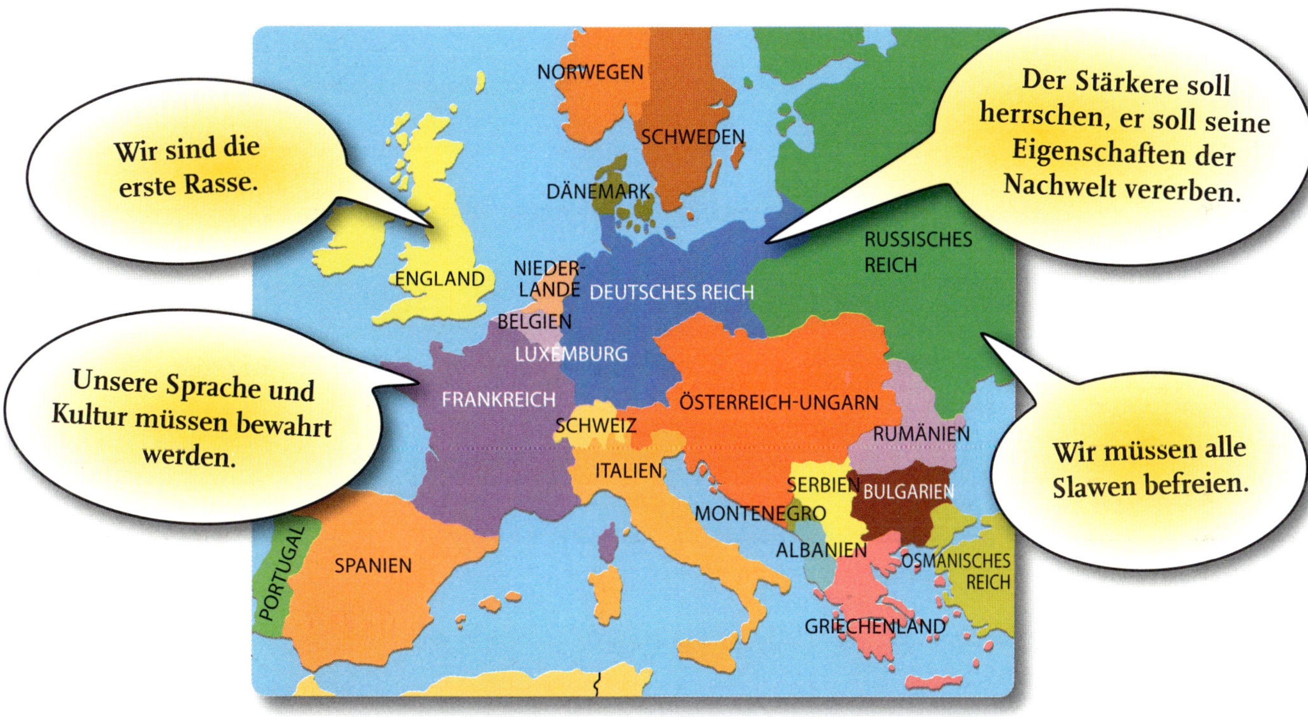

So kolonisiert der Deutsche,

Diese Karikatur aus der Zeitschrift Simplicissimus (1904) zeigt, dass es auch andere kritische Stimmen zur „Vormachtstellung des weißen Mannes" gab.

Schutt und Schrott abladen ist hier verboten!

Was will diese Karikatur sagen?

Die Gefahren des Nationalismus

Der übersteigerte Glaube an die eigene Bedeutung führte dazu, andere Völker als Bedrohung zu sehen. Die Regierungen förderten die Liebe zum Vaterland – den **Patriotismus** – und schürten dabei gleichzeitig den Hass auf andere Völker.

Die Nachbarländer wurden als mögliche Feinde gesehen und die **Vorurteile** nahmen zu. Man hielt die Franzosen für sittenlos, die Deutschen für humorlos, die Russen für grausam, die Italiener für leichtlebig.

Wettrüsten und Blockbildung

Durch die Überschätzung der Bedeutung des eigenen Volkes gerieten die Völker in **Konkurrenz** zueinander. Um auf künftige Kriege gut vorbereitet zu sein, begannen die Großmächte ihre Heere aufzurüsten. Sie kauften Waffen und bauten Kriegsschiffe. Es kam zu einem **Rüstungswettlauf**.

Durch diese Aufrüstung wurde die Kriegsgefahr noch größer. Daher schlossen sich die europäischen Großmächte zu Bündnissen zusammen. Es entstanden zwei große **Blöcke**:

Mittelmächte	Entente
Deutsches Reich, Österreich-Ungarn, Osmanisches Reich, Bulgarien	**Frankreich, Großbritannien, Russland, Italien, Portugal, Rumänien, Serbien, Griechenland, Belgien**

Durch diese Blockbildung wurde es aber immer schwieriger, politische Probleme durch Gespräche und Verhandlungen zu lösen. Die **Kriegsgefahr** nahm immer weiter zu.

Entente und Mittelmächte

Welche Vorurteile gegen andere Völker gibt es auch noch heute?
Bist du in deinem Leben davon betroffen?
Wie wirkt sich das aus?

Rüstungswettlauf: Die Staaten versuchten, einander durch mehr und bessere Waffen zu übertrumpfen.

Entente: Bündnis, Einvernehmen auf Französisch

Bertha von Suttner

Quelle: Bertha von Suttner „Die Waffen nieder"
Keinem vernünftigen Menschen wird es einfallen, Tintenflecke mit Tinte, Ölflecke mit Öl wegputzen zu wollen – nur Blut, das soll immer wieder mit Blut ausgewaschen werden.

Was meinte Bertha von Suttner mit diesem Vergleich?

Der Wettlauf um die **politische Macht** und der zunehmende **Nationalismus** führten zu immer größer werdenden Gegensätzen zwischen den europäischen Staaten. Die **Bündnispolitik** verstärkte die Kriegsgefahr.

Nun geht's los – Aufgaben für schlaue Köpfe!

1) Vervollständige die Namen der Mitgliedstaaten der Entente und der Mittelmächte! ★★

Mittelmächte	Entente
D . . . . R	F . . . . , R . . . .
Ö . . . . - U	G . . . . , I . . . .
O . . . . R	P . . . . , G . . . .
B	R . . . . , S . . . . . .
	B . . . . . .

2) **Entente und Mittelmächte** – Bemale die beiden großen Bündnisblöcke in je einer Farbe. Schreibe danach die Nummern der Länder in die Karte! ★★★

1. Spanien ★ 2. Russisches Reich ★ 3. Montenegro ★ 4. Schweiz ★ 5. Rumänien ★ 6. Belgien ★ 7. Großbritannien ★ 8. Dänemark ★ 9. Schweden ★ 10. Luxemburg ★ 11. Italien ★ 12. Norwegen ★ 13. Deutsches Reich ★ 14. Österreich-Ungarn ★ 15. Bulgarien ★ 16. Niederlande ★ 17. Serbien ★ 18. Frankreich ★ 19. Albanien ★ 20. Portugal ★ 21. Griechenland ★ 22. Osmanisches Reich

= Entente

= Mittelmächte

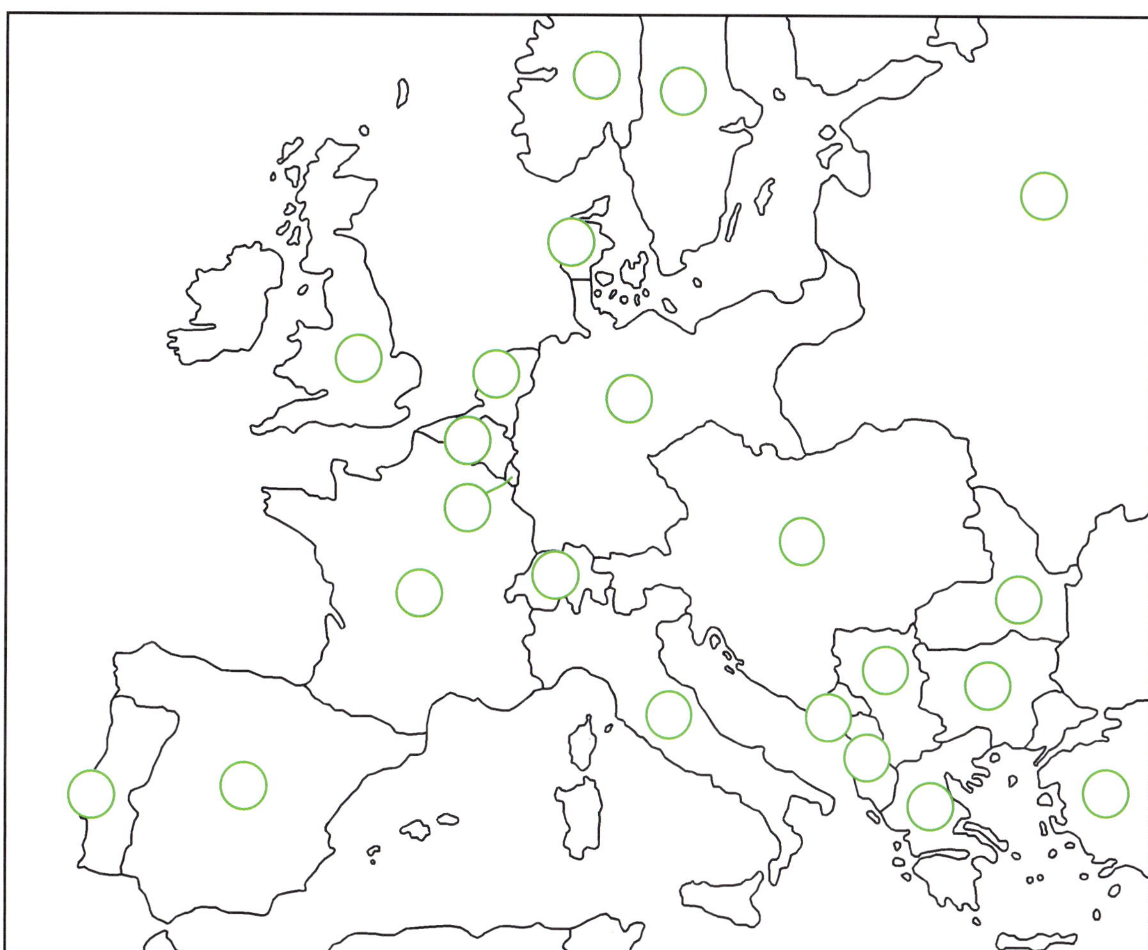

Nun geht's los – Aufgaben für schlaue Köpfe!

3) **Viel Spaß beim Silbenrätsel!** ★★

BE ★ BEL ★ CHAR ★ DAR ★ DENS ★ DER ★ DIE ★ EN ★ FEN ★ FRIE ★ LAND ★ LES ★ LIE ★ NIE ★ NO ★ PREIS ★ TE ★ TEN ★ TER ★ VA ★ WAF ★ WIN ★ ZUM

1. ______________________________
Wer formulierte die Entwicklungstheorie?

2. ______________________________
Wie heißt der bekannteste Roman, den Bertha von Suttner schrieb?

3. ______________________________
Welchen Preis erhielt Bertha von Suttner?

4. ______________________________
Was heißt Patriotismus?

5. ______________________________
Wie nennt man „Bündnis" auf Französich?

4) In diesem Suchrätsel haben sich folgende Begriffe versteckt. Finde sie und markiere sie bunt! ★

M	S	R	K	R	O	R	X	K	S	L	Ö	N	Z
Y	E	N	T	E	N	T	E	O	K	F	G	A	H
P	U	R	D	R	M	C	N	L	F	J	R	T	G
B	Ü	N	D	N	I	S	P	O	L	I	T	I	K
H	V	B	S	R	P	U	Z	N	M	H	Q	O	V
E	D	S	X	H	K	O	Z	I	F	N	K	N	O
P	A	T	R	I	O	T	I	S	M	U	S	A	R
T	V	H	F	W	O	H	T	A	B	D	N	L	U
R	D	A	U	F	R	Ü	S	T	U	N	G	I	R
Z	B	W	Q	P	K	L	D	I	Ü	Q	R	S	T
V	M	T	Ö	E	R	F	V	O	B	N	G	M	E
G	R	C	S	P	G	C	V	N	R	I	N	U	I
I	M	P	E	R	I	A	L	I	S	M	U	S	L
W	T	M	I	T	T	E	L	M	Ä	C	H	T	E

Imperialismus
Nationalismus
Kolonisation
Patriotismus
Aufrüstung
Bündnispolitik
Vorurteile
Mittelmächte
Entente

32. AUSBRUCH UND VERLAUF DES ERSTEN WELTKRIEGS

Sarajevo – Attentat – Kriegsverlauf – Not und Elend

Das Attentat – Kriegsbeginn

Am 28. Juni 1914 wurden der **österreichische Thronfolger Franz Ferdinand** und seine Gattin Sophie bei einem Besuch in der bosnischen Hauptstadt **Sarajevo** vom serbischen Nationalisten Gavrilo Princip **ermordet**. Bosnien war erst 1908 von der Donaumonarchie **annektiert** worden.

Franz Ferdinand und Sophie

Thronfolger: Nachfolger des Kaisers

annektieren: ein Land gewaltsam in Besitz nehmen

Ultimatum: Forderung, die in einer bestimmten Zeit erfüllt werden muss

Der Tathergang

Franz Ferdinand und Sophie fuhren in einem offenen Wagen, zu beiden Seiten der Straße winkten Schaulustige. Plötzlich wurde eine Bombe gegen das Auto geworfen, sie explodierte aber erst unter dem nachfolgenden Wagen. Das Thronfolgerpaar blieb unverletzt. Trotz des Vorfalles setzte das Paar seine Fahrt fort. Die Gefahr schien vorbei zu sein. Da sprang plötzlich ein Mann aus der Menge, hob einen Revolver und schoss auf Franz Ferdinand und Sophie. Beide brachen getroffen zusammen.

Die Verschwörer

Der Attentäter wurde unmittelbar nach der Tat verhaftet. Gavrilo Princip war Angehöriger einer nationalistischen Gruppe namens „Schwarze Hand". Die Mitglieder dieser Gruppe wollten mit allen Mitteln ein Großserbisches Reich begründen, das alle slawischen Völker vereinen sollte.

Das Motiv

Als Motiv für seine Tat nannte Gavrilo Princip Rache für die Unterdrückung der Serben in der Österreichisch-Ungarischen Monarchie.

Welche anderen Möglichkeiten zur Lösung des Konfliktes hätte Franz Joseph gehabt?

Die Folgen – Ultimatum Österreichs an Serbien

- → Alle serbisch-nationalistischen Aktivitäten müssen sofort beendet werden.
- → Alle Beteiligten am Attentat müssen verurteilt werden.
- → Beamte aus Wien nehmen an den Untersuchungen teil.

Nach diesem Attentat erwartete ganz Europa **Vergeltungsmaßnahmen** von Österreich-Ungarn. Die österreichischen Politiker aber holten zuerst die Zustimmung ihres wichtigsten Verbündeten, des deutschen Kaisers Wilhelm II., ein.

Österreich-Ungarn stellte nach einem Monat ein befristetes **Ultimatum** an Serbien. Dieses nahm Serbien nicht an, da die Teilnahme österreichischer Beamter an der Untersuchung des Attentates nicht akzeptiert wurde. Daraufhin erklärte der österreichische Kaiser Serbien den Krieg.

Aufgrund ihrer **Bündnisverpflichtungen** traten kurz darauf fast alle europäischen Staaten in den Krieg ein. In ganz Europa herrschte **Kriegsbegeisterung**. Jedes Land war davon überzeugt, den Krieg nach kurzer Zeit zu gewinnen.

Kaiser Franz Joseph I.

Quelle: Bad Ischl, am 28. Juli 1914
An Meine Völker! Die Umtriebe eines hasserfüllten Gegners zwingen Mich, zur Wahrung der Ehre Meiner Monarchie, zum Schutze ihres Ansehens und ihrer Machtstellung, zur Sicherung ihres Besitzstandes nach langen Jahren des Friedens zum Schwerte zu greifen….

Wie begründete Franz Joseph die Kriegserklärung?

Der Erste Weltkrieg: 1914 bis 1918

Auf Seiten der Mittelmächte kämpften 24 Millionen Soldaten, die Entente verfügte hingegen über 45 Millionen Soldaten.

Front: vorderste Kampflinie

1) Westfront
2) Ostfront
3) Serbien wurde von österreichischen Truppen besetzt.
4) Südfront
5) Deutschland begann einen U-Boot-Krieg, um die englische Seeblockade zu durchbrechen.

Kriegsgebiete des Ersten Weltkrieges

Die Mittelmächte führten einen Krieg an **mehreren Fronten**. **Italien**, ein Verbündeter der Mittelmächte, blieb zu Beginn des Krieges neutral. Erst 1915 wechselte Italien das Lager und trat der Entente bei, nachdem es die Abtrennung Südtirols und Istriens bis Triest versprochen bekam.

Die Erwartung aller Kriegsteilnehmer, bald zu siegen, erfüllte sich aber nicht. Im Gegenteil, der Erste Weltkrieg sollte **vier Jahre** dauern, immer grausamer werden und immer mehr Opfer fordern. Trotzdem errang keine Seite große Siege.

Weihnachtswaffenstillstand
Die britischen Soldaten hörten am Weihnachtsabend 1914 plötzlich Weihnachtslieder aus den Schützengräben der Deutschen. Es kam zu einem kurzen Waffenstillstand, währenddessen sich die verfeindeten Soldaten im Niemandsland trafen und gemeinsam feierten. Sie tauschten Zigaretten und Süßigkeiten aus und spielten sogar Fußball miteinander.

Kampfflugzeug

Im Ersten Weltkrieg wurden viele neue Waffen und Kampftaktiken eingeführt. Erstmals kamen Flugzeuge zum Abwurf von Bomben zum Einsatz. U-Boote griffen gegnerische Schiffe an. Mit Panzern konnten Stacheldrahtsperren überwunden werden. Sogar Giftgas wurde von beiden Seiten als Waffe eingesetzt.

Da keine Seite entscheidende Siege erringen konnte, begann an vielen Fronten ein **Stellungskrieg**. Die Soldaten bauten **Schützengräben**, aus denen sie angreifen und Gegenangriffe abwehren mussten. Um manche Städte und Festungen wurde monatelang gekämpft, ohne dass ein Ergebnis zu sehen war. Besonders der Stellungskrieg forderte viele Opfer. So wurde z. B. in Italien im Gebirge und am Fluss Isonzo gekämpft. England versuchte, den Transport von Gütern nach Deutschland mit einer Seeblockade zu verhindern.

Stellungskrieg: Kriegstaktik, bei dem sich die Gegner in befestigten Stellungen gegenüber stehen

Mitten im Krieg, am 21. November 1916, **starb Kaiser Franz Joseph I.** im 86. Lebensjahr. Sein Großneffe **Karl** wurde Kaiser.

Kaiser Karl I.

Wie lange regierte Kaiser Franz Joseph I.?

Leid und Not – nicht nur an der Front

Frau in einem Rüstungsbetrieb

Von den Schrecken des Krieges waren nicht nur die Soldaten betroffen. Auch das Leben der Menschen in der Heimat verschlechterte sich. **Frauen** mussten in der Industrie oder Landwirtschaft **die Arbeit der Männer** – die ja an der Front waren – übernehmen. Das tägliche Leben wurde immer schwerer. Es gab nicht genug Lebensmittel, die Menschen hatten **Hunger**. Ab 1916 wurden **Lebensmittelkarten** ausgegeben. Mit diesen konnten die Menschen nur die allernotwendigsten Grundnahrungsmittel in den Geschäften bekommen. Aber auch alle anderen Dinge des täglichen Lebens waren knapp: Kleidung, Schuhe und vor allem Heizmaterial. Oft stellten sich die Menschen stundenlang an, um Waren zu bekommen.

Der Krieg verursachte hohe Kosten. Der Staat forderte seine Bürger auf, ihre Wertgegenstände zu spenden. Sogar Eheringe gaben die Menschen unter dem Leitspruch „Gold gab ich für Eisen" ab. Stattdessen erhielten sie Ringe aus Eisen.

Eisenring

Wartende Menschen vor einem Lebensmittelgeschäft

Fleischmarke 1/10 Anteil 2.-8. Oktober Preußen Berlin u. Nachbarorte	Fleischmarke 1/10 Anteil 9.-15. Oktober Preußen Berlin u. Nachbarorte	Reichsfleischkarte für ein Kind Königreich Preußen Berlin und Nachbarorte	Fleischmarke 1/10 Anteil 23.-29. Oktober Preußen Berlin u. Nachbarorte	Fleischmarke 1/10 Anteil 16.-22. Oktober Preußen Berlin u. Nachbarorte
Fleischmarke 1/10 Anteil 2.-8. Oktober Preußen Berlin u. Nachbarorte	Fleischmarke 1/10 Anteil 9.-15. Oktober Preußen Berlin u. Nachbarorte	Giltig vom 2.Oktober bis 29.Oktober 1916	Fleischmarke 1/10 Anteil 23.-29. Oktober Preußen Berlin u. Nachbarorte	Fleischmarke 1/10 Anteil 16.-22. Oktober Preußen Berlin u. Nachbarorte
Fleischmarke 1/10 Anteil 2.-8. Oktober Preußen Berlin u. Nachbarorte	Fleischmarke 1/10 Anteil 9.-15. Oktober Preußen Berlin u. Nachbarorte	Name:	Fleischmarke 1/10 Anteil 23.-29. Oktober Preußen Berlin u. Nachbarorte	Fleischmarke 1/10 Anteil 16.-22. Oktober Preußen Berlin u. Nachbarorte
Fleischmarke 1/10 Anteil 2.-8. Oktober Preußen Berlin u. Nachbarorte	Fleischmarke 1/10 Anteil 9.-15. Oktober Preußen Berlin u. Nachbarorte	Rückseite beachten!	Fleischmarke 1/10 Anteil 23.-29. Oktober Preußen Berlin u. Nachbarorte	Fleischmarke 1/10 Anteil 16.-22. Oktober Preußen Berlin u. Nachbarorte
Fleischmarke 1/10 Anteil 2.-8. Oktober Preußen Berlin u. Nachbarorte	Fleischmarke 1/10 Anteil 9.-15. Oktober Preußen Berlin u. Nachbarorte	IIIV 50755	Fleischmarke 1/10 Anteil 23.-29. Oktober Preußen Berlin u. Nachbarorte	Fleischmarke 1/10 Anteil 16.-22. Oktober Preußen Berlin u. Nachbarorte

Anmeldeabschnitt (vom Fleischer oder Fleischverkäufer abzutrennen) Reichsfleischkarte für ein Kind. Giltig vom 2. Oktober bis 29. Oktober 1916.

Lebensmittelkarte

Vergleiche die Russische mit der Französischen Revolution!

Welche Ähnlichkeiten kannst du finden?

1917 – das Jahr der Wende

Im Jahr 1917 gab es **zwei Ereignisse,** die den Kriegsverlauf wesentlich beeinflussten:

Kriegseintritt der USA

Das britische Passagierschiff **Lusitania** wurde 1915 von einem deutschen U-Boot versenkt. Dabei starben 1 198 Menschen, davon 128 Amerikaner. Als Folge kam es zu diplomatischen Verstimmungen zwischen den USA und Deutschland. Doch erst nach der Erklärung des **uneingeschränkten U-Boot-Krieges** durch Deutschland im **Frühjahr 1917** traten die USA in den Krieg ein.

Zar Nikolaus II.

Revolution in Russland

Russland wurde seit über 400 Jahren von **Zaren** regiert. Die meisten ihrer Untertanen – Bauern und Arbeiter – lebten in großer Armut. Gegner des Zaren forderten **politische Veränderungen**. Streiks und Bauernaufstände zwangen den letzten Zaren **Nikolaus II.** dazu, im März 1917 abzudanken. Im Dezember 1917 schied Russland aus dem Ersten Weltkrieg aus. Nach weiteren **Revolutionen** kamen die **Bolschewiken** unter der Führung von **Wladimir Iljitsch Lenin** an die Macht. Die Bolschewiken waren Anhänger der Lehren von Karl Marx, dem Mitbegründer des Kommunismus. Zar Nikolaus II. und seine Familie wurden 1918 von Bolschewiken ermordet.

Lenin

Bedingungen der Siegermächte:
- Gebietsverluste für die besiegten Länder
- Hohe Entschädigungszahlungen

Kriegsende und Neuordnung Europas

Nach dem Kriegseintritt der USA war die Entente den Mittelmächten weit überlegen. Sie verfügte über mehr Soldaten und über mehr und bessere Waffen. Daher ging nach weiteren schweren Niederlagen im November **1918** der **Krieg** für die **Mittelmächte** endgültig **verloren**.

Im Ersten Weltkrieg starben mindestens 10 Millionen Menschen, davon 8 Millionen Soldaten. Der Vielvölkerstaat Österreich-Ungarn zerfiel in mehrere unabhängige Staaten. Kaiser Karl I. musste am 11. November 1918 auf die Regierung verzichten. Am **12. November 1918** wurde in Wien die **Republik Deutschösterreich** ausgerufen.

Europa vor dem Ersten Weltkrieg

Europa nach dem Ersten Weltkrieg

Welche Staaten Europas entstanden nach dem Ersten Weltkrieg?

Versailles, St. Germain:
Vororte von Paris

Das Attentat von Sarajevo löste 1914 den **Ersten Weltkrieg** aus. Der Kriegseintritt der USA entschied den Krieg. Im November 1918 wurde die **Republik Deutschösterreich** ausgerufen. In **Versailles** wurde der Friedensvertrag mit Deutschland, in **St. Germain** mit Österreich geschlossen.

Nach den Vorstellungen des **amerikanischen Präsidenten Woodrow Wilson** sollte es weder Sieger noch Besiegte geben. Damit waren die anderen Siegermächte aber nicht einverstanden. In **Versailles** wurde der Friedensvertrag **für Deutschland** „diktiert", in **St. Germain für Österreich**. Der Name Deutschösterreich für die neu gegründete Republik und der Anschluss an Deutschland wurden verboten. Am 7. Mai 1919 überreichte der **französische Ministerpräsident Clemenceau** den Deutschen die Friedensbedingungen mit folgenden harten Worten:

Wilson (USA), Clemenceau (F), Chamberlain (GB)

Quelle: Ministerpräsident Clemenceau
Die Stunde der Abrechnung ist da. Sie haben uns um Frieden gebeten. Wir sind geneigt, ihn Ihnen zu gewähren.

Mit der Neuordnung Europas waren aber die Probleme, die zum Krieg geführt hatten, nicht gelöst. Im Gegenteil, die harten Bedingungen der Siegermächte schufen viel Unzufriedenheit bei den besiegten Völkern.

Der amerikanische Präsident Wilson setzte 1920 die Gründung des **Völkerbundes** durch. Der Völkerbund sollte den **Weltfrieden** sichern und die internationale **Zusammenarbeit** fördern. Er wurde 1946 aufgelöst und gilt als Vorläufer der UNO.

Nun geht's los – Aufgaben für schlaue Köpfe!

1) Diese Chronik des Ersten Weltkrieges ist durcheinander geraten. **Bringe die Sätze in die richtige Reihenfolge und schreibe sie in das Kästchen! ★★★**

Soldaten ziehen fröhlich in den Krieg. ★ Russland scheidet aus dem Krieg aus. ★ Not und Hunger in den Heimatländern ★ Stellungskrieg an der Westfront ★ Bündnispartner treten in den Krieg ein. ★ Ermordung des österreichischen Thronfolgers ★ Österreich-Ungarn zerfällt in mehrere Staaten. ★ Ausrufung der Ersten Republik in Wien ★ Kriegserklärung Österreich-Ungarns an Serbien ★ Kaiser Franz Joseph stirbt. ★ Kriegseintritt der USA

1914 ______________________________

____

____

____

____

____

____

____

____

____

1918 ______________________________

2) **Lies dieses Gedicht des österreichischen Schriftstellers Karl Kraus! Bearbeite dann anschließend mit deinem Sitznachbarn/deiner Sitznachbarin folgende Fragen! ★★★★**

Was ist Krieg?

Krieg ist zuerst die Hoffnung,
dass es einem besser gehen wird,
hierauf die Erwartung,
dass es dem andern schlechter gehen wird,
dann die Genugtuung,
dass es dem anderen auch nicht besser geht,
und hernach die Überraschung,
dass es beiden schlechter geht.

(Karl Kraus)

Welche 4 Schritte im Kriegsverlauf beschreibt Karl Kraus?

____

____

Wer sind die Verlierer eines Krieges?

____

Inwieweit gelten die Aussagen dieses Gedichts auch noch heute?

____

____

3) **Versuche, mehr über Karl Kraus herauszufinden! ★★** (Internet, Bücher)

Nun geht's los – Aufgaben für schlaue Köpfe!

4) Hier siehst du eine Kriegsanleihe. Dies war ein Schuldschein des Staates. Die Menschen wurden aufgefordert, solche Anleihen zu kaufen, um ihr Heimatland im Krieg zu unterstützen. Im Falle eines Sieges hätte der Käufer/die Käuferin einen sehr hohen Gewinn gemacht.
Auch heute geben Staaten noch eigene Anleihen aus, um sich Geld zu borgen. **Auch du kannst nun eine eigene Anleihe für ein Projekt gestalten! ★★**

5) **Wer ist wer?** **Schreibe die richtigen Personen unter die Namen! ★**

letzter Kaiser von Österreich-Ungarn ★ Thronfolger von Österreich-Ungarn ★ Anführer der Bolschewiken ★ Amerikanischer Präsident ★ Gattin von Franz Ferdinand ★ letzter Zar von Russland ★ Kaiser von Österreich-Ungarn bis 1916 ★ Attentäter von Sarajevo

Franz Joseph I.	Woodrow Wilson	Karl I.	Nikolaus II.

Gavrilo Princip	Franz Ferdinand	Wladimir Lenin	Sophie

Weißt du noch ...

... was du in diesem Schuljahr in Geschichte gelernt hast?

Teste dein Wissen! Je ein rotes und ein blaues Kärtchen passen zusammen.
Wenn du alle Paare findest, erhältst du einen Lösungssatz, dem du sicher zustimmen kannst!

- Humanismus 5
- Boston Teaparty 11
- Karl Marx und Friedrich Engels 17
- Merkantilismus 9
- Guillotine 14
- Heliozentrisches Weltbild 1
- „Der Staat bin ich!" 8
- Franz Joseph I. 24
- Santa Maria, Nina und Pinta 3
- Bettgeher 23
- Inkas, Mayas, Azteken 4
- Henry Dunant 19
- Hanswurst 10
- Freiheit – Gleichheit – Brüderlichkeit 12
- Suffragetten 16
- „Und sie bewegt sich doch!" 2
- Gewaltenteilung 18
- Karl Lueger 21
- Ablass 7
- „In meinem Reich geht die Sonne nicht unter!" 6
- „Die Waffen nieder!" 22
- Marseillaise 13
- St. Helena 15
- Viktor Adler 20

- Wirtschaftsform im Absolutismus O
- Ausspruch Ludwigs XIV. S
- Kaiser von Österreich-Ungarn von 1848 – 1916 N
- Der Mensch steht im Mittelpunkt des Denkens I
- Roman von Bertha von Suttner I
- Ausspruch von Galileo Galilei N
- Mitbegründer der Christlichsozialen Partei Österreichs R
- Begründer des Kommunismus N
- Schiffe des Christoph Kolumbus D
- Erkenntnis, dass sich die Erde um die Sonne bewegt E
- Französische Nationalhymne R
- Ausspruch Karls V. C
- Insel, auf der Napoleon starb O
- Untermieter, der nur ein Bett benutzt E
- Amerikanische Siedler warfen eine Schiffsladung Tee ins Meer M
- Frauenrechtlerinnen in England und den USA N
- Frühe Hochkulturen in Südamerika L
- Mitbegründer der Sozialdemokratischen Partei Österreichs E
- Gründer des Roten Kreuzes F
- Schlagworte der Französischen Revolution E
- Trennung von Gesetzgebung, Rechtssprechung und Verwaltung E
- Nachlass von Sündenstrafen H
- Wanderschauspieler, der Ungerechtigkeiten aufzeigte M
- Maschine zum raschen Enthaupten von Menschen S

ÖSUNG: . . . . – . . . . . . , ... , ... !

1 2 3 4 5 6 7 – 8 9 10 11 12 13 , 14 15 16 17 18 , 19 20 21 22 23 24

Revolutions Sudoku!

Nachdem du nun auf der vorigen Seite dein Wissen getestet hast, kannst du dich hier als Sudokumeister/Sudokumeisterin beweisen. **Schneide die Bilder aus! Lege sie richtig in das Sudoku auf der nächsten Seite! Dann erst klebe sie ein!**
ACHTUNG: In jeder Zeile und jeder Spalte darf jeweils nur ein gleiches Bild sein!

Revolutions Sudoku!

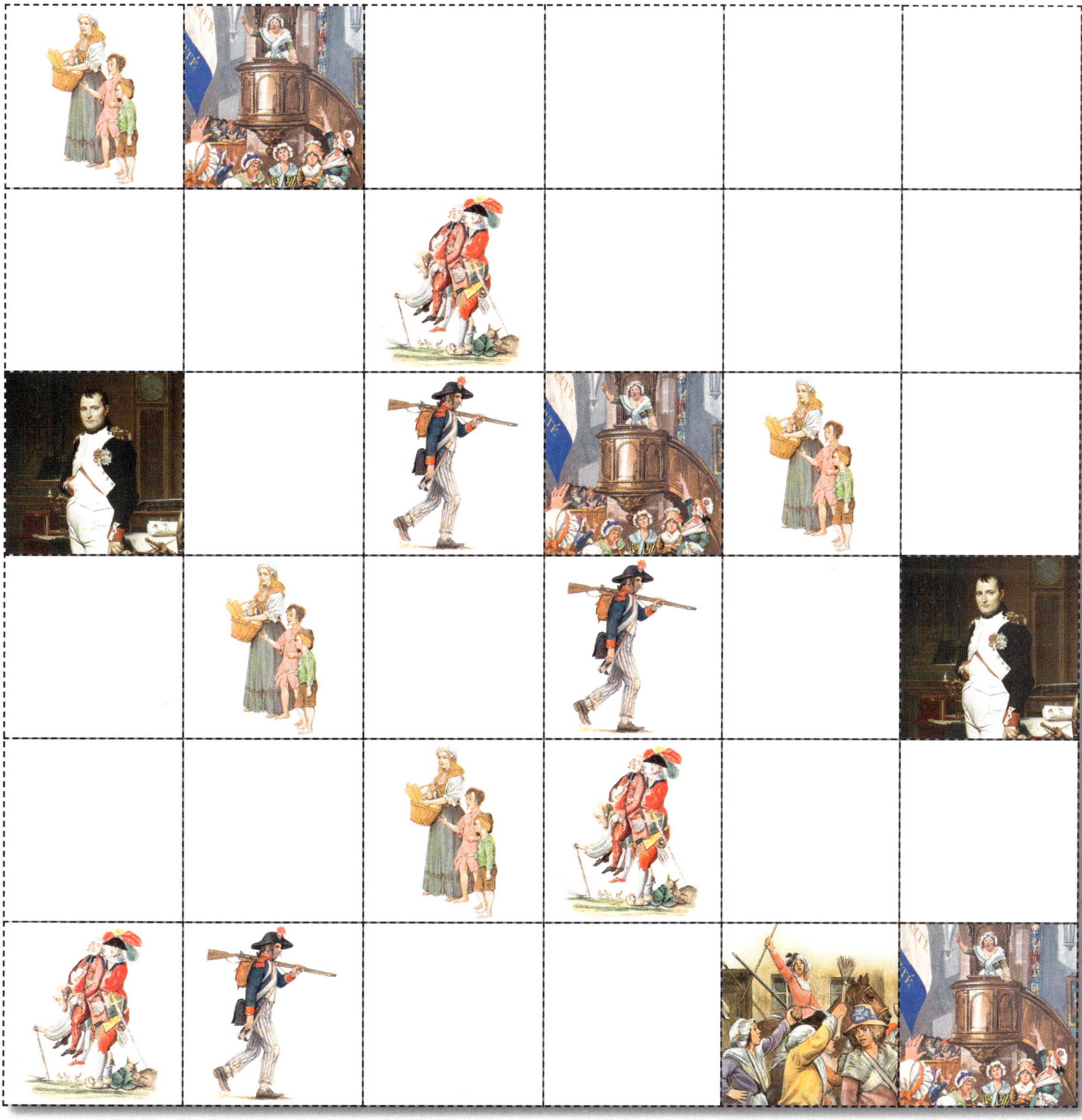

	ENTDECKUNGEN KOLONIEN	TECHNIK WISSENSCHAFT	KULTUR GESELLSCHAFT
1500	**1487:** Diaz erreicht Südspitze Afrikas **1492:** Kolumbus entdeckt Amerika **1498:** Vasco da Gama erreicht Indien	**1450:** Erfindung des Buchdrucks 	**1415:** Jan Hus wird als Ketzer verbrannt **1487:** Hexenhammer, Beginn der Inquisition
1600	**1519:** Cortez erobert Aztekenreich **1519 – 1522:** Weltumsegelung **1532:** Pizarro erobert Inkareich 		Renaissance **1517:** Luthers 95 Thesen **1530:** Augsburger Bekenntnis **1555:** Augsburger Religionsfriede **1598:** Edikt von Nantes
1700		**1609:** Heliozentrisches Weltbild	
1800	**1773:** Boston Teaparty **1776:** Amerikanische Unabhängigkeit	**1721:** Vorläufer der Dampfmaschine **1773:** Dampfmaschine (James Watt)	Aufklärung 
1900	**1861 – 1865:** Amerikanischer Bürgerkrieg **1884:** Afrika-Konferenz, Aufteilung Afrikas	**1810:** Nähmaschine (Madersberger) **1815:** Lokomotive **1825:** erste Eisenbahnlinie **1827:** Schiffsschraube **1831:** Mineraldünger **1837:** Telegraf (Morse) **1840:** Briefmarken **1848 – 1852:** Bau der Semmeringbahn **1860:** Schutzimpfungen **1864:** Schreibmaschine **1875:** Markuswagen **1876:** Glühbirne (Edison) **1876:** Telefon (Bell) **1897:** Dieselmotor **1898:** Radioaktivität	1815–1848 Biedermeier **1848:** „Das Kapital" (Marx) 1860–1900 Gründerzeit **1858:** Bau der Wr. Ringstraße **1863:** Rotes Kreuz **1874:** Sozialdemokratische Partei **1878:** Mädchen dürfen maturieren **1888:** Arbeiterkrankenversicherung **1896:** Christlichsoziale Partei
	1909: Peary erreicht Nordpol **1911:** Amundsen erreicht Südpol	**1903:** erster Motorflug (Wright) **1908:** Fließbandproduktion (Ford)	**1906:** Frauenwahlrecht (Finnland) **1918:** Frauenwahlrecht in Österreich

EUROPA

1526: Beendigung der Bauernaufstände

1572: Bartholomäusnacht

1618: Prager Fenstersturz, Beginn des 30-jährigen Krieges

1648: Westfälischer Friede, Ende des 30-jährigen Krieges
1649: Hinrichtung Karls I., England wird Republik

1688: Bill of Rights

1643–1715 Ludwig XIV.

1789: Französische Revolution
1794: Ende der Schreckensherrschaft

1793: Hinrichtung Ludwigs XVI.
1799: Napoleon wird Erster Konsul

1804: Krönung Napoleons zum Kaiser
1814/1815: Wiener Kongress
1813: Völkerschlacht bei Leipzig
1814: Napoleon flieht aus Elba, „Herrschaft der 100 Tage"
1829: Unabhängigkeit Griechenlands
1830: Julirevolution in Frankreich
1848: Frankreich wird Republik

1806: Ende des Heiligen Römischen Reiches
1815: Schlacht bei Waterloo
1820: Tod Napoleons

1830: Unabhängigkeit Belgiens
1848: Kleindeutsche Lösung

1860: Garibaldi einigt Italien

1871: Deutschland wird Kaiserreich

1917: Russische Revolution
1920: Gründung des Völkerbundes

ÖSTERREICH

1477: Burgundische Heirat
1496: Spanische Heirat

1500

1515: Böhmisch-Ungarische Heirat
1529: Erste Osmanenbelagerung Wiens

1600

1683: Zweite Osmanenbelagerung Wiens

1700: Spanischer Erbfolgekrieg

1700

1713: Pragmatische Sanktion

1740–1748: Österreichischer Erbfolgekrieg

1740–1780: Maria Theresia
1774: Unterrichtspflicht in Österreich
1780–1790: Joseph II.

1800

1804: Österreich wird Kaiserreich
1814/1815: Wiener Kongress

1848: März, Revolution in Österreich

1866: Schlacht bei Königgrätz
1867: Doppelmonarchie, Ausgl. Österreich und Ungarn

1848–1916 Franz Joseph

1900

1907: Wahlrecht für Männer
1914: Ermordung des Thronfolgers, Beginn des Ersten Weltkriegs (bis 1918)

PERSONEN- UND SACHREGISTER

BILDQUELLEN:

ADPC / Keystone/eyedea / picturedesk.com: 99/1

akg-images, Berlin: 5/3, 7/4, 8/1, 21/3, 24, 29/3, 31/1, 31/2, 32/1, 32/2, 33/4, 34/2, 35/1, 35/2, 36, 39/2, 45/4, 51/3, 52/2, 55/1, 55/2, 58/2, 58/3, 59/2, 60/1, 61/3, 65/1, 73/1, 75/3, 84/1, 84/2, 88/2, 89/2, 90/2, 90/4, 92/1, 94/2, 98/5, 99/3, 102/7, 107/2, 107/4, 111, 114/3, 114/5, 115/1, 116/2, 120/3, 130/1, 130/2, 132/1, 132/4, 136/3, 149/4

akg-images/album: 22/1, 107/5

akg-images/Erich Lessing: 20/6, 46/1, 50/1, 50/3, 87/2, 93, 117, 121/1

Anonym / Imagno / picturedesk.com: 63/1, 132/3, 69/2

Arnold Exportbier/PIXELIO: 118/6

Casterman, Tournai, Belgien, 1985: Pierre, A l'epoque de la Renaissance: 16/1

Casterman, Tournai, Belgien, 1985: Welply/Luxardo, La Revolution Francaise: 75/1, 76/2, 76/3, 77/3

DoGi spa, Florenz, 1999: Merlo, Il Rinascimento: 27/1

DoGi spa, Florenz, 2000: Giudici, La storia economica del mondo: 16/2

Dorling-Kindersley Ltd., London, 1994: The Atlas of Ancient Worlds: 14/3

Dorling-Kindersley Ltd., London, 1995: Chris and Melanie Rice, How Children Lived: A First Book of History, 14/2, 19/3, 20/1, 20/2, 28/2, 64/2, 75/2, 115/2

Edition Fleurus, Paris, 2001:La grande imagerie – Les civilisations du solail: 13/1, 13/2, 14/1, 14/4

Edition Fleurus, Paris, 2002:La grande imagerie – Les pirates: 15/3, 27/4

Edition Fleurus, Paris, 2004: Imagia – Les grandes explorations: 9/2, 9/3, 10/1, 10/2, 11/1, 11/3, 11/4, 28/1

Edition Fleurus, Paris, 2005: Imagia – Inventions: 103/1, 105/2

Edition Fleurus, Paris, 2007: Imagia – Les Romains: 133/3

Everett Collection / picturedesk.com: 106/1

Firmen- und Privatarchiv Hackl, Weitra: 106/2, 113/1

Foto Schächter Pottendorf: 109/2

Foto Wittigo / Bestattungsmuseum der Bestattung Wien: 63/2

Galleria dell'Academia, Venedig: 20/4

Gerstenberg Verlag, Hildesheim, 2007: Ulrich Thamer: Geschichte erleben: Die Französische Revolution: 77/2, 78, 97/8

Getty Images: 107/3

Hachette Livre, Paris, 1987: Luxardo/Probst, Au Temps De La Revolution Francaise: 77/1, 80/3

Hachette Livre, Paris: Miquel, Au temps de Napoléon: 82/1, 82/2, 82/3, 83/2

Hachette Livre, Paris: Miquel, Au temps des mousquetaires: 8/5, 67/1, 69/1

Hachette Livre, Paris: Miquel/Probst/Cohat, Au temps du Moyen âge: 133/4

Imagno / picturedesk.com: 39/3, 90/1, 129/1

Imagno / ullstein bild / picturedesk.com: 136/2

IMAGNO/Austrian Archives: 49/2, 50/2, 52/1, 94/1, 98/1, 110/1

IMAGNO/Lothar Rübelt/NB: 132/2

INTERFOTO / picturedesk.com: 41/5, 46/2, 49/1, 59/3, 67/2, 99/7, 102/4, 124/1, 129/3, 135/8, 136/1, 148/3, 152

Jean / Keystone/eyedea / picturedesk.com: 19/2

Julius Schmid / Imagno / picturedesk.com: 90/3

JupiterImages Corporation, 2009: 5/4, 7/1, 12/1, 12/3, 12/4, 15/2, 15/4, 17/1, 17/2, 17/3, 17/4, 18/1, 18/2, 18/3, 19/1, 20/3, 21/2, 22/3, 26/2, 27/3, 27/5, 28/3, 29/1, 29/2, 33/1, 33/2, 33/3, 34/1, 37, 39/1, 40/2, 41/1, 41/2, 41/3, 41/4, 42/2, 42/3, 43, 44/2, 44/3, 45/3, 47/1, 47/2, 48/2, 53/3, 54, 55/3, 57/1, 57/2, 58/1, 61/2, 65/3, 66/1, 70/1, 70/2, 70/3, 71, 74/2, 79/1, 79/2, 80/2, 81/1, 81/3, 85/1, 86, 89/1, 91/1, 96/1, 96/2, 97/1, 97/2, 97/3, 97/4, 97/6, 97/7, 97/9, 98/4, 100/2, 101/2, 101/3, 104/4, 108/1, 108/2, 116/1, 118/1, 118/2, 118/3, 118/4, 118/5, 120/2, 124/2, 133/1, 135/2, 135/3, 135/4, 135/6, 135/7, 136/6, 137/2, 138/2, 139/1, 139/2, 140/2, 140/3, 141, 142/2, 146/1, 146/2, 147/2

Krischanitz, Raoul: 13/5, 22/2, 73/2, 76/1, 80/1, 92/2, 104/3, 135/5,

Kunsthistorisches Museum, Wien: 13/4, 23/1, 23/2, 25/1, 26/3, 83/3

Mary Evans / picturedesk.com: 112/1, 114/6

McRae Books Srl: 114/2, 147/1, 148/2, 148/4, 149/1, 149/5, 149/6, 150/3

Miles Kelly Publishing, Great Bardsfield: 100 Things You Should Know About Explorers: 10/4, 11/2, 137/1, 104/2

Monyk, Christian: 5/1, 5/2, 7/2, 15/1, 18/4, 18/5, 21/1, 25/2, 50/4, 53/1, 60/2, 68/1, 68/2, 68/3, 113/2, 114/1, 121/2, 129/2, 130/4, 130/5, 131/2, 133/2, 135/1, 136/5

Monyk, Christian; Krischanitz, Raoul: 9/1, 10/3, 26/1, 42/1, 44/1, 51/1, 59/1, 62/2, 67/3, 73/3, 83/1, 85/2, 87/1, 88/1, 95, 119/1, 119/2, 120/1, 123/1, 125, 138/1, 140/1, 142/1, 143/1, 144/1, 145, 148/1, 150/1, 150/2

Monyk, Elisabeth: 21/4, 21/5, 48/1, 49/4, 51/4, 52/3, 61/1, 105/1, 107/1, 131/1

Münze Österreich: 144/2

Musée de Louvre, Paris: 20/5

National Gallery of Scotland: 56

Olympe Verlag GmbH: 62/1, 134/1, 134/2, 143/2

ONB Bildarchiv / picturedesk.com: 97/5

Orpheus books ltd.: 6/1, 21/6, 30, 74/1

Österreichische Nationalbibliothek Wien, Bildarchiv, E6/566: 109/1

Pachot / ullstein bild / picturedesk.com: 106/4

photononstop / picturedesk.com: 21/7

picturedesk.com: 51/2

Pierre BELZEAUX / Rapho/eyedea / picturedesk.com: 81/2

Pompeo Batoni / Imagno / picturedesk.com: 64/1, 65/2, 66/2

Reed International Books Ltd., 1991: Taylor, Journey through inventions: 7/3, 8/2, 8/3, 8/4, 27/2, 99/2, 99/6, 102/1, 102/2, 102/5, 104/5

Royalty / TopFoto / picturedesk.com: 119/3

SCIENCE PHOTO LIBRARY / picturedesk.com: 13/3

Siegfried Tauqueur / picturedesk.com: 123/3, 126/2

Stadtarchiv Wiener Neustadt: 110/2

Stary / ullstein bild / picturedesk.com: 101/1

Stiftung Bruno Kreisky Archiv: 112/3

Technisches Museum Wien: 99/4, 99/5, 102/3, 102/6, 103/2, 104/1

The British Museum: 134/3

thinkstock, Nick Hewetson: 45/2

TopFoto / picturedesk.com: 45/1

ullstein bild / picturedesk.com: 32/3, 40/1, 49/3, 68/4, 100/1, 106/3, 110/3, 123/2, 127, 130/3, 136/4, 147/3, 149/2, 149/3

Walker Books Ltd. 1997, Michael Johnstone, The History News: Explorers' News: 12/2

Wien Museum: 91/2, 91/3, 91/4, 91/5, 98/2, 98/3, 112/2, 114/4, 126/1

www.sammlerecke.at: 149/7

TEXTQUELLEN:

Le´n-Portilla, Miguel; Heuer, Renate (Hg.): Rückkehr der Götter. Die Aufzeichnungen der Azteken über den Untergang ihres Reiches. Codex Florentino. Buch XII, Kapitel 16, 17 und 18. (Zürich 1986) S. 64:13

Engl, Liselotte; Engl, Theo: Glanz und Untergang des Inkareiches (München 1967) S. 123/124/132:14

Fikentscher, Wolfgang: Modes of Thought: A Study in the Anthropology of Law and Religion (Tübingen 2004) S. 167:29

Rauter, Ernst A.: Vom Faustkeil zur Fabrik. Warum die Werkzeuge die Menschen und die Menschen die Werkzeuge veränderten (München 1977) S. 110:15

Wuermeling, Henric L.: Volksaufstand. Die Geschichte der Revolution von 1705 und der Sendlinger Mordweihnacht (München/Wien 1980) S. 155:16

Rabelais, Francois: Gargantua und Pantagruel. Band 1. Aus dem Französischen übertragen von Widmer, Walter und Horst, Karl August (Wien 1969) S. 356: 19

Lünig, Johannes Christian: Reichsarchiv, Pars Specialis continuatic IV, I/2 (Leipzig 1714) S. 38-42:24

Büssem, Eberhard; Neher, Michael: Arbeitsbuch Geschichte. Neuzeit 1 (16. bis 18. Jahrhundert) Quellen (München 1977) S. 162-173:30

König, B. Emil: Geschichte der Hexenprozesse. Ausgeburten des Menschenwahns (Etville am Rhein 1989) S. 64:32

Wollmann, Franz: Sprachübungen, II. Teil (Wien 1971) S. 156: 33

Roeck, Bernd (Hg.): Deutsche Geschichte in Quellen und Darstellung. Band 4: Gegenreformation und Dreißigjähriger Krieg 1555-1648 (Stuttgart 1996) 298/299:36

Mohrmann, Ruth- E.: Alltag in Krieg und Frieden. In: 1648: Krieg und Frieden in Europa. Band 1: Politik, Religion, Recht und Gesellschaft. Textbände der 26. Europaratsausstellung „1648 – Krieg und Frieden in Europa", Dortmund 2002, S. 323:36

Memoiren Ludwig XIV., Nachdruck (Basel 1931) S.187:40

Memoiren Ludwig XIV., Nachdruck (Basel 1931) S.271:40

Smith, Adam: Natur und Ursachen des Volkswohlstandes (Leipzig 1933) S. 6f.:42

Brehmer Ilse, Simon, Gertrud (Hg.): Geschichte der Frauenbildung und Mädchenerziehung in Österreich (Graz 1997) S.174:56

Rousseau, Jean-Jacques: Emile oder über die Erziehung, deutsche Übersetzung v. Schmidts, Ludwig, 11. Auflage, (Paderborn/München/Wien/Zürich 1998) S. 415 ff.:56

Vocelka, Karl: Geschichte Österreichs (München 2002) S. 157:59

Felbiger, Johann Ignaz von: Die wahre Saganische Lehrart in den niedrigen Schulen, herausgegeben von dem Saganischen Prälaten Johann Ignaz von Felbiger (Wien 1774). S.92f:60

gekürzt und vereinfacht nach Mahovsky, Ekhard: Die Furche von Slawikowitz und andere Anekdoten um Kaiser Joseph II. (Wien 1980) S.47:63

Weidenholzer, Josef: Der sorgende Staat (Wien 1985) S. 87:64

Thoma, Helga: Vom Thron zum Schafott. Das blutige Ende gekrönter Häupter (Wien 1998) S. 107:69

Der Aufbau der Vereinigten Staaten von Amerika. Quellen zur neueren Geschichte herausgegeben vom Historischen Seminar der Universität Bern, Heft 6 (Bern 1945) S. 7f:70

Jennings, Ivor W.; Ritter, Georg A.: Das britische Regierungssystem (Köln/Opladen 1970) S. 120:71

Bundeskanzleramt Österreich: Bundesverfassungsgesetz. Stand 1. Juli 2008: Artikel 1 u. Artikel 2 S.171/Artikel 18 S. 12-13/Artikel 26 S. 18 :72

CD: Der große Geist spricht: Reden berühmter Indianerhäuptlinge - Sitting Bull, Häuptling Seattle, Chief Joseph (Düsseldorf 2005):74

Boberski, Heiner: Adieu, Spaßgesellschaft: Wollen wir uns zu Tote amüsieren? eine Recherche (Klosterneuburg 2004) S. 202:74

Sonderdruck aus: „Um die Erklärung der Menschenrechte". Ein Symposion. Vorwort von Jaques Maritain, hg. unter dem Patronat der UNESCO (1948) Artikel 2.1. S. 4/ Artikel 23.1. S. 9/ Artikel 26.1. S. 10/ Artikel 24 S. 10/ Artikel 29.1. S. 11:74

Gouges, Olympe de: Schriften, hrsg. v. Dillier, Monika, Mostowlansky, Vera, Wyss, Regula (Frankfurt am Main 1980) S. 42:77

Schulin, Ernst: Die französische Revolution (München 1989) S. 234:78

Kircheisen, Friedrich Max: Napoleon I. V. Band (ohne Ort 1932) S. 272:81

Ernst Rudolf Huber: Quellen zum Staatsrecht der Neuzeit (Tübingen 1949) S. 39:86

Dolby, Edward: Vom Zauber alter Eisenbahnen (Freiburg im Breisgau 1980) S. 17:103

Rosegger, Peter: Gesammelte Werke. Band 3: Waldheimat I (München 1989) S.474:103

Komlosky, Andrea: Alles spinnt. In: Magie der Industrie. Leben und Arbeiten im Industriezeitalter. Ausstellungskatalog, hg. Amt der NÖ-Landesregierung (München 1989) S. 308:110

Streller, Vera: Fleiß und Leichtsinn. In: Magie der Industrie. Leben und Arbeiten im Industriezeitalter. Ausstellungskatalog, hg. Amt der NÖ-Landesregierung (München 1989) S. 238:111

Brusatti, Alois, Haas; Wilhelm, Pollak, Walter (Hg.) Geschichte der Sozialpolitik mit Dokumenten (Wien 1962) S. 181:116

Corti, Egon Caesar, Sokol, Hans Hugo: Kaiser Franz Joseph (Wien 1960) S.73:117

Hohlfeld, Johannes (Hg.): Dokumente der Deutschen Politik und Geschichte von 1848 bis zur Gegenwart. Band I. Die Reichsgründung und das Zeitalter Bismarcks 1848 – 1890 (Berlin o. J.) S. 296f.:119

Dunant, Henry: Eine Erinnerung an Solferino (Zürich 1942) S. 42/62:122

Ermacora, Felix: Österreichische Bundesverfassungsgesetze (Stuttgart 1989) S. 121f.:124

Emmer, Johannes: 60 Jahre auf Habsburgs Throne. Festausgabe zum 60-jährigen Regierungs-Jubiläum Sr. Majestät Kaiser Franz Joseph I. 1. Band (Wien 1908) S. 233 – 235:126

Adler, Victor: Aufsätze, Reden und Briefe. Victor Adler über Arbeiterschutz und Sozialreform (Wiener Volksbuchhandlung 1929) S. 11f:127

Kleindel, Walter: Österreich. Daten zur Geschichte und Kultur (Wien 1978) S. 283:127

Politische Verfassung der deutschen Schulen in den kaiserlich königlichen Deutschen Erbstaaten. Siebente Auflage. (Wien 1833) S.102f, §229, §233, S.12f, §28:134

Ecker, Alois; Zahradnik, Michael: Familie und Schule. Sozialgeschichtliche Aspekte. (Wien 1987) S.18:134

Schulrecht Info. Ratgeber zum Schulalltag. Herausgegeben vom bm:bwk. (Wien 2002):134

The last Will and Testament of C.J. Rhodes, hg. von Stead, William Thomas (London 1902) S.94f.:139

Suttner, Bertha von: Die Waffen nieder! (München o. J) S. 219:144

Wiener Zeitung vom 29. Juli 1914, Nr. 175/1914, Amtlicher Teil, S. 1:147

Möller, Horst: Europa zwischen den Weltkriegen (Oldenburg 1998) S. 24:150

Weise, Peter; Brandes, Wolfgang; Eger, Thomas; Kraft, Manfred: Neue Mikroökonomie (Heidelberg 2004) S. 107:151